01

社会服务研究

Social Service Research

第一辑

邹文开 主编
王婴 副主编

社会科学文献出版社
SOCIAL SCIENCES ACADEMIC PRESS (CHINA)

目录 CONTENTS

社会服务志愿者队伍建设中长期发展战略研究 …… 邹文开 等 / 1

政府购买社会组织服务的实践探索与

  科学发展研究 ……………………… 何立军　罗新录　沈新华 / 36

政府购买居家养老服务政策的现状及其改进

  ——以北京市养老服务券为例 ……………………… 隗苗苗 / 50

美国志愿服务的特征及发展经验研究 ………………… 鄢勇兵 / 63

国家建设与民政职能的形塑

  ——场域分析的视角 ………………………………… 李　军 / 75

中美社会工作职业化比较研究 ………………………… 张柳清 / 86

社会工作者社会认同度分析

  ——以北京市某小区为例 …………………………… 赵川芳 / 102

职业化背景下的社会工作者职业能力研究

  ………………………………… 赵学慧　何振锋　周世强 / 118

高职社会工作专业教育定位研究初探

  ……………………………………… 邹学银　陶书毅　王　颖 / 137

我国社区体育服务人才队伍建设研究 ………………… 刘永强 / 153

我国婚姻登记服务规范化建设研究 ………………… 王晓玫 等 / 171

社区养老：应对中国人口老龄化的制度基础 ………… 张雅桦 / 194
社会弱势群体住房权的保障
　——以法定居住权为视角 ………………… 王　红 / 212
残疾人社区社会工作服务体系的本土建构
　——以广州市家庭综合服务中心为例 ………… 陶书毅 / 226
社会工作视角下的收养能力评估体系建设 ………… 李林子 / 239
民办社会工作机构的发展与反思
　——基于北京市民办社会工作机构发展现状与
　　需求障碍的调查研究 ……………………… 卢　磊 / 255

CONTENTS

The Long-term Strategic Research to the Team Construction of
   Community Service Volunteers *Zou Wenkai et al.* / 1
Research about the Practice and Scientific Development of
   Government's Purchase of Social Organization Service
      He Lijun, Luo Xinlu and Shen Xinhua / 36
A Study on the Policy about Government Purchase of
   Elderly Welfare Service
   —*Take the Government Purchase of Pension Service
      in Beijing for Example* *Wei Miaomiao* / 50
Characteristics and Development of Volunteering
   in the United States *Yan Yongbing* / 63
State-building and the Function Shaping of Civil Affairs
   —*Perspective From Field Theory* *Li jun* / 75
The Comparative Study about the Occupation
   between China and America *Zhang Liuqing* / 86
The Analysis of the Social Workers' Local Identity Based on
   a Survey in one District of Beijing *Zhao Chuanfang* / 102

Research on Social Workers' Vocational Capability

　under the Background of Professionalism

　　　　　　　　　　Zhao Xuehui, He Zhenfeng and Zhou Shiqiang / 118

The Positioning Research of Social Work Education of Higher

　Vocational School　　　*Zou Xueyin, Tao Shuyi and Wang Ying* / 137

The Research on the Construction of Community

　Sports Service Talent Team in China　　　*Liu Yongqiang* / 153

Study on the Standardization Construction of

　Marriage Registration Service in China　　*Wang Xiaomei et al.* / 171

Community Endowment: The Base of System to

　Deal with the Aging of Population in China　　*Zhang Yahua* / 194

Security of Housing Right to Social Underprivileged Groups

　　—In the Perspective of Statutory Housing Right　　*Wang Hong* / 212

The Local Construction of Community Social Work Service

　System with Disabled People

　　—With Comprehensive Family Service Centre of Guangzhou

　　　　　　　　　　　　　　　　　　　　　　　Tao Shuyi / 226

The Construction of the Adoption Ability Evaluation

　System from the Perspective of Social Work　　*Li Linzi* / 239

Development and Reflection of Private Social Work Agencies

　　—The Investigation Based on the Current Situation and Demand

　　of the Private Social Work Agencies in Beijing　　*Lu Lei* / 255

社会服务志愿者队伍建设中长期发展战略研究

邹文开 等*

【内容摘要】 社会服务志愿者队伍在我国社会转型与社会矛盾突出时期,其服务主要体现为对社会弱势群体进行救助,发挥维护社会稳定和保障民众生活基本需求的支持功能。但同时存在缺乏社会认知、支持资金缺乏、志愿者队伍建设不够稳定等问题。本研究通过对调研地点相关资料和文献的梳理,采用对比研究方法,总结国外的有益经验,分析我国社会服务志愿者队伍发展中的制约因素,战略性地提出了社会服务志愿者队伍中长期发展的建议。

【关键词】 社会服务　志愿者队伍　志愿活动　志愿服务　中长期发展战略

社会管理和社会服务是现代政府的重要职能,党的十七届五中全会提出,要"加强和创新社会管理,正确处理人民内部矛盾,切实维护社会和谐稳定"。政府提供公共服务,是政府职能的重要组成部分。政府提供的公共产品、社会保障及公共服务,在预防、解决社会问题,处理社会矛盾,调整社会关系,改善社会生活方式,完善社会制度,减少社会发展的障碍因素

---

* 具体如下:邹文开,北京社会管理职业学院院长、教授,研究方向为社会福利与社会工作;徐道稳,深圳市法学院教授,研究方向为社会政策;张雅桦,北京社会管理职业学院民政管理系副教授,研究方向为社会福利与社会政策、社会保障制度;陈洪涛,北京社会管理职业学院社会工作系主任、副教授,研究方向为法学与社会工作;姜华,北京社会管理职业学院社会工作系讲师,研究方向为社会学与社会工作。

等方面，具有重要作用。推进公共服务创新，为公众提供更公正、更快捷、更有质量的公共服务，是当今世界各国政府面临的共同课题。

我国改革开放30多年以来，社会管理体制逐渐从以"党、国家、社会"为核心、"单位制"为特征的"行政全能型"，向以"市场与社会"为核心、"社区制"为特征的"有限职能型"社会管理体制转变，政府逐步从经济领域和社会领域退出，"小政府、大社会"模式越来越成为社会各界的共识。

社会管理体制的这种变迁不仅意味着政府对社会资源和社会空间的控制进一步放松，而且也意味着社会自治组织或者社会志愿服务组织应当尽快介入到政府所让渡出来的领域以及新出现的社会管理领域当中去，防止出现社会管理中的"失位"与"缺位"。

20世纪70年代以来，志愿者组织在全球范围内兴起。1990年初，以青年志愿者为主体的志愿者服务事业也在我国兴起，并逐渐发展壮大。特别是汶川特大地震后，志愿服务事业快速发展，在经济、政治、社会、文化等领域发挥了越来越重要的作用。2011年11月，全国志愿者的在册登记人数达到3392万人，建立各类志愿服务站（服务中心、服务基地）17.5万个。① 而有关调查报告显示，② 截至2011年底，我国已建立43万个志愿者组织，常年开展活动的志愿者已超过6000万人，其中注册的志愿者达2000多万人。志愿者队伍已经成为我国人民社会生活中的一支重要且必不可少的主力军，志愿服务也成为广大公众服务社会、参与社会生活的不可替代的有效载体和途径，为有效开发配置社会资源和加强公民道德建设扩展了有利的发展空间，成为脱离贫困、实现可持续发展和构建和谐社会的有效途径。

志愿服务在中国兴起比较晚，相应的法律法规尚不健全，以及中国公民志愿精神相对匮乏等原因，制约着中国志愿者队伍的建设和发展，志愿服务也远未达到应有的服务社会的效果。因此，要使志愿者队伍能够与我国的社会发展同步，做到与时俱进，为我国社会的发展做出应有的贡献，我们就必

---

① 民革区委办公室：《关于社会志愿者队伍建设的思考》，http：//cqjbzx.gov.cn/DisplayNews.asp?ID=6047，2012年6月4日。
② 《中国志愿者人数超6000万》，网易新闻，http：//news.163.com/11/1206/05/7KIN307T00014AED.html，2011年12月6日。

须科学地、公正地去对我国社会服务志愿者队伍的发展现状及其发展中的问题进行分析，并借鉴国外先进经验和结合我国实际去研究发展对策。

一 社会服务志愿者概念的界定

（一）社会服务概念的界定

社会服务是指以提供劳务的形式来满足社会需求的社会活动。狭义指直接为改善和发展社会成员生活福利而提供的服务，如衣、食、住、用、行等方面的生活福利服务。广义的社会服务包括生活福利性服务、生产性服务和社会性服务。生产性服务指直接为物质生产提供的服务，如原材料运输、能源供应、信息传递、科技咨询、劳动力培训等。

我国有十几万支志愿者队伍，它们有各自为社会服务的对象。依照其服务的对象对其进行分类，大体上可分为两个类别：社会服务类别和防灾减害类别。社会服务类别主要是以社会活动为主，参加国内的大型活动、关爱弱势群体等，防灾减害类别主要是以应对国内突发的地质灾害、突发流行的疾病等方面为主。

（二）社会服务志愿者队伍的界定

志愿服务是指任何自愿贡献个人的时间及精力，在不计任何物质报酬的情况下，为改善社会服务、促进社会进步而提供的服务。[1] 志愿精神作为志愿者行动的灵魂，由传统的慈善观念演变而来，它是一种自愿的、不为报酬和收入而参与推动人类发展、促进社会进步和完善的社会工作的精神。[2]

志愿者队伍即是对志愿者组织的总称，通常人们以志愿者组织而代之。在中国，"对我国志愿组织的界定应该坚持这样的原则：第一，以国际通行界定为基础的原则，发达国家对志愿组织的研究成果，是研究我国志愿组织的重要参照标准；第二，本土化原则，既要借鉴国外规范性的经验，又要充

---

[1] 穆青：《如何理解志愿服务与志愿精神》，《北京青年政治学院学报》2005年第3期，第9~12页。

[2] 江汛清：《关于志愿服务若干问题的探讨》，《中国青年政治学院学报》2002年第4期，第110~115页。

分估计我国的具体国情和研究的具体需要；第三，发展性原则，我国志愿组织的发展还处于初级阶段，但理论研究应具有一定的超前性，因此对志愿组织界定应把握其未来的发展方向"。①

本研究中所称的社会服务志愿者主要是指，在不为任何物质报酬的情况下，以服务社会活动为主，参加国内的大型活动、关爱弱势群体，为改进社会而提供服务、贡献个人时间和精力的人。

为此，结合以上关于志愿者和社会服务志愿者相关的概念阐述，本文将社会服务志愿者队伍定义为：以志愿精神为动力，无偿为社会提供志愿服务的非营利性组织。

二　我国社会服务志愿者组织发展现状分析

（一）我国志愿者组织的类型

邓国胜认为，我国志愿者组织的行为并不像西方国家那样属于纯民间行为，但同时又与官方行为有区别，普遍意义上的组织分类都基本上按照其发起模式划分。第一种模式是自上而下型，最典型的代表是中国青年志愿者组织；第二种模式是"自下而上发起，自上而下推广"的模式，典型代表是中国社区志愿服务组织；第三种是"自下而上发起，自下而上发展"的模式，典型代表是民间自发成立、没有官方支持、以推动社会公益事业为宗旨、提供无偿服务的民间志愿者组织。② 金晶根据发起者的不同将志愿者组织的类型划分为三类：③ 一是由政府部门发起并推广的志愿者组织，包括社区志愿者组织和公务员志愿者队伍；二是由准政府部门发起并推广的志愿者组织，它们都属于"自上而下"的发起模式，包括中国青年志愿者协会和由媒体发起的志愿者组织；第三类则是从民间自发产生并发展起来的志愿者组织，属于"自下而上"的发起模式，包括由企事业单位发起的志愿者组织和草根类志愿者组织两类。

---

① 叶雯：《志愿活动中的政府治道分析》，首都经济贸易大学硕士学位论文，2006。
② 邓国胜：《中国志愿服务发展的模式》，《社会科学研究》2002年第2期，第108~110页。
③ 金晶：《中国志愿者组织的发展现状和功能的研究》，上海师范大学法政学院硕士学位论文，2007。

本研究中的社会服务志愿者组织上述三种类型均存在。全国各地为数众多的志愿者组织，通过动员、组织志愿者参与社会公益活动，促使人们关怀社会、奉献爱心，潜移默化地培育公民的公益意识，推动公共道德建设。不同阶层的公民通过参与志愿服务活动，在关注公共生活和负担起公共责任的同时，也获得了道德情操的升华、社会价值的实现以及自身的全面发展。

（二）我国志愿者组织发展取得的成绩

中国志愿者组织开展的志愿服务经过几十年的发展，取得了显著的成绩。仅在北京，现有注册志愿者约为210万人。粗略估计，平均每9位市民中就有1位注册志愿者。[①] 随着志愿服务活动的持续开展，北京志愿者工作不断扩大服务领域，增加服务内容，拓展服务项目，推出了一批以服务大型活动、服务社区建设、服务社会公益事业为主的服务项目。主要有大型活动志愿服务、扶贫接力计划、"到公益机构去"志愿服务行动、"一助一"长期结对服务、社区"关爱工程"、大中学生"文化、科技、卫生"三下乡、保护母亲河行动、外来务工青年培训、青少年法律援助、星光青春自护、禁毒宣传等志愿服务活动，在全社会产生了广泛而积极的影响。自2001年12月5日起，北京志愿者协会推出了面向公众的固定时间、固定岗位的长期志愿服务——"到公益机构去"志愿服务行动。行动倡导"服务公益机构，就是服务全社会"的理念，坚持社会化运作、规范化管理、直接服务与间接服务相结合、长期服务等。截至目前，共招募志愿者2000余人，先后启动了图书馆、敬老院、福利院以及未成年犯管教所等多个项目，共组织了600余名志愿者，为11家图书馆、3家老年公寓（敬老院）等共计20余家公益机构提供了近4万小时的服务，在全社会引起良好反响。

在上海，上海市志愿者协会是全市最大的志愿者团体。目前上海全市有752支志愿者服务总队，其中包括国际交流活动、红十字会、健康促进、科学普及、开业指导、人口计生、慈善救助、质量监督、电力、移动通信、阳

---

① 刘欢：《北京市每9人就有1名志愿者》，http://news.eastday.com/c/2012 0706/u1a6682908.html。

光爱心、帮老助残、市民巡访、文明交通、文明游园等46支上海市志愿者协会直属志愿者总队和各区县的706支总队。全市有40983个各种类型的志愿者服务队，志愿者总人数已逾101万。同时，在上海举办的历次重大活动中，志愿者也扮演了不可或缺的角色。

1. 积极参与城市建设管理

从1999年起，上海市志愿者协会连续组织数以万计的志愿者参加植树造林活动和大型公共绿地建设，提升了上海城市的形态文明和功能文明水平。2004年起，全市开展以"文明行路、文明乘车、文明游园、文明用厕"为四大内容的"与文明同行，做可爱的上海人"主题实践活动。2003年起，在市、区（县）和街道，相继成立了新型的志愿组织——市民巡访团，由退休干部、教授、工程技术人员和热爱社会公益活动的市民组成，直属上海市志愿者协会。6年来，全市巡访员已逾7000人，这些志愿者被赞誉为精神文明建设的"啄木鸟"和"报春鸟"。

2. 立足基层开展社区志愿服务

目前，上海市全市有1600多支社区志愿者服务队。活动内容由原来单一的邻里互助、小修小补发展到法律援助、护绿保洁、结对帮困、医疗咨询、治安巡逻、就业指导、家庭帮教、思想教育、体育健身、文化娱乐等十多个方面。

3. 对特困群体开展结对帮困活动

开展志愿者结对帮困活动，已逐渐形成了"党员、干部带头帮，社区单位热心帮，邻里关注结对帮"的格局。目前，上海志愿者主要采取以下几种形式开展结对帮困活动。第一，经济救助。一是志愿者自己拿出部分钱物对帮困对象进行资助。二是社区单位以集体志愿者的形式，针对某一帮困对象进行资助。第二，生活帮困。在困难群体中，针对老弱病残等生活较困难的群体，市志愿者协会联合市残联等单位，广泛开展"志愿者'7259'帮老助残行动"，开展定人、定时、定服务内容、定服务对象的"四定"服务，充分发挥志愿者在开展邻里结对帮困活动方面的优势和作用。另外还有结对助学；帮困助医，为帮助解决地区特困人员看病难问题，各基层组织广泛开展志愿服务活动；帮困助业，针对失业、下岗人群，许多社区和乡镇与教育、培训机构联手，通过教师志愿服务的形式办再就业培训班，帮助下岗失业者掌握一技之长，提高竞争上岗的能力；精神关怀等。

4. 红十字会发挥特长

上海市红十字会自20世纪80年代起就积极开展志愿服务工作。2005年6月11日，上海市红十字志愿服务总队成立，下设10支专业红十字志愿服务队，吸引着越来越多的志愿者积极参与到红十字救济、救助、救护工作中，以爱心和专长为社会弱势群体提供援助，在帮助最易受损害群体、服务社会大众方面发挥了红十字志愿服务广泛而独特的作用。

在深圳，第一个义工团体——深圳义工联于1990年成立，在其32年的发展过程中，不仅创造了巨大的物质成就，也孕育了以"感恩回报、无私奉献"为重要内涵的城市人文精神。当前，深圳正在过去打下的良好基础上，努力建设"志愿者之城"和"慈善之城"，为深圳公益慈善事业发展注入新的动力。深圳还动员全市各行业、各单位特别是广大企业充分发挥自身优势，主动承担社会责任，广泛参与回报家乡"春晖行动"等系列活动，通过开展劳务扶贫、兴办实业、技能培训、兴教助学等专项扶贫活动推动行业扶贫，为扶助困难群体、促进共同富裕贡献更多力量。

（三）我国社会服务志愿者组织发展取得的成绩

根据上述三个城市社会服务志愿者队伍以及有关文献中对我国志愿者队伍发展取得成绩的论述，本研究认为，我国社会服务志愿者队伍在发展中取得的成绩主要表现在以下几个方面。

1. 青年志愿者组织不断增加，力量不断壮大

共青团中央于1993年底发起实施青年志愿者行动，目前已经发展成为遍布全国的青年志愿服务组织网络。据统计，全国各省（区、市）和2/3以上的地（市）及部分县建立了青年志愿者协会或志愿者协会，建立社区服务站8.9万个，包括许多中老年人在内的注册志愿者超过1379万人。青年志愿者行动已动员了超过1.5亿人次的青年在扶贫开发、社区建设、环境保护、抢险救灾、大型活动、海外援助等领域广泛开展志愿服务，为我国经济建设和社会发展做出了积极贡献。[①] 在各级共青团组织推动下，迄今已有18个省（区、市）和13个较大市通过了志愿服务地方性法规。

---

① 赵媛媛：《中国青年志愿者协会成立十周年》，http://bjyouth.ynet.com/article.jsp?oid=4247597，2008年12月20日。

在北京，自1997年开始，北京团市委、北京志愿者协会组织大学生利用寒暑假返回家乡，深入到经济、教育落后的贫困地区、边远山区，开展理论宣讲、科技支农、社区共建、企业挂职、医疗服务、环境保护、支教扫盲等志愿服务活动，在投身祖国建设的过程中受教育、长才干、做贡献。多年来，首都高校每年都有10余万大学生参与到社会实践志愿服务活动中，并逐年稳定增长。此外还重点组织了百余支志愿服务小分队围绕首都现代化建设开展了社区共建、服务京郊、环境保护等内容的"首都贡献行动"。另外，自2003年7月起，为缓解首都大学毕业生就业压力，探索青年人才培养的新途径，引导青年学生服务基层，锻炼成才，市委教育工委、团市委、市委组织部、市教委、市人事局、市财政局、市劳动和社会保障局联合组建"首都大学毕业生基层志愿服务团"，每年通过公开招募、自愿报名、择优录取的方式，招募近千名大学生志愿者到全市远郊区（县）街道、乡镇基层单位开展为期一年的教育、农技、卫生、维权、青年工作等方面的志愿服务。

上海市志愿者协会也十分注重发挥青年学生在大型志愿服务活动中的主力军作用。上海青年志愿者行动发展迅速，日益成为青年在实践中锻炼成长的重要途径，成为全市大型志愿服务活动的中坚力量。目前，上海市全市各类青少年志愿者服务队已达15000多支，建立了1500多个遍布全市的各级各类青年志愿服务基地，近10年来有1000多万人次的青少年参加了各类志愿服务活动。他们在为社会服务中做出奉献的同时，也在服务中学知识，增本领，提高思想境界。一是开展以"一助一"志愿服务为主要内容的城市公益计划。二是开展以"保护母亲河"、骨髓捐献等为主要内容的城市文明计划。三是围绕西部开发战略，实施青年志愿者扶贫接力计划。2003年起，又组织开展了"大学生志愿服务西部计划"，6年来，共选派千余名应届大学毕业生赴云南、重庆、西藏等地开展志愿服务工作。此外，2003年起，每年还招募有一定专长的青年志愿者赴老挝从事志愿服务。

2. 社区志愿服务从集中性、短期性走向社区化、持久化

社区服务志愿者队伍是典型的社会服务志愿者队伍。社区志愿服务志愿者组织从属于民政部系统，它的各级组织都与相应的民政部门联系在一起，但是它的最基层是与街道居民委员会联系在一起的，并接受社区居委会和街道社区志愿者协会的双重指导。

我国内地最早的社区志愿服务正式发端于20世纪80年代末期。1988年，由天津市和平区新兴街道朝阳里居委会的13名社区积极分子自发组织起来，以"上为党和政府分忧，下为居民群众解愁"为宗旨，成立了为民服务志愿者小组，无偿为孤寡老人、残疾人与特困户提供服务。这一志愿行为引起了新兴街道办事处的高度重视，新兴街道随即成立了全国首家社区志愿服务协会。从此之后，我国城市社区志愿服务呈现出蓬勃发展的态势。

我国的社区志愿服务开展至今，已经取得了显著成效。第一，服务对象有所扩展，早期是以民政服务对象如残疾人、孤寡老人、困难户等群体为服务对象，现在的社区志愿服务则面向全体居民，为居民提供更为人性化的服务。第二，服务方式有所转变，除了向困难家庭提供纯福利型的无偿服务，也向有一定经济条件的家庭提供低偿服务或有偿服务。第三，服务内容有所增加，社区志愿服务不再只是单纯提供救助性服务，也涉及家政、环保、医疗、文化等居民生活的方方面面，致力于提高居民的生活质量和福利水平。第四，服务范围有所扩大，社区志愿服务不再只集中于城市社区，也向农村社区辐射，促进了农村的经济、文化和社会发展。

早在2001年，北京团市委和北京志愿者协会就在"学雷锋综合包户"和"一助一"结队服务的基础上，以满足社区居民的物质文化需求，促进社区建设发展为目标，以社区志愿服务为主要形式，推出了"关爱工程"社区志愿服务项目。活动开展以来，全市青少年开展了大量丰富多彩、富有成效的社区服务活动，为推动首都现代化建设做出了积极贡献。"关爱工程"已成为广大青少年服务大众、建设社区的重要工作品牌。

3. 国际志愿服务促进了资源的有效融合

联合国志愿组织向我国派遣了包括地理、环境、卫生、计算机和语言等领域内的国际志愿人员，为我国的经济和社会发展做出了贡献。在接收国际志愿人员的同时，我国也通过联合国志愿组织积极地派遣中国的国际志愿人员到其他发展中国家服务，涉及农业、水利、医疗卫生、工程建设、计算机、管理和经济体制改革、社会保险等诸多领域。

2005年4月22日，北京团市委、北京志愿者协会启动了赴埃塞俄比亚的志愿服务工作。在全国范围内招募、选派12名优秀青年赴埃塞俄比亚开展为期半年的志愿服务工作。此次活动是北京志愿者协会开展的首次援外志愿服务活动，对促进青年志愿服务事业的国际交流与合作，增强中外友好关系起到了重要的推动作用。

综上分析，本研究认为，尽管我国的社会服务志愿者队伍以及各类志愿活动和志愿服务取得了可喜的成绩，但是由于受到我国正处于社会转型时期，市场经济不发达、经济发展不平衡、社会保障体制不完善等因素的影响，我国的社会服务志愿服务主要体现为对社会弱势群体的救助，发挥着维护社会稳定和保障民众生活基本需求的支持功能。

三 我国社会服务志愿者组织发展中存在的问题及制约因素

我国的志愿者服务有了很大的发展，但是其在发展过程中也出现了不少的问题，志愿者服务还缺乏很广泛的社会认同感、资源的支持、资金的支持、培训的提升、法律的保障力度等困难和问题，需要我们重视和解决。

（一）发展中存在的问题

1. 缺乏强有力的政策法规机制

从目前来看，我国政府对于志愿者工作的政策、法规支持主要体现在法规、部门政策、团体章程和国家领导人和部门领导人的支持四个方面。

（1）我国志愿服务管理的主要法规。

我国《宪法》第 24 条规定，国家通过普及理想教育、道德教育、文化教育、纪律和法制教育，通过在城乡不同范围的群众中制定和执行各种守则、公约，加强社会主义精神文明建设。因此，《宪法》为组建志愿服务组织，开展志愿服务活动提供了一个根本的依据，也是鼓励与保护志愿服务的保障。

1989 年，全国人民代表大会通过的《中华人民共和国城市居民委员会组织法》第 4 条规定："居民委员会应当开展便民利民的社区服务活动，可以兴办有关服务事业。"第一次把"社区服务"的概念引入了中国的法律条文。1993 年，《关于建立社会主义市场经济体制若干问题的决定》为中国建立社会保障体系设计了基本框架。其明确提出要"提倡社会互助"。1996 年，中共中央发布的《中共中央关于加强社会主义精神文明建设若干重要问题的决议》中指出："充分发挥共青团、少先队团结和引导广大青少年进步的重要作用,深入开展'希望工程'、'青年志愿者'和'手拉手'活动,发扬互相关心、助人为乐的精神。"1998年,对志愿者载体——社会团体和民办非企业单位的管理条例由国务院公布实施,包括《社会团体登记管理条例》与《民办非企业单位登记管理暂行条例》。其中规定,有主管单位是成立民办非企业单位的基本条件,否则就不可能进行民非企业单位注册。

(2) 志愿者组织的相关政策。

1999年8月5日,广东省通过国内第一部青年志愿服务条例——《广东省青年志愿服务条例》,打破了我国针对志愿服务无相关法律法规的局面。这部地方性法规从法律的高度对志愿服务进行了认可——志愿服务是"青年志愿服务组织或者青年志愿者自愿无偿地服务于人民群众生产、生活和其他有利于社会发展的行为"。南京、山东、福建、河南、黑龙江、吉林、宁波、杭州等地之后相继颁行了地方性条例法规,为本地青年志愿服务立法。《山东省青年志愿服务规定》于2001年批准通过。2003年6月20日,黑龙江省审议通过了《黑龙江省志愿服务条例》,再次首开先河在法律上将志愿服务参与者的领域从青少年扩大到中老年等年龄阶段,成为我国第一部全方位的志愿服务地方性法规。2005年2月,深圳市通过《深圳市义工服务条例》,出台了中国首部义工法,来充分保障义工的权益。2005年5月19日和6月6日,南京市和成都市分别制定和颁布了《南京市志愿服务条例》和《成都市志愿服务条例》。这些措施都将有效地鼓励志愿者行动的持续开展。但这些地方性法规大多数是原则性、鼓励性的规定,在实践中运用不多,效果不大。

综观现阶段我国对志愿者队伍建设的法律法规,总的来说都还只是处于建立健全志愿服务的地方性法律法规阶段,还没有建立起一部全国统一的志愿服务法,这就大大抑制了我国志愿服务活动的有效开展和志愿者队伍的健康快速发展。而对于全国性志愿立法,团中央虽多次争取,但到目前为止仍然是处于研究呼吁的阶段,尚未纳入全国人大的立法日程。同时,对志愿者队伍建设和志愿服务促进和保护的政策法规散见于一些相关法规文本中,较为零散、比较原则和笼统,缺乏可操作性,还没有确切的法律可依,也没有明确的政策保障。

因此,我国迫切需要制定出台配套的有关实施细则、解释说明等政策法规，来进一步解决这些重大实际问题，为志愿者队伍发展和志愿服务可持续发展创造良好的政策法律环境，提供切实有效的政策法律保障。

2. 志愿者自身素质制约服务效果

在实际的志愿服务活动中，有很多志愿者显露出了自身素质不高的缺陷。主要表现在以下几个方面。

（1）责任心不强。

我国现阶段的志愿者大多为大学生，且不少大学生是受志愿精神的感召和对活动本身感到新鲜而成为志愿者的，在一定程度上缺乏与社会成员沟通以及处理具体实际困难的能力，对实际服务对象状况估计不足。在开展其志愿活动时，才发现理想中的志愿服务与现实之间存在着巨大差距，这种心理落差便使他们出现浮躁的心理，也就不能安心去从事所进行的献爱心服务活动。从而频频出现一些志愿服务半途而废或者服务效果不佳的情况，偏离了志愿服务的初衷，不仅严重地影响了志愿服务活动的顺利进行，也降低了志愿者队伍在社会公众中的信任度。

（2）社会服务能力欠缺。

社会服务志愿者队伍，是以志愿服务的方式来为社会提供产品的，不论是提供志愿服务以及对社会的宣导，还是进行社会筹款、自找项目经营获取资金等，这些活动能否顺利地开展，在很大程度上都取决于志愿者队伍中所有的工作人员和服务者的沟通能力、服务能力等一些综合素质。但由于现阶段大多数的志愿者都来自于大学生，他们与社会基本处于"半隔离"状态，对社会的了解，特别是对需要服务的对象的了解有限，有时会出现对志愿活动对象的"二次伤害"、不善于与志愿组织管理者和服务对象进行有效沟通、不能尽快地融入所服务的团队中去，甚至连基本的为人处世都不会等诸多问题。在一些活动中，志愿者组织没有时间对志愿者进行必要的岗前培训，导致部分志愿者服务效果较差，甚至不能完成委派的服务任务。这在一定程度上也影响了社会服务志愿服务活动的进展，同时也大大打击了一些志愿者的自信心和继续提供志愿服务的热情，导致志愿者大量流失，从而影响志愿者组织活动的开展和志愿者队伍的发展。

（3）社会认可度低，参与对象单一。

随着人类文明的进一步发展，无论是经济发达的国家还是发展中国家，对"志愿者服务"都具有很高的社会评价,志愿者服务的价值也充分地得到社会的认可,形成了政府、志愿组织和企业互相合作、互相协调和互相补充的志愿服务体系。

但在我国,志愿者队伍的建设和志愿服务活动起步都较晚,还不够成熟,再加上宣传力度不够,社会大众对其了解甚少,相关的志愿服务等社会公益事业还没有深入人们的心中,从而屏蔽了人们的互助意识。社会往往贬低和低估志愿者服务活动所起的社会意义,而只是简单地与符合我国时代特征的"学雷锋做好事"画上等号。企业也由于志愿者和志愿者组织不能为它们创造明显的利益而否认其社会效益。比如社会组织或企业在招聘员工时,党员、学生干部的身份和在学生会任职的经历通常被看作是工作能力的凭证,而从事过志愿活动的经历却不被看重,即不作为招聘的条件之一。那些寄希望于将志愿服务工作作为他们在今后就业过程中的一项竞争资本的人们就不再愿意参加更多的志愿服务或者干脆退出志愿者队伍。

广州一直被称为中国志愿者活动最活跃的地区之一,但广州市穗港澳青少年研究所"关于广州市市民对于志愿者工作认知的调查报告"显示,[①] 有55.9%的调查对象表示曾听说过志愿服务,有43.4%的人则表示从没有听说过。这说明,公众对于志愿组织和志愿者工作还缺乏了解。从广州的调查来看,青年学生特别是大学生对于志愿组织和志愿者工作了解的比例最高,这主要得益于学生中的共青团,其对志愿者组织和志愿者服务的宣传教育以及相关活动开展得比较好。这项调查同时也显示,只有0.9%的志愿者是通过社会公开招募的形式参加志愿服务的,其余人员皆为在校学生。也就是说,志愿服务尚未达到与社会现实生活相接轨的程度,社会参与度远远低于社会对于志愿服务的实际需求。

社会服务志愿服务工作应该是全社会性的活动,如果服务工作主体仅仅局限于青年或者青年学生,将无法使更多的人接受这一活动,也就更谈不上积极地投身于志愿服务这一公益活动中去了。在现实生活中,一些大中型城市,尤其是城市社区建设比较成系统、成规模的地区,志愿服务的活动比较

---

① 刘军:《国外志愿服务的发展与2001年国际志愿青年的发起及各国的活动》,《志愿服务论坛》2003年第8期,第24页。

容易开展与落实,志愿服务形式也可以达到多样化。这充分地说明志愿服务的发展程度与区域的教育水平及其社会结构息息相关。

(二) 制约我国志愿者队伍发展的因素

1. 经济条件制约因素

"资金短缺是大多数志愿者组织,尤其是民间志愿者组织发展中所面临的困难。"[①] 根据中国青少年研究中心调查,[②] 在 2995 份团干部的问卷中,回答"现在志愿者服务站的主要问题是什么?"时,有 1599 人认为是资金不足,占总人数的 57.91%。作为一个非营利机构,要正常运作必须有资金支持,目前我国志愿服务的资金主要来源是政府部门的拨款、企业的捐赠、社会募捐、海外募捐,但是一直以来不容乐观,由国家拨款为志愿者行动提供专项基金,到目前我国也还未真正落到实处,资金成了国内志愿服务深入发展的主要瓶颈。其主要表现在如下三个方面。[③]

一是政府无法给予实际的专项资金支持,虽然政府每年在财政支出方面有一定的数额支持志愿服务,但毕竟只是非常有限的一部分,并且这些资金大多都分配给了政府或半政府志愿组织,如共青团系统的青年志愿者组织、民政系统的社区志愿者组织等。

二是企业捐赠的资金十分有限,企业的捐赠在中国志愿服务方面显得微不足道。这是因为,一方面,当前我国的企业还不是很成熟,大部分企业还处于生存状态,企业更多地是考虑如何在市场竞争中生存下来。企业在这样的生长期,根本没有那么多精力和资金投身于公益活动。另一方面,企业以利润为前提,而捐赠行为在当前的中国还无法直接给企业生产经济效益。因此在捐赠的企业中,大部分是在其发展进入到了一定阶段,需要有一定的社会信誉和企业形象时,才向慈善机构捐赠,而且这种捐赠行为也是相当得有限,无法长期保证。

三是社会募捐也不容乐观,我国公民的社会公益意识还比较淡薄,捐赠

---

① 徐中振主编《志愿服务与社区发展》,上海三联书店,1998,第 44 页。
② 中国青少年研究中心:《新时期青年志愿服务问题研究》,http://wenku.baidu.com/view/50cb66060740be1e650e9acb.html,2012 年 6 月。
③ 张海鸥:《我国志愿者队伍发展的制约因素及其解决途径》,电子科技大学硕士学位论文,2007。

意识缺乏。同时，现有的不规范的市场经济又在一定程度上让人与人之间产生了信任危机。经济学家樊刚指出，当前我国的资本格局已发生根本变化，居民所有资本已超出国有资本和集体资本的总额。30%的城市居民拥有全国80%的居民金融资金，其中少数高收入者占有居民金融资产额度的大部分。从承担社会责任的能力来看，他们作为金融资产额度的主要拥有者，理应成为公益事业的主要捐赠人，但在现实中却很少有人积极地响应。从我国的文化背景看，我国传统文化中儒、佛的仁心与行善积德的观念占据着不可替代的重要地位，所积极宣扬的也一直是对弱者的同情与怜悯。但在经历了"文化大革命"以后，传统文化缺失，虽然所宣扬的是集体主义观念，讲求奉献精神，可个人服从集体的方式却变成了弱势向强势的奉献，这正好与我国传统文化中所提倡的观念相反。基于这种潜意识，在种种价值观的冲击下，整个社会成员之间的信任度大大降低，也就造成了社会募集不能很好地发挥作用。

2. 政治环境制约因素

为促进我国志愿服务事业的快速开展及推广，政府将志愿服务工作交予共青团承办，使之成为我国志愿服务的一个特色。然而这种行政化推动的方式导致志愿服务团体不独立，带有严重的官民两重性的色彩。同时，共青团系统支持下的中国青年志愿者社团、民政部门下的社区志愿服务组织以及其他党政部门和人民团体的志愿者队伍对政府有严重的依赖性。社区服务和社区建设基本上是在民政部门的管理和支持下建立的，许多地区的社会服务中心都是民政部门的直属单位或直属事业单位。他们的志愿活动大都是以行政方式，即政府或半政府的意志或组织形式推动的。志愿服务甚至成为行政领导的政绩考核指标。

在我国，志愿者队伍的志愿服务所要追求的公共目标随时随地触动着政府的神经，同时两者的活动范围往往还是相互交错的，因此，志愿者队伍的发展不可能离开政府的支持和配合，顺理成章地还要受到政府制定的政策的影响。而民间的志愿组织由于是自下而上发起的，来自于民间，能力有限，力量不够，其发展又受到一定的抑制，无论从政策还是资金方面都不能从政府那里得到实际的支持，因此举步维艰。政府的志愿服务组织回应度上的差异，致使志愿服务的功能和效用得不到最大限度的发挥，容易出现"志愿失灵"的现象。

3. 管理体制制约因素

我国志愿者队伍的产生和发展时期，正处在我国的经济体制转型的过渡时期。在这样一个大的社会背景下，其在组织管理上，志愿者组织都挂靠于各级团组织，由团组织直接领导，甚至绝大多数地方，团干部与志愿者组织的领导为同一人，团员就是志愿者。在活动运作和开展时，基本上都是由党团组织自上而下发起的。受到这种传统体制的影响，志愿组织和志愿者服务的发展受到了阻碍。主要体现在以下三方面。

一是对主管部门和组织有非常强的依赖性。我国现阶段志愿者队伍的主管部门是共青团，而共青团的上级领导是党政机构。根据相关部门的调查和一些地方的志愿者主动反映，在日常生活和工作中，一些志愿者发现，在社会、群众有服务需求时，不能够及时或直接对其进行服务，而必须通过层层的报批才能进行。报批的程序得经过服务小组—服务大组—秘书处—团市委等部门，因此，往往不能得到及时的审批，甚至干脆不予批准，从而延误和错过了最佳的服务时机。但是，政府机关、上级主管部门有什么活动需求时，只需要自主发一个通知，要求志愿队伍派出多少人、在什么时候和地点参加服务就行了。这种由政府机关和共青团直接领导和干预的志愿服务都会出现严重的后果，其中最突出的就是将志愿队演变成了"半官方组织"，致使志愿者队伍缺乏社会活力而不能健康快速地发展。

二是志愿队伍中的决策机构形同虚设。一个健康完善的现代志愿团体，在团体内必定要有决策机构、执行机构、评估机构的存在，并发挥相应的作用。但是，现阶段我国的大多数志愿者队伍和协会的决策机构都被执行机构取而代之，致使决策机构形同虚设，不能产生真正的效果和发挥应有的作用。这样往往就造成了部分决策轻率、行动仓促，由此导致的不良后果也是不言而喻的。

三是志愿队伍组织内部较混乱，工作效率不高。这主要源于决策机构的缺失或失职，导致执行与服务没有严格的要求和具体的标准，使其变成了简单的应付。在大多数的志愿队伍中，对志愿者的角色定位不明确，志愿者既要从事具体服务工作，又要兼顾队伍内外的协调，还得配合进行管理，甚至有的还要做项目决策工作，没有一个具体的工作重心。从而使得新加入的志愿者与工作多年的志愿者在分工上没有区别，综合素质差的志愿者与综合素质好的志愿者、有技能与无技能的志愿者都没有什么区别，无形中抑制了志愿者参与志愿服务的积极性。从而导致绝大多数的志愿者满怀激情而来，服务一段时间后失望而去，从此脱离志愿者队伍，并再无参与志愿服务活动的可能性，最终造成了志愿者团体流动较快、流失率非常高的结果。[①]

因此，要推动我国志愿队伍建设和志愿服务事业更好更快地深入发展，必须从根本上解决管理体制上的问题，特别是适应国家、经济、公民社会三分的社会体制发展趋势，将志愿者组织纳入非营利组织体系，与政府组织脱钩，并出台相应的政策和法律法规，来培育其健康成长，使其达到更有效地服务于社会的目的。

四　国外经验的借鉴

国外的社会服务志愿活动源自社会福利方案对志愿服务的需求。实践证明，志愿服务作为载体，在构建人与人、组织与组织之间的合作与共识中发挥了不可替代的作用，有助于推动一个国家的整体福利提高与社会进步。

（一）科学的管理模式

1. 非政府性的运作模式

国外非政府组织在志愿服务方面占有重要地位，成为政府干预手段之外的有效补充，并已经向专业化方向发展。比如，美国大学的志愿者组织几乎都是社团化运作，不但有人，有社会影响力，还有完善的组织和制度。在欧美国家，志愿者组织都是非政府性、非营利性的组织，其基本上都是在本国法律框架内建立起来的民间组织，避免了具有政党色彩和政府色彩的可能性，一般都以全体大会作为最高权力机关。它们从会费、公共部门的支持以及慈善机构或个人捐赠中获得经费（如美国非政府组织70%的经费来自政府的支持，新加坡的志愿者组织——人民协会85%的经费由政府拨给），社会的全面支持和其独立于政府的属性，既为志愿者组织从事志愿服务事业提供了经费保障，又为它们提供了灵活的自主处理事务的权力。这使得它们在从事社会公益活动和对社会弱势群体的救助工作中，在建立公平社会和营造

[①] 谭建光：《全球化与中国青年志愿服务的发展》，《北京青年政治学院学报》2004年第3期。

良好的社会秩序方面，一定程度上避免了形式主义，具有高效、务实的特点，发挥着不可替代的作用，从而大大推动了欧美志愿服务活动的发展。①

美国的志愿者组织数量堪称世界第一，志愿服务已经成为美国社会调节国家与公民之间关系和美国社会政策不可或缺的组成部分，1994年出版的志愿者教科书中显示，52%以上的美国人都是志愿者。② 美国由于志愿服务起步早，在志愿者队伍内部都具有了全面与严格的规章制度。其用来规范志愿者队伍活动的主要有两本教材，一本是《志愿者手册》，另一本是《领导技巧》。其中《志愿者手册》对志愿者明确了具体的服务要求：对志愿者提出忠告，参与了就意味着必须得承担相应的义务和责任，要充分地履行这些义务和责任就得参与必要的培训；志愿者不能通过活动获取直接的个人利益；志愿者必须制订完整的工作计划和详细的时间表；志愿者必须以认真负责的态度对待每一次活动，若因生病或其他原因不能履行自己的义务时，应事先或即时通知该活动负责人；建议每位志愿者写日记，详细记录自己完成工作的具体情况。同时为了严格履行自己的义务，必须将双方的关系法律化，即志愿者要与组织签订协议或合同，明确双方的义务和责任。

2. 多渠道的资金来源模式

从国外志愿服务项目发展现状看，非营利组织是志愿服务的重要提供者，同时也得到了政府的支持、社会的认可、公众的支持。国外政府颁布了一些法令来对非营利组织给予资金支持，如日本政府立法，把邮政储蓄利息的30%的资金抽出应用于志愿服务活动中。③

为了设立志愿服务活动专项基金，美国政府财务部制定了专门用于志愿服务基金的财政预算，政府拨款占志愿部门总收入的31.3%，英国占40%，澳大利亚占56%。加拿大、新加坡、菲律宾等国政府也加大了对志愿服务活动基金的支出。墨西哥、泰国、印度尼西亚等国家也在逐渐增加财政预算用于支持非营利组织的志愿服务活动，同时，为鼓励企业支持志愿服务事业，激励企业捐助公益事业，根据企业对志愿服务和公益事业的捐助情况，

---

① 张广济：《中外志愿服务比较》，《浙江工贸职业技术学院学报》2003年第3期。
② 郭嫄：《基于对比视角的中国志愿者活动现状、不足及对策》，《南通大学学报》（教育科学版）2009年第6期。
③ 北京志愿者协会编著《志愿组织建设管理》，中国国际广播出版社，2006，第135页。

给予适当的税收优惠政策，如低税收或税收"返成"。志愿服务活动的资金还来自于个人的捐助和死后的遗赠，大多数美国家庭的捐款平均占家庭收入的2%~2.2%。据统计，1991年美国有72.2%的家庭进行过捐助，1993年上升为73.4%，1995年为68.5%。1995年的捐助家庭数虽然有所下降，但大额捐款的家庭数上升了，特别是捐款千元以上的家庭，1993年这类家庭只占12.8%，1995年上升到15.2%。在整个20世纪80~90年代，志愿者运动的慈善福利基金持续增加，1980年为486亿美元，1990年增加到1115亿美元，到1995年已高达1507亿美元，1998年则达到了1750亿美元。①

我们也可以借鉴国际社会的成熟做法，制定宽松的志愿服务税收政策，鼓励社会资源向志愿服务领域流动，并在资金使用上，要求资金使用的规范性和透明度。

（二）健全的制度体系

1. 优越的政策制度

在许多西方发达国家，实行捐赠的税收减免政策。一般实行税前全免，也有30%或50%不等的减免政策，志愿组织能够依法筹措资金，而社会捐赠也十分踊跃。美国《国内收入法典》第501C3条款将税收优惠项目分为应缴税所得额扣减政策、财产税及遗产税的免税。日本对纳税人慈善捐赠的税收优惠则会因接受捐赠的组织类型和目的不同而有所差别，公益性越强的组织，越是有更多税收优惠。② 由此提高了社会的捐赠热情，保证了捐款的及时性和有效性，有利于志愿组织的发展和志愿者权益保障的实现。英国政府制定一系列的政策扶持志愿服务事业的发展，其中之一是制定制度鼓励捐赠，如返还所得税制度。这既是国家财政支持的变相形式，更是鼓励社会更广泛捐赠的一种措施。2004年，英国内务大臣又宣布一项面向包括志愿服务组织在内的便利捐献制度。该制度允许中小企业的员工可以直接通过他们的工资发放银行代理捐款，这样大大方便了中小企业的员工定期、不定期地进行小额捐款。该制度还规定了企业的捐款额从税前利润减除，即捐献部分是免税的。

---

① 叶昊宇：《我国志愿服务社会动员机制研究》，电子科技大学硕士学位论文，2009。
② 邵金荣：《非营利组织与免税：民办教育等社会服务机构的免税问题》，社会科学文献出版社，2003，第158~172页。

国外志愿者组织和民间团体与政府还是一种伙伴关系，共同解决面对的社会问题。政府还委托项目给志愿组织，合作双赢。政府特别是地方政府往往委托志愿组织完成一些属于政府职能的工作。例如，陪有需要的老人聊天是政府照顾老人的工作之一，该工作政府一般委托志愿组织完成，政府提供志愿者交通费、工作人员办公费等费用，从而达到双赢。①

2. 完善的法律法规

19世纪初期，特别是在第二次世界大战以后，志愿服务在欧洲逐步得到壮大和发展，并实现了制度化和规范化。欧洲部长委员会于1967年通过了《社会工作人员的任务、组织及规章法案》。早在16世纪，英国国王亨利八世便出台相应的法律法规，法律规定征收救济品并由地方政府分发救济贫民，后来慢慢发展为专门的《济贫法》。随后，相关部门又设立了专门的"慈善组织会社"以协调政府与民间慈善组织的活动持续有效地开展，并针对扶持志愿服务事业的发展制定了一系列相应的政策文件。

美国于1935年制定了《社会保障法案》，1973年又制定了《志愿服务法》，紧接着又根据社会环境的改变在以后的16年间，分别进行了五次修正，1990年又制定了《全国暨社区服务法》。1990年12月，美国国会组织又出台了关于志愿服务的法案及其补充法案，使之能够适应志愿服务面临的各种新环境和新问题，如1993年克林顿签署的《全国与社区服务法案》，以及《1997年志愿者保护法》（Volunteer Protection Act of 1997）。志愿服务的立法不仅强化了人们的志愿服务意识，也保证了志愿服务的顺利开展。

德国通过一系列保险法规。1964年制定《奖励志愿社会年法》，1993年制定《奖励志愿生态年法》，并于2002年7月17日对《奖励志愿社会年法》和《奖励志愿生态年法》进行了全文修正，对志愿者的服务领域和内容作了进一步扩充。具有代表性的是设立了志愿役，其中明文规定，国内所有的学生，在毕业时，若不服兵役就必须参加规定时间内的志愿服务，而只要达到了这一规定的服务时间的要求，在升学时特别是在上大学时可以作为被优先录取的条件之一。

在丹麦，公民历来就有从事志愿服务的传统。志愿者队伍多如牛毛，但

---

① 江泽全：《英国志愿服务发展及对中国的启示》，《广东青年干部学院学报》2004年第8期。

其组织的规模、目标和服务项目都各不相同。丹麦公民也热衷于志愿服务活动，基本上2个丹麦人中就有1个人在定期或不定期地从事志愿者服务。1983年，由国家的社会事务部门成立了专门的丹麦志愿者委员会，该委员会的成员主要由政府部门和志愿队伍里的代表构成，其成员一般都由民主选举产生。1992年又成立了专门的志愿者中心，但这个志愿者中心的性质比较特殊，属于半政府性质的机构，其是针对志愿者服务组织设立的，目的是希望能够通过这个中心来为它们提供更加广泛和深层次的服务，以促进志愿者队伍的发展。1998年，根据所颁布的新的《社会服务法案》，成立了一个隶属于郡政府和社区的专门部门。2001年，在社会事务部门下又成立了志愿服务委员会，该委员会直接受丹麦社会事务部领导，主要负责对整个志愿者工作与发展进行整体的指导和决策。丹麦政府还采取一系列的措施促进志愿者队伍的发展，具体的有基金资助、项目资助和志愿者培训资助等，同时还实行多种税收优惠政策，以间接的方式对它们进行资助。

1991年意大利国家宪法肯定了公民社会组织的重要性，此外还颁布了有关志愿服务的法律，该法律对志愿者活动在社会生活中起到的作用给予认可和肯定。1992年，日本政府也对其国内的《社会事业法》进行了修改，1993年，厚生省出台了《关于促进国民福祉活动措施的基本方针》和中央社会福祉审议会的《志愿服务活动的中长期振兴方案》，[①]"方针"和"方案"中明确指出了对志愿者服务的重视和其参加型福利社会的方向。1994年，青少年问题审议会又出台了《富足时代青少年培养的基本方向——促进青少年志愿服务活动》，进一步扩充了有关志愿者服务的相关法律法规。西班牙宪法第九条第二项明确认可了人民及其组成团体的该项参与权，且规定公权力有义务推动、促进及保护之。鉴于此，西班牙国会于1996年1月15日通过《志愿服务法》，以推动及便于公民共同参与公、私立非营利组织内部的志愿服务活动。法国的志愿服务则走向法律化。法国法律规定，年满18岁的法国男性，符合条件者都必须履行国民志愿役，违规者处2年有期徒刑。加拿大也对志愿者服务作了相应的立法，其中最具有代表性的是

---

① 该方案认为，居民参加型福利服务与原来的志愿服务活动不同，是一种以志愿服务意识为基础的，以会员制、互酬性、有偿性为特点的、有组织的系统活动，而无偿性则是指不以金钱利益为目的的不追求劳动的等价报酬的非营利行为。

《志愿工作法》。澳大利亚制定有《志愿者服务原则》。阿根廷制定有《社会志愿者法》。波兰制定有《公共利益和志愿者法》等。

综观这些国家针对志愿者队伍发展和志愿服务立法的情况可以发现，志愿者队伍发展规范、志愿服务活动开展有序、志愿服务内容多样的国家，其对志愿者组织及志愿活动的立法都非常完善。而我国到目前为止还没有针对其建立起一套完整的法律法规。因此，对我国志愿者队伍发展的立法迫在眉睫。

3. 良好的培养制度

对于志愿服务，日本有着良好的培养制度。首先是将志愿服务纳入了学校教育体系，成为学校教育的一门正式课程，授予学分。[①] 一是开设有关志愿者活动知识的学科课目，即把志愿者活动作为研究对象的课目；二是把志愿者活动作为学科课目，即把志愿者活动作为学生学习的一环，相当于社会教育；三是对志愿者活动进行学位认定并授予学分，即志愿者活动与学生专业相关的部分给予学分。根据文部省对大学改革推进状况的调查，开设志愿者活动作为研究对象的科目的大学在1995年为30所，而到了1997年，在587所大学中有86所开设了此科目，占大学总数的14.7%；把志愿者活动作为学科科目的大学，1995年为74所，1999年增加到了104所，占大学总数的17.7%；对志愿者活动进行学位认定授予学分的大学，1995年几乎没有，而在1997年为10所，占大学总数的1.7%。[②]

其次是正式课程以外的志愿者活动，一是给学生提供志愿者活动的信息，开设咨询窗口；二是开设有关志愿者活动的知识、技术讲座、举办信息联络会，解决活动中遇到的难题；三是帮助和支持小组性的志愿者活动。根据文部省1997年的调查，为学生提供志愿者活动信息的大学为221所，占大学总数的37.6%，绝大部分大学都开设了咨询窗口；开设志愿者活动知识讲座的大学为22所，占3.7%；与社区举办信息联络会的大学为32所，占5.5%，积极开拓志愿者活动场所的大学为68所，占11.6%。

美国也是一个对志愿服务高度重视的国家，志愿服务在美国起源早，发展也较为成熟，开展和参与志愿服务活动已成为美国社会的普遍现象。最突

---

① 崔成学等：《日本师资培养课程导入志愿服务教育的经验及启示》，《外国教育》2002年第1期。
② 崔昌淑：《日本大学的志愿者活动及对我们的启示》，《黑龙江高教研究》2001年第2期。

出的表现是在对教育投入方面,注重对志愿者的志愿服务意识与行为的培养。志愿服务的时间也成为进入大学必不可少的前提条件,规定必须服务200个小时以上才能跨入大学校门,很多大型企业在招聘新员工的时候,志愿服务经历也成为选择条件之一。①

韩国的志愿服务有50多年的历史,从1995年起,初中学生的志愿服务活动实现义务化,1998年以后,志愿服务活动的分数占高中成绩的8%。泰国志愿者服务(VTS, Thailand Volunteers Service)每年从大学招募一批大学生,经过培训之后送他们到不同的NGO组织去进行为期2年的实习。在2年实习期间,VTS将根据不同阶段志愿者所面临的问题设计若干次集中培训,这种方式有力地支持了青年志愿者的学习和成长过程。

由此可见,我国志愿者的培养体系有待更新和调整,这样才有利于我国志愿者队伍的健康发展。

(三) 有效的激励方式

1. 充足的物质激励

物质激励是指运用物质的手段使受激励者得到物质上的满足,从而进一步调动其积极性、主动性和创造性。物质激励有资金、奖品,包括发给志愿者荣誉证书与活动证书、服务团体的集体照、服务期间特制的衣服(如T恤、帽子等)、一些小物品和小礼物等,通过满足其要求,激发其工作的动力。例如,悉尼组委会为每名志愿者在培训、服装、休息场所、食品饮料、交通等方面平均支付了大约700美元。组委会还向志愿者提供了一些物质性奖励,包括开幕式排演的门票及奥运会商品的折扣等。

1993年,美国克林顿政府签署《国家与社区服务法案》,法案规定,"凡做义工时间达到1400小时的青少年,政府每年将提供4725美元的奖学金";或者参加"为美国服务的志愿者"的活动,服役期为一年,服役期满后可以得到两个学期的奖学金9450美元,而且选择联邦职业时可免试。参加"全国民事社区服务队"的志愿者,年龄在18~24岁,10个月的服役期满后可得到6000美元的津贴及2362.5美元的一次性奖学金。

在英国,志愿者参加志愿服务活动累计一年达到100小时以上,将得到

---

① 谢芳:《美国社区中的志愿者服务》,《社会》2003年第1期。

英国政府颁发的青年就业证书。如果志愿者参加志愿服务活动累计一年达到200小时以上，就会得到由就业部部长和教育部部长亲笔签名的证书；在苏格兰，大学生为无家可归者提供服务，可得到30英镑的零用钱，同时在假日可以免费游览当地的名胜或参加各种节庆活动。

2. 适当的精神激励

德国政府规定，国内所有的中学生毕业后，除入伍服役的同学外，其他人员都必须参与一定时期的志愿服务，并将这种志愿服务作为大学优先录取的一个参考条件。德国各行各业在招聘时，不仅要求应聘者精明能干，而且十分强调应聘人是否受过良好的志愿教育。已经有过社会志愿服务的实践，并受到过满意评价的青年，在进入劳动力市场时往往能得到比较优先的考虑。在职业生活中，德国青年也可望通过继续参加社会志愿服务而获得资格，以便胜任要求特别高的、负责的和独立的工作。

墨西哥政府也出台了一项政策规定，每位在校大学生从入学到毕业这段时间内，须至少从事累计半年的志愿服务活动，这段服务经历作为获准毕业、拿到文凭的先决条件之一，从而成为上大学和参加工作的重要资质。尼日利亚的大学生志愿服务者连续服务1年后，可以获得国家服务证书，这个证书是将来就业的保障；韩国规定中学生每年必须参加志愿服务40小时，并作为升学考核、选拔的一个重要因素；泰国政府为倡导志愿服务风气，规定大学毕业生要到贫困地区做1年的志愿服务，服务满1年后，毕业生有更多的机会得到一份好工作；新西兰的一些非营利组织会定期举行一些大规模的庆祝活动，借此机会对志愿者进行表彰，并特别嘉奖从事志愿服务多年的资深志愿者，为其颁发奖章；在新加坡，每年7月为"志愿服务月"，4月为"关怀分享月"，每年国庆日由总统或总理颁发"公共服务奖"、"公共服务勋章"和"公共服务星条勋章"。

五 我国社会服务志愿者队伍中长期发展战略建议

党的十六届四中全会明确提出"把和谐社会建设摆在首要位置，注重激发社会活力，促进社会公平和正义"。和谐社会是充满志愿者精神的社会，社会主义和谐社会要求诚信友爱、人与人、人与自然和谐相处。志愿精神以"奉献、友爱、互助、进步"为主要内容，志愿者用自己的行动，保障社会弱势群体的基本生活，维护社会弱者的基本权益，尊重他们的人格尊严，改善了人际关系，是促进社会和谐的精神力量。国外在志愿服务过程中形成了地方政府、非政府组织、大学志愿服务机构三位一体的志愿服务系统模式，这种模式能够动员最广泛的社会力量积极参与志愿活动，有效整合社会资源，形成互助互济、和谐发展的良性循环。我们要立足我国的实际，借鉴国外志愿者组织发展的有益经验，注重与地方政府的沟通，找准社会服务志愿服务最佳切入点，并依托社会服务的各类专业化社团，发挥志愿者群体的智力优势，为共建共享和谐社会做出贡献。

（一）明晰社会服务志愿者组织文化制度

为了促进中国志愿服务的发展，就必须使其与中国的环境相适应，其中最重要的就是文化上的适应，换句话说，就是被社会广泛接受，形成全社会范围内的"志愿文化"，充分认识到文化认知系统在推动志愿服务广泛开展过程中的地位与作用。文化是志愿组织的无形资本，它反映了志愿者所普遍恪守和奉行的共同价值标准，是志愿组织的精髓与灵魂；它反映了志愿服务顺应时代的要求，展现了志愿服务的文化价值内涵。在很多组织内部，文化制度的建设都被忽视了，致使组织缺少凝聚力与向心力，阻碍组织目标的实现。

传统文化在我国意义深远，且影响较大。在志愿者组织文化制度建设上，"奉献、友爱、互助、进步"既是精神文明建设所必备的核心价值，也是志愿服务的重要理念，加大志愿服务文化体系的建设，是推动志愿服务和志愿者队伍建设不可缺少的一环。同时树立"志愿者既是奉献者又是受益者"的观念，在宣传志愿者活动的同时，积极开辟更加广阔的活动领域，为志愿者提供更多锻炼的机会；将道德教育寓于丰富多彩的志愿者活动中，科学定位志愿者活动目标，通过完成志愿者活动目标，达到促进参与者成长，实现个人发展的目的。

目前我国正处于社会转型时期，存在着"空巢老人""留守儿童""农民工子弟"等亟须社会关注的弱势群体，完全依靠政府力量无法解决这些问题。引导广大社会服务志愿者积极关注社会民生，积极宣传社会服务志愿者组织文化，拓展服务领域和服务形式，通过组建"守望工程志愿服务队"，设立"空巢老人志愿服务站"等途径，可帮助社会弱势群体解决生活困难，丰富生活内容，为社会问题的解决注入强大动力。此外，通过志愿精神与志愿文化的传递影响弱势群体,让他们在接受帮助的同时自立自强,使受助者成为帮助者,这对构建和谐社会有积极而深远的意义。

(二)健全保障社会服务志愿者队伍发展的法律制度

综观现阶段我国对志愿者队伍建设的法律法规,目前只有广东、北京等13个省份和成都、杭州等9个城市颁布了志愿服务地方性法规,总体而言都还处于建立健全志愿服务的地方性法律法规阶段,还没有建立起一部全国统一的志愿服务法,大大抑制了我国志愿服务活动的有效开展和志愿者队伍健康快速的发展,因此,将志愿者队伍法制化是我国志愿者队伍建设和志愿服务有效开展的必然选择。志愿服务的法制化,就是将国外的成功经验与我国具体国情相结合并综合我国各地方性的法律法规,尽快制定一部完整的具有我国特色的《中国志愿服务法》。在进行具体的立法时,必须重视和考虑以下几方面。

第一,明确志愿服务的立法原则。这包括坚持与国情相适应原则、坚持自愿与广泛参与相结合的原则、坚持继承与创新相结合的原则等四个方面。将我国实际情况和社会发展要求与国外一些有益经验充分结合起来,达到既有创新又能体现我国特色的最佳效果。

第二,明确志愿服务主体的权利和义务。通过对志愿服务立法,明确志愿者、志愿组织、服务对象三者之间的权利、义务关系,这样既可以规范志愿者行为,又能充分地保障服务对象的合法权益。

第三,界定志愿服务主体的法律责任。通过志愿服务立法,把志愿者在参与志愿服务的过程中,志愿者或其服务对象的个人人身财产和精神等受到损害时的相关责任予以法律界定,明确承担法律责任的具体个人或组织。明确相关法律责任,在保护志愿服务主体的同时还可以增强志愿者的责任心。

(三)明确社会服务志愿组织的定位

西方志愿服务发达国家一般认为,志愿服务是非营利服务,如西欧和日本的志愿组织规定,志愿服务为非营利性服务,志愿者可以要求、接受服务对象为其提供基本食宿和最低生活费用。它们认为这样才能保证志愿服务具有经久不衰的生命力。法国明确指出:"非营利是志愿活动的根本精神。"

联合国志愿者管理机构——联合国开发计划署也规定了联合国志愿人员

的基本待遇：如享受每月生活津贴、安家补贴，可携带配偶和子女，且另有生活津贴；年假及探亲假等。这证明了国际社会志愿服务中的一条普遍法则：志愿服务有别于义务服务，它并不排斥获得维持志愿者基本生活的报酬。

而我国的志愿服务活动多为义务性质，志愿者无偿地为服务对象提供帮助。志愿服务经费大都来自政府资助、社会赞助或志愿者本人，基本上不从服务对象处获得。而政府的资助非常有限，也没有企业赞助志愿服务可以享受减免税的相关政策，使企业对志愿服务的赞助也非常有限，而志愿者主体又是青年学生，没有工资收入，三方面原因导致我国志愿服务面临着经费严重不足的困惑，这成为我国志愿服务事业发展的掣肘因素。

因此，本研究认为，为了更好地发挥社会服务志愿活动对我国社会稳定及社会经济的支持功能，应当将志愿服务定位于非营利服务，允许志愿者向服务对象收取基本服务费用或服务时提供的基本材料费用，解决志愿服务活动经费短缺问题，这是志愿服务得以长久发展的有效途径。

（四）明晰社会服务志愿组织的组织管理

由于国家社会化和社会国家化传统的长期影响，我国的志愿服务事业一直按照"党政支持、共青团承办、社会化运作"的思路开展。在组织管理上，志愿者组织都挂靠于各级团组织，由团组织直接领导，在许多地方，团干部就是志愿者组织的领导者，团员就是志愿者。在活动运作上，多是由党团组织自上而下发起的。党团组织的重视在促进资源整合，加快志愿服务发展步伐方面具有显著的积极意义。但随着市场经济体制的确立，公民社会的培育，政府职能必将进一步弱化。而这种将应由公民社会实现的社会服务职能强行捆绑于政府身上的体制的负面影响已日益显现出来，特别是志愿者组织独立性不强、自主能动性缺乏的尴尬处境，常常导致志愿服务活动流于形式，缺乏生命力。

因此，推动我国志愿服务事业深入发展，应解决管理体制上的问题，特别是适应国家、经济、公民社会三分的社会体制发展趋势，将志愿者组织纳入非营利组织体系，与政府组织脱钩，并通过政策建设和法律建设，培育其成长，使其更有效地服务社会。作为第三部门，志愿者组织具有社会性、民间性的本质属性，其所发挥的功能、具有的权力也是由于其是得到国家法律承认和保护的民间组织而实现的。因此，应逐步淡化志愿者组织的行政级别,明确其第三部门的性质。

在逐步将志愿者组织与政府行政组织体系分离的同时,及时为志愿者组织配置专职工作人员。对专职工作人员不必沿袭行政体制的办法定编定岗,而应尝试一定的组织创新,将志愿者组织作为事业性团体来对待,通过财政专项拨款,保证其工作人员相对稳定的工资和福利待遇。对部分民众认同度高、组织结构完善、服务开展顺利的志愿者组织,可以考虑在政策上鼓励和推进其成为注册法人,在办理注册登记时不需要挂靠上级单位,而是对发起人的资格进行严格审查,如必须具备一定的章程、组织机构、人员配备和工作场所等,并在登记完成后对组织进行切实有效的定期考核和年检。

(五)完善保障大学生志愿服务活动开展的教育制度

国外大学把志愿服务活动纳入大学教育课程中,并辅之以评估激励机制。与学分挂钩的做法,以及其志愿者活动实践证明,大学采取此项措施不仅推动了活动的发展,还受到了社会及大学生的普遍欢迎。正是有了学校的制度化保障,志愿服务活动才逐步形成人人参与志愿服务的风气,并成为大学生活的一部分。因此我国大学也应学习国外大学的好经验,根据我国大学的具体实际,采取切实可行的措施,推动志愿活动的发展,努力从志愿活动的旁观者转变为积极的参与者,为大学生志愿者提供良好的环境和条件。

同时,国外大学认识到,只有将志愿服务活动与大学生的成才就业等切身利益挂钩,志愿服务活动才能得到大学生的全面响应,才能确立一个广泛的群众基础。比如泰国为倡导志愿服务风气,规定大学毕业生要到贫困地区做一年的志愿服务,服务满一年后,有更多机会得到一份好的工作;尼日利亚大学生在边远地区连续志愿服务一年后,可获得国家服务证书,这个证书是将来就业的保障。① 参加志愿者活动不仅体现了大学生承担了社会责任,还可以成为其今后走向社会和工作岗位的一项竞争资本,因为乐于并充分承担社会责任的人对单位才会尽心和尽力。因此我国大学也应将志愿者服务与学生实习以及学习成绩考评结合起来,由学校相关部门负责人在志愿活动结

---

① 陈东:《浅论美国志愿服务经验及其借鉴价值》,《广东青年干部学院学报》2006年第2期。

束后对志愿者的表现给予评价，将志愿服务经历作为其将来职业生涯发展的依据，从而促使更多大学生投身志愿服务活动。

（六）提供强有力的资金支持

资金短缺是大多数志愿者组织，尤其是民间志愿者组织发展中所面临的困难。为确保其能够健康快速地发展，应加大对志愿者组织的资助，为组织的发展提供充分的财政支持。政府可以通过制定相关政策鼓励社会各界解囊支持志愿者的公益活动，从社会上积累资源。我国社会服务志愿队伍在寻求资金支持方面，也应该走多元化道路来不断拓宽资金的来源。

第一，加大政府资助力度。政府资助一直以来都是志愿者队伍建设和志愿服务的资金来源的一个主要途径，但政府在资助时会对不同的志愿者组织给予不同的资助方式，包括资助的力度、规模、形式等都所不同。例如，政府发放津贴和补助、政府进行专项购买与合同承包等，这种政府与志愿者组织的合作伙伴关系有效地降低了政府直接生产公共物品的财政负担，同时也大大提升了公共物品的生产效率，且达到了政府资助的效果。

第二，加大对个人捐赠的激励。在我国，个人捐赠的意识较弱，捐赠的金额偏低，受关注的主要还是大型公司或企业的慈善捐助。应对相关的税收优惠政策进行深化和落实，加强其可操作性，加大宣传力度，增强社会认知，从而强化公民的捐赠意识和提升相应的捐赠金额和次数。从政府的角度讲，需要根据人们收入水平和收入结构的变化，来设计减免税政策、估计税价弹性和政府收入分配政策的有效性。此外，征税降低了不同收入群体的个人可支配收入，也会影响到人们的捐赠倾向，因此税制设计需要仔细考虑这些效应；从志愿者队伍的角度看，目前，我国的志愿者队伍主要采取的都是劝募的形式，其形式比较单一，还需要进一步地加强和展开，使其能够多样化。这就需要我们通过各种形式和方法去宣传自己，向大众宣传所做事业的社会价值所在。

第三，通过志愿组织自办实体企业进行经营创收来支持志愿服务活动。整合组织内部的各种资源发挥各个成员的专长自办实体创收，去满足志愿队伍自身运作的需要，靠自己的力量确保固定的资金来源，这样既能保证志愿服务活动的顺利开展又可充分地满足志愿者队伍健康发展的需要。因此，自办实体创收无疑是解决资金问题的主要途径和最佳保证。

第四，积极主动地与国际交流，将志愿者组织和志愿服务活动推广出去，争取国外一些基金会、慈善机构和海外华人中的成功人士等的捐助，这也是我国志愿者队伍获得资金的又一个重要渠道。加强志愿服务立法和国际志愿服务组织之间的交流与合作，使我国的志愿服务更具活力，让这个资金渠道更为广阔。

（七）把社会服务志愿者队伍的志愿服务纳入社会保障体系

当今国外大部分发达国家的社会保障部门都吸纳了志愿服务，我国在建立社会服务志愿者组织时也可借鉴有益的经验。

社会服务志愿组织所提供的志愿服务多以帮助弱小和扶贫济困为主题，以社会弱势群体和需要帮助的困难群体为主要扶助对象，其服务内容和所起到的社会功能和作用都与社会保障有着很大的交互性和一致性，这就为将志愿服务这个能够为社会减压的一支重要力量纳入社会保障体系之中提供了理论前提。再者，我国的社会保障体系在现阶段还存在着资金不足、内容不全、覆盖面不广以及服务保障相对薄弱等问题，社会保障体系的内涵也有待进一步完善。在我国市场经济条件下，由于竞争机制所致，一少部分劳动者将因被淘汰出局而离开工作岗位，失去生活的主要来源，从而陷入危机。政府也只能保证公民的普遍权利，不可能完全照顾社会的每一个成员的利益，尤其是社会弱者的利益。因此市场机制和政府机制之间就造就了一定的"剩余空间"。而这些剩余空间可以通过有效的志愿服务来弥补，使志愿服务成为社会保障体系中必不可少的重要力量，为社会中的弱势群体提供有效的社会服务和帮助，为社会保障提供有力的支撑，对我国多层次、多结构、不健全的社会保障体系的完善做出积极的贡献。另外，我国现阶段志愿队伍建设和发展的瓶颈就在于资金不足，没有充足的资金来源，严重影响了志愿服务活动的顺利开展，而社会保障体系中的资金来源则主要由国家财政和社会来负担。将志愿服务纳入社会保障体系之中，既完善和促进了社会保障体系，同时又必将推动我国志愿者队伍健康蓬勃发展。

（八）加强志愿者队伍自身的发展和管理

1. 志愿者的招募与甄选

建立一支具有一定的专业服务水平、工作态度扎实、充满爱心和责任感的志愿者队伍，是我国志愿者队伍健康发展的有利保障。而完善志愿者组织的招募机制，让更多的志愿者参与到志愿者队伍中来，正是建立良好志愿者队伍的基础。与此同时，就志愿者队伍的管理而言，甄选志愿者是管理迈向成功的首要环节，因此，必须建立健全好招募制度并做好志愿者的招募与甄选工作。

第一，志愿者组织在决定招募志愿者之前，应先对组织内的志愿者岗位进行严格合理的划分，做出必要的人力资源需求预算。然后是制定招募的标准，如年龄、身体状况、思想素质、责任意识、科学文化知识和特有的技能等。最后是确定招募方式、确定招募方法，利用合适的方式方法进行招募是有效获取志愿者的最佳途径。第二，让应征者填写甄选数据表格，表格包括：个人详细的简历、工作经验、为此次活动所能投入的时间、有何技能与特长、希望参与的活动类型与性质、对志愿者组织和自己的期望、联系方式等数据，为筛选做好必要的参考。第三，进行初次筛选。志愿者组织根据前来应征人员表格中所填写的相应数据，结合此次活动或组织志愿者手册所需的相关条件，对应征者进行一个初步的筛选，初步挑选出符合需求的应征者，为进一步面试录用做好铺垫。第四，进行面谈，让申请者能够更多更细地了解工作的内容和要求以及双方互相表明各自的期望，以备双方做出最后的选择。确定后便需要给被录用者发放录用通知，在双方互相认同时要求志愿者组织与志愿者签订相应服务合同，其内容主要是志愿者和志愿者组织在志愿服务过程中各自需要承担的一些责任。该服务合同不被视为一份法律法规文件，而仅仅是作为双方美好信念的一种努力。

2. 志愿者的培训

对志愿者进行业务培训和实践交流，可以使志愿者树立正确的服务理念，增强服务技巧和与人交往的能力，以及提高志愿者各方面能力和综合素质，达到更好地为社会服务的目的。然而，要顺利地达到理想培训效果就必须建立科学化的志愿者培训机制和进行严格的培训。

首先是建立科学化的志愿者培训机制，主要内容包括：建立严格的培训制度、完整的培训内容以及创新培训方式等。有了这些机制后，重点就是对志愿者进行严格的培训，其具体步骤可主要分为三个阶段进行。一是职前培训。职前培训大都是针对新加入的志愿者而开展的，目的在于让新加入的志愿者充分地了解该组织的服务宗旨、服务信念，以及让其了解和熟悉工作的规则、习惯等一些基本的业务知识，使新加入的志愿者能够对该组织的工作性质与内容等各方面有一个基本的了解，并掌握一些与工作有直接关系的知识和技能，以便进入工作中能够更好地做好志愿服务。二是在职培训。针对志愿者现有的绩效与实际目标的差异，设定培训目标和制订培训计划。培训可以采取多样化的方式来进行，如专题培训或讲座、动手研习、外聘专家培训、现场实际演练等，使志愿者学习和发展他们的知识与技能，以期更好更快地达到预期的目的。三是职外培训。志愿者参加的除自己所属志愿者组织以外的培训活动称之为职外培训。其具体方式主要是志愿者组织外派其内部志愿者参加其他组织或专门培训单位所举办的会议和研讨会以及开设的培训课程和讲座。通过这样的方式为组织内的成员提供与其他组织的成员交流和学习的机会，拓宽其视野，进而拓宽他们的知识面，发现自身的优缺点并及时改正不足之处。同时，对组织而言也可以增加一些互动机会，以便能更好地吸收和借鉴其他组织的先进经验。给予志愿者一定的培训，是其接受教育的一部分，也是其自我发展的需要，同时也是对志愿者队伍能够获得健康发展的有力保障。

3. 志愿者的激励

志愿者参加志愿组织，提供志愿服务，在一定程度上是实现自我价值的一种途径。而满足志愿者的这种自我实现需要的有效方法就是对其进行人性化的激励，使他们的需要能够在参加组织活动的过程中得到实现和满足。同时也能够在激励的过程中提高工作效率，进而达到双赢的效果。通常情况下对志愿者的激励可以通过许多方法来实现，但其中最为常见又便于实施的是对志愿者的物质激励和精神激励。物质激励的效果一般倾向于短期内的激励，它能够在短时间内给予志愿者一定的满足感，但从长期的效果来看，则需要精神激励。因此，在实际的工作中，志愿者组织一般都是将两种激励方式结合使用，以此满足对志愿者激励的需求。比如给志愿者颁发荣誉证书与活动证书、服务团体的集体照、服务期间特制的衣服、一些小物品和小礼物、标识以及用餐、饮水和交通保障等；另一方面是让志愿者参与志愿者组织所开展的一些活动，包括共同进餐、野炊、参与内部组织的宴会和郊游活动、一起过有意义的节日等。通过这一系列的激励，使志愿者极大地增强团队意识，提升了他们的团队精神。并且在日常工作中对志愿者说"谢谢"，从语言和行为上对志愿者表示出尊重，让志愿者参加一些解决问题和具有特别意义的活动的决策以及将更大的责任交予表现突出的志愿者，或者通过新闻媒体对优秀和有特别贡献的志愿者进行宣传和表扬等。因此，在工作中要将两方面相结合，以便能够长期有效地对志愿者进行激励。

另外，志愿者组织在开展激励的过程时，必须注意时机的把握，要尽可能地接近志愿者获得认同时达成、并要明确是由衷地、真诚地给予激励且是公平地予以激励，以及最好是公开地进行激励等。这样便可以事半功倍，否则就不能达到事前的预期目标和效果，从而背离了激励工作的初衷。

4. 志愿者的监督与评估

志愿者组织的志愿服务活动不仅要明确目标，而且还要将目标具体化、标准化，并建立相应的监督与评估制度和标准来对志愿者采取有效的监督与评估，这是保持志愿者的行为与志愿者组织和志愿服务项目的目标一致以及有效完成目标的必要措施和手段。

目前，在实际操作中，一方面是要推行分等评价法和实地评估法两种考核办法。①①分等评价法。就是将志愿者的人格特质、才能与其他志愿工作绩效分为多方面的等级，在每一考核项目内给予不同等级的工作绩效价值，并在每个绩效价值项目内均加以简单的描述。②实地评估法。就是指由志愿服务组织相关的机构派出一些社会工作督导或管理专家到志愿者工作或服务的岗位上进行观察，并与其直接主管进行交谈，系统、全面地搜集志愿者工作绩效的材料，然后撰写报告，并将报告内容报给该志愿者的主管。相对志愿者个体来讲，有效的评估可以让他们进一步认识自己、了解自己，从而找到自己的优点与缺点，明确自己在工作中的具体情况，激发自己更加认真努力地工作，还能帮助志愿者将自身内在的还没能发挥的潜能激发出来。同时评估还能让志愿者了解组织的期待及应有的工作表现，使他们的行为更符合要求。

另一方面是实行非正式评估和正式评估。①非正式评估是指每天、每周、每月不间断地对志愿者的行为提供反馈，对志愿者的行为好的方面加以鼓励；对志愿者行为有偏差的地方提出修正意见；抽出专门的时间认真询问志愿服务工作的进展，并定期召开相关会议；走访志愿服务对象，了解服务对象的意见并实时地反馈给志愿者；与志愿者一起研读有关文章，寻求服务

---

① 安国启：《志愿行动在中国》，中央文献出版社，2002，第142页。

过程中遇到问题的解决思路和方法。这样才能够对志愿者产生巨大的影响，同时也能提高志愿者队伍的服务效率。②正式评估是对志愿服务活动的正式鉴定，其主要是对志愿者的优点和缺点进行记录和评价；同时它也是对于整个志愿服务计划的评估。正式评估一般一年进行一次，可以通过这种方式来找出服务中出现的问题并提出相应的改进意见。

参考文献

安国启：《志愿行动在中国》，中央文献出版社，2002，第142页。

北京志愿者协会编著《志愿组织建设与管理》，中国国际广播出版社，2006。

陈东：《浅论美国志愿服务经验及其借鉴价值》，《广东青年干部学院学报》2006年第2期。

崔昌淑：《日本大学的志愿者活动及对我们的启示》，《黑龙江高教研究》2001年第2期。

崔成学等：《日本师资培养课程导入志愿服务教育的经验及启示》，《外国教育》2002年第1期。

邓国胜：《中国志愿服务发展的模式》，《社会科学研究》2002年第2期。

广东青年干部学院青年研究所、中山市青年志愿者协会：《广东省中山市社区志愿服务调查报告》，《广东青年干部学院学报》2010年第21期。

郭嫄：《基于对比视角的中国志愿者活动现状、不足及对策》，《南通大学学报》（教育科学版）2009年第6期。

江汛清：《关于志愿服务若干问题的探讨》，《中国青年政治学院学报》2002年第4期，第110~115页。

江泽全：《英国志愿服务发展及对中国的启示》，《广东青年干部学院学报》2004年第8期。

金晶：《中国志愿者组织的发展现状和功能的研究》，上海师范大学法政学院硕士学位论文，2007。

李亚平、于海：《第三域的兴起——西方志愿工作及志愿组织理论文选》，复旦大学出版社，1998。

刘军：《国外志愿服务的发展与2001年国际志愿青年的发起及各国的活动》，《志愿服务论坛》2003年第8期。

穆青：《如何理解志愿服务与志愿精神》，《北京青年政治学院学报》2005年第3期，第9~12页。

邵金荣：《非营利组织与免税：民办教育等社会服务机构的免税问题》，社会科学文献出版社，2003。

谭建光：《全球化与中国青年志愿服务的发展》，《北京青年政治学院学报》2004年第3期。

谭建光：《社会转型时期的志愿服务与人文精神》，《社会科学》2000年第5期。
谭建光、凌冲：《中国深圳义工工作发展报告》，广东人民出版社，2005。
王思斌：《略论我国社区志愿服务的制度建设》，北京社会建设网，http：//www.bjshjs. gov. cn/1/2010/10/09/23@ 3474. htm，2010年10月9日。
谢芳：《美国社区中的志愿者服务》，《社会》2003年第1期。
徐华萍：《上海社区志愿服务研究——以A街道为个案的分析》，上海交通大学硕士学位论文，2010。
徐中振主编《志愿服务与社区发展》，上海三联书店，1998，第44页。
叶昊宇：《我国志愿服务社会动员机制研究》，电子科技大学硕士学位论文，2009。
叶雯：《志愿活动中的政府治道分析》，首都经济贸易大学硕士学位论文，2006。
张广济：《中外志愿服务比较》，《浙江工贸职业技术学院学报》2003年第3期。
张海鸥：《我国志愿者队伍发展的制约因素及其解决途径》，电子科技大学硕士学位论文，2007。
张庆武：《中美志愿者激励的差异性比较》，《中国青年研究》2008年第8期。
中国青少年研究中心：《新时期青年志愿服务问题研究》，http：//wenku. baidu. com/view/50cb66060740be1e650e9acb. html，2012年6月。

The Long-term Strategic Research to the Team Construction of Community Service Volunteers

Abstract Along with the development of social economy, the service of volunteers are developing very fast in China. During the period of social transformation and serious contradiction, the service provided by the community service volunteers mainly appears to help the social disadvantaged groups, to give full play on maintaining social stability and guarantee the basic needs of life for common people. Nevertheless, there are some problems, such as lacking social cognition, fund support, and stable team construction. By taking the method of contrastive study, summarizing foreign beneficial experience and related data and documents on the survey spot, the study is to analyze the restraining factors on the development of community service volunteers team, strategically makes some proposals on the long-term development of social volunteers.

Keywords Social Service; Volunteer Team; Volunteers' Activity; Service of Volunteers; Mid & long-term Development of Strategy

政府购买社会组织服务的实践探索与科学发展研究[*]

何立军　罗新录　沈新华[**]

【内容摘要】 近年来,社会组织孵化器、政府购买社工服务和公益创投等政府购买社会组织服务的实践探索,有效推动了政府职能转变和社会组织发展。但也面临着资金来源不稳定、评估和监管困难、购买服务法制化程度低、容易引发政府主导甚或寻租腐败等问题。建议将购买服务的资金纳入公共财政体系,坚持市场竞争原则与初期扶持原则相结合,完善购买服务的全过程评估和监管体系,加快政府购买服务的制度化和法制化,完善配套政策,加快政府职能的宏观调整,以期实现政府购买社会组织服务的科学发展。

【关键词】 政府购买社会组织服务　社会组织　科学发展

政府购买社会组织服务,是公共治理的重要内容,是转变政府职能、构建服务型政府、创新社会管理的重要形式。党的十八届二中全会和十二届全国人大一次会议审议通过的《国务院机构改革和职能转变方案》提出,要向市场放权、向社会放权、向地方放权,要求加强宏观调控,减少对微观事务干预,要求更好地发挥社会力量在管理社会事务中的作用,对社会组织管

---

[*] 此文形成于2013年6月30日,故此后国务院及各地政府出台的相关政策法规文件未收入文中。

[**] 何立军,北京社会管理职业学院讲师,研究方向为社会治理、社会组织;罗新录,南京大学政府管理学院硕士研究生,研究方向为社会治理、社会保障;沈新华,民政部民间组织管理局干部,研究方向为社会组织。

理制度改革做出重大部署,全面厘定了社会组织建设与管理的战略蓝图。作为深化改革的重要举措之一,李克强总理在国务院机构职能转变动员会议上多次强调,"要更多地利用社会力量,加大购买基本公共服务的力度,要加快制定出台政府向社会组织购买服务的指导意见"。[①]

一 政府购买社会组织服务的实践探索

近年来,社会组织孵化器、政府购买社工服务和公益创投等政府购买社会组织服务的实践探索,有效推动了政府职能转变和社会组织发展。

2000年,上海率先在改革社会管理体制时提出并推行政府购买居家养老服务。随后,深圳、南京、苏州等地也进行了探索和实践。随着行政管理体制改革深化和政府职能转变加快,政府购买社会组织服务的机制也在不断健全和完善。在购买内容上,由原来的直接购买公众所需要的服务,转向购买社会组织培育孵化、人力资源培训等,以增强社会组织的内部治理和对外服务的能力。在购买方式上,由政府主导资助项目转向社会组织自主决定。政府购买社会组织服务已由传统的直接"输血",变为帮助公益性社会组织提升"造血"能力,进而撬动民间公益资本,提升社会组织的服务水平和能力。

(一) 多形式资助社会组织孵化器

2006年,社会组织孵化器首建于上海,意在培育有创新性的社会组织,发现和支持有潜力的社会人才,以创造出更好的社会效益。随后,北京、深圳、四川、江苏等省市相继创建了适合各地经济社会发展的社会组织孵化器模式,为下一步探索政府扶持社会组织孵化器提供了宝贵的经验。例如,上海探索出的"政府和民间力量共同兴办、民间管理、政府和公众监督、民间受益"模式;北京发展的"政府支持、专业团队管理、政府和公众监督、民间组织受益"模式;深圳构建的社会组织孵化实验基地模式;四川开创的BOT孵化器模式;江苏实行的政府与NGO联营模式等。在这些模式中,政府和公益孵化器已形成了良性互动。政府通过补贴、购买服务等方式推动

---

① 《李克强:在国务院机构职能转变动员电视电话会议上的讲话》(2013年5月13日),新华网,http://news.xinhuanet.com/politics/2013-05/15/c_115767422.htm,2013年5月15日。

和扶持社会组织孵化器的发展，社会组织孵化器协助政府提升了草根组织的治理水平和能力，规范了草根组织的运作，通过对草根组织的监督和指导起到了"过滤"和"筛选"的积极作用，促进了公益事业的良性发展。①

（二）购买社会工作服务

政府购买社会工作服务是政府利用财政资金，采取市场化、契约化方式，面向具有专业资质的社会组织和企事业单位购买社会工作服务的一项重要制度安排。为建立健全政府购买社会工作服务制度，加快推进社会工作专业人才队伍建设，加强以保障和改善民生为重点的社会建设，民政部、财政部于 2012 年下发了《关于政府购买社会工作服务的指导意见》（民发〔2012〕196 号），各地政府做了积极探索。如深圳市在政府购买社会工作服务上做了很多工作，特别是在社工岗位招投标上取得突破，其"社会工作服务纳入政府采购"被评为"2009 年度中国社会政策十大创新"案例。深圳社工服务招投标有四大特点。一是引入竞争性谈判的方式，由市政府采购中心统一组织实施，方案由市社工主管部门与财政部门、政府采购部门协同制订。二是社工岗位按照所属领域及数量划分为若干大项目和标段，由全市具备资质的注册社工机构选择竞标。三是由采购人代表与专家库中随机抽选的社工、财务、法律等方面专家一同组成评标委员会。四是评标采用综合评分法，按照各机构上年度评估结果占 70%，机构标书及答辩情况占 30% 的比例评分，根据最终得分高低选择中标机构。深圳市政府购买社工服务的方式完全参照政府招投标的程序，体现了一定的公平性和规范性，② 为其他地方提供了可资借鉴的范例。

（三）实施开展社会组织公益创投

公益创投与传统资助模式最大的差异在于，公益项目并不直接由政府自主决定，而是将确立资助项目的自主权交予社会组织，社会组织在规定的范畴内自行立项，以竞标形式向民政部门申请公益金，完成项目实施，以有效

---

① 孙燕：《社会组织孵化器——实现公益事业可持续发展的助推器》，《社团管理研究》2011 年第 6 期，第 48~51 页。
② 马宏：《政府向社会组织购买服务问题及对策研究》（2010 年 11 月 19 日），http：//mzzt.mca.gov.cn/article/ylnmzlt/ltbg/201011/20101100115114.shtml，2013 年 5 月 28 日。

满足公共服务需求。公益创投的方式主要有资助、招投标、定向购买等，其中资助类项目一般由项目实施方提出申请，所在的社区、街道签署意见，区县民政、财政审查，公益创投协会评估审核后，报市民政、财政审定。投标和定向购买项目一般要经历向社会征集项目方案、评审、签署项目协议、进行能力建设支持、实施项目、评估等程序。

上至中央，下至地方，政府对公益创投的资金投入不断加大，优先考虑面向民生、面向群众、面向基层的项目，建立了以群众需求为导向的政府购买社会组织服务机制。自 2012 年起，民政部和中央财政每年安排 2 亿元左右的专项资金，重点支持发展示范项目、社会服务试点项目、社会工作服务示范项目和人员培训示范项目。为此，各地也开始了多种创新尝试，如南京、苏州、上海和东莞等地也进行了实践和探索。因此，有学者研究指出，"通过建立规范性文件，设立专项资金，采取项目管理的方式，搭建政府购买社会组织服务、专业社工参与、公益项目培育的资源整合平台，建立了以群众需求为导向的政府购买社会组织服务机制"。①

二　政府购买社会组织服务的资金来源

政府购买社会组织服务项目的资金来源主要有 3 种：专项资金、预算外资金和预算内资金。从目前的实际情况看，专项资金、预算外资金使用比例相当高。如上述中央财政拨款 2 亿元即为专项资金。2010 年，北京市首次将社会建设专项资金 2200 多万元用于购买社会组织服务，2012 年该项资金首超 5000 万元，② 2013 年增至 8000 万元。自 2010 年以来，市社会建设专项资金连续 3 年累计投入 2 亿元，购买社会组织服务项目 1029 个。③ 2012 年 5 月，广东省政府印发实施《政府向社会组织购买服务暂行办法》，对资金安排及支付做了单独规定：购买服务所需的资金，从购买主体部门预算安

---

① 唐悦：《江苏省建立政府购买社会组织服务机制》（2013 年 5 月 28 日），http://www.chinadaily.com.cn/micro-reading/dzh/2013-05-28/content_9153840.html，2013 年 5 月 28 日。
② 《北京政府今年购买社会组织服务资金首超 5000 万》（2012 年 4 月 22 日），http://www.chinanews.com/gn/2012/04-22/3836857.shtml，2013 年 5 月 28 日。
③ 《2013 年北京市政府购买社会组织服务增 200 项》（2013 年 2 月 7 日），http://beijing.qianlong.com/3825/2013/02/07/7044@8496719.htm，2013 年 5 月 28 日。

排的公用经费或经批准使用的专项经费中解决的,由各部门依据购买服务合同,按现行的部门预算政府采购资金支付程序支付;购买服务所需资金未纳入购买主体部门预算,但经批准可在部门管理的财政专项资金中列支的,由财政部门审核购买服务合同后,采取财政直接支付方式支付。可见,目前政府购买社会组织服务的经费主要通过专项资金和预算外资金解决,尚无专门的法律法规对其进行规定。①

三 政府购买社会组织服务的主要项目

(一) 中央政府购买社会组织服务的主要项目

从2012年和2013年中央财政支持社会组织参与社会服务项目实施方案可以看出,中央资助社会组织开展服务的领域主要有以下四个方面(参见图1)。

(1) 社区服务。以社区为依托,以社区居民为服务对象,开展社区和谐、社区文化、社区卫生、社区帮教、法律援助、优抚对象保障、特殊群体照料、农民工子女服务等项目。

(2) 养老服务。以满足老年人养老服务需求、提升老年人生活质量为目标,以居家为基础、机构为支撑,面向老年人提供生活照料、康复护理、医疗保健、紧急救援和社会参与等服务,优先保障孤老优抚对象及低收入的高龄、独居、失能等困难老年人的服务需求。

(3) 医疗救助。资助低收入家庭、大病重病患者就医,在西部地区、少数民族地区、边远山区等地开展送医送药和健康服务等活动,帮助困难群众解决看病难、看病贵等问题。

(4) 受灾群众救助。帮助受灾地区和受灾群众抗灾救灾,恢复生产生活。帮助自然灾害较多的革命老区、民族地区、边疆地区和贫困地区的受灾群众、低收入家庭和贫困人群提高防灾减灾能力,改善生产和生活条件。

(二) 地方政府购买社会组织服务的主要项目

从各地方政府购买社会组织服务的实践可以看出,地方政府资助社会组

---

① 王会贤:《政府购买服务资金从哪儿来》(2012年11月27日),http://www.caigou2003.com/news/local/news/20121127/news_490196.html,2013年5月28日。

织开展服务的领域主要有以下四个方面（参见图1）。

（1）社会公益事业。包括推进社区民主自治、邻里互动和新居民互助服务、社区教育、文化、卫生、环境保护等。

（2）福利慈善。即针对老年人、残疾人、孤儿、贫困户等特殊群体开展的具体服务项目。

（3）社区专业服务。即推进公益类社会组织发展、心理疏导和矛盾调解以及为社区居民提供的专业性服务项目。

（4）其他。包括专业社工人才提升项目和有利于加强社会建设、完善公共服务、促进社会和谐的公益项目。

中央政府购买社会组织服务的主要项目：社区服务、养老服务、医疗救助、受灾群众救助

地方政府购买社会组织服务的主要项目：社会公益事业、福利慈善、社区专业服务、其他

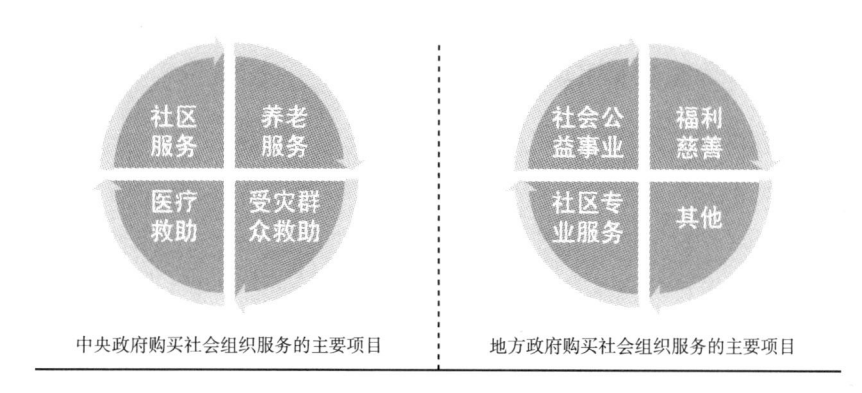

图1 政府购买社会组织服务的主要项目

四 政府购买社会组织服务面临的主要困境

目前，我国社会组织仍处于初步发展阶段，独立性弱，自治能力不强。政府购买服务资金未全部纳入公共财政体制，扶持不稳定，却是社会组织的重要经费来源。再加上政府购买社会组织服务的法律化程度低，评估和监管困难等，导致政府购买演化为政府主导，出现政策偏离的趋势。

（一）资金来源不稳定，未全部纳入公共财政体制

目前，政府向NGO购买服务的财政资金保障制度尚不完备，政府购买

社会组织服务的资金主要来源于专项资金、预算外资金，购买资金仅有部分纳入公共财政体系。一方面，政府购买服务没有专门的法律法规，其法律依据主要是《中华人民共和国政府采购法》《中华人民共和国招投标法》等类的相关规定及细则，并规定购买服务类项目金额超过 50 万元的必须通过招投标方式进行。而招标、邀标、评标的过程很复杂，往往需要 3 个月，会对项目周期造成影响。① 另一方面，目前财政管理体制中还没有将政府购买社会组织服务纳入法定程序，也缺乏统一的制度性安排，因而各地购买社会组织服务的资金来源各不相同且不稳定，很难直接建立政府部门和社会组织的购买关系。随着政府购买服务越来越多，目前的财政管理体制将阻碍政府购买社会组织服务的发展。

（二）评估和监管困难

与政府执行公共政策相似，政府购买公共服务过程中也存在内部和外部的评估和监管困难。监督与评估的管理方式将决定公共预算资源是否能高效使用，也决定社会组织是否能提供优质服务。实际上，政府购买服务的监督和管理基本上停留在粗放管理阶段。目前虽然中央高度重视，多次强调加快制定政府购买社会组织服务的办法，但采用政府工作经费详细支出、严格加以规范的过程管理模式，还是采用以赋予社会组织自主支配拨付资金的目标管理模式，② 仍在探索中。其次，评估指标和具体标准难以制定，操作困难。政府除了把监管和评估的重点放在资金使用绩效的层面外，更重要的是对社会组织的服务绩效进行评估，测定质量和服务对象的满意度。然而，大多数社会组织提供的服务、开展的活动所产生的公共效益往往难以衡量，因此，目前政府购买社会组织服务监管和评估指标体系仍然显得比较粗糙并且缺乏可操作性。

（三）政府购买社会组织服务的法制化程度低

制度化对于政府购买服务的规范化、法制化和持续运行具有重要的作

---

① 王会贤：《政府购买服务资金从哪儿来》（2012 年 11 月 27 日），http://www.caigou2003.com/news/local/news/20121127/news_490196.html，2013 年 5 月 28 日。
② 李海平：《政府购买公共服务法律规制的问题与对策——以深圳市政府购买社工服务为例》，《国家行政学院学报》2011 年第 5 期，第 93~97 页。

用，对政府的财力保障具有较高的要求，并且贯穿于政府购买的全过程。从全国范围看，政府向社会组织购买服务已有初步探索。但目前国内有明文规定来规范政府购买行为的地区主要集中在广东、江苏、浙江、上海等少数经济较发达、社会组织发育较成熟的地区，且主要是依据规范性文件来推行，法律化程度仍较低（参见表1）。而大部分经济和社会不发达的地区仍没有形成相关的法规条文，这些地区多是依据《政府采购法》执行。但由于《政府采购法》侧重于规范政府购买货物、工程问题，因此难以满足各级政府购买社会组织服务的制度需要。随着政府购买社会组织服务的"订单"需求越来越多，上至中央，下至地方，都亟待制定出政府购买社会组织服务的规定和办法，以适时加快完成顶层设计。

表1 各省市自治区关于政府购买社会组织服务的规范性文件

省市	行政级别	规范性文件
中央政府	民政部	《关于政府购买社会工作服务的指导意见》（民发〔2012〕196号）
上海市	省级	无
	地市级	《杨浦区政府购买社会组织公共服务实施办法(试行)》
江苏省	省级	无
	地市级	《关于实行政府购买社会组织服务的指导意见(试行)》（扬发改体改发〔2011〕868号） 《南京市公益创投实施意见(试行)》 《关于无锡市政府购买行业协会商会学会公共服务的实施细则(试行)》
浙江省	省级	无
	地市级	《温州市人民政府办公室关于政府购买社会组织服务的实施意见》（温政办〔2011〕172号） 《桐乡市政府购买社会工作服务暂行办法》（桐乡市人民政府令第97号）
辽宁省	省级	无
	地市级	《沈阳市政府购买社会组织服务实施办法》
广东省	省级	《政府向社会组织购买服务暂行办法》（粤府办〔2012〕48号）
	地市级	《广州市政府购买社会服务考核评估实施办法(试行)》（穗民〔2010〕221号） 《东莞市政府购买社会工作服务考核评估实施办法(试行)》 《中山市政府购买服务工作暂行办法》 《佛山市政府向社会组织购买服务实施办法》 《肇庆市政府购买社会组织服务实施意见》 《湛江市政府购买社会组织服务的实施意见(暂行)》 《珠海市关于政府购买社会组织服务的实施意见》

续表

省市	行政级别	规范性文件
福建省	省级	无
	地市级	《厦门市政府购买和资助社会工作服务实施办法（试行）》（厦民〔2013〕22号）
海南省	省级	《海南省开展政府购买社会组织服务社区居家养老试点工作实施方案》（琼民管字〔2011〕7号）
	地市级	无
四川省	省级	无
	地市级	《成都市人民政府关于建立政府购买社会组织服务制度的意见》（成府发〔2009〕54号） 《政府购买社会组织服务制度实施办法》（彭府办发〔2010〕94号）
安徽省	省级	无
	地市级	《关于铜陵市政府购买社会组织服务试点工作的实施意见》 《铜陵市政府购买社会组织服务绩效评估实施办法（试行）》
贵州省	省级	无
	地市级	《政府购买社会组织及社区服务的指导意见》（筑府办发〔2012〕55号）
天津/北京/内蒙古/山东/吉林/重庆/湖北/陕西/河北/宁夏/黑龙江/新疆/山西/湖南/青海/河南/江西/广西/西藏/云南/甘肃	省级	无
	地市级	

注：表中规范性文件统计时间截至 2013 年 5 月 31 日。

（四）政府购买容易引发政府主导甚或寻租腐败

目前，政府购买社会组织服务的方式主要有授权委托、直接资助或补贴、公益创投等。一方面，政府购买公共服务更多地体现的是政府单方面的意志，购买的具体形式和具体内容主要由政府决定，社会组织自愿、平等参与的难度较大，利益相关者并无实质性的选择权和参与权。① 另一方面，政府购买服务的资金是社会组织的重要经费来源，而我国社会组织的自治程度低，为维持政府的资金扶持，社会组织很可能变为政府的一个附属机构，靠政府外包服务生存，无法保持自身独立性。再加上确定项目承包方的过程中，政府的公开透明度仍不够。目前，政府购买服务主要是公开资金预算、购买服务的价格和服务的数量，而评审、立项等竞争招标的程序公开透明度不够，这将容易引发政府寻租和腐败，违背了契约式购买模式中主体独立性与程序公平性原则。

（五）政府购买社会组织服务出现政策跑偏的趋势

政府向社会组织购买服务的政策目标主要是：转变政府职能，提高行政效能；培育和发展社会组织；增强公共服务供给能力，满足群众多样化需求。政府购买社会组织服务的政策出发点不应该是政府转移职能的需求，而应是公众的需求。但在实践中，购买服务的项目大都没有进行充分的需求评估，而是政府根据地区发展水平和转移职能的要求，考虑自身的工作和财力水平而编制的项目类别。在项目执行过程中，特别是监督和评估中也缺乏服务受众的有效参与。这种情况下，往往导致政府职能出现无序转移，社会组织出现无序参与，草根组织遭遇新排斥，购买服务的供给与需求出现错位。目前，虽然广东、北京、上海、江苏等地都不断加大购买社会组织服务的资金投入，不断健全购买服务的制度，但购买服务项目的激增只是公共服务在数量上的增长，在种类的多元化、服务的专业化、服务的目标定位上都与实际需求有一定的距离，购买服务政策在执行中的实际效果与其预期目标之间出现了一定的偏离。②

---

① 李静：《基于合作式治理视角的政府购买公共服务机制创新研究》，《北京邮电大学学报》（社会科学版）2011年第2期。
② 胡薇：《政府向社会组织购买服务缘何出偏》（2013年1月25日），http://theory.people.com.cn/n/2013/0125/c49154-20326018.html，2013年5月28日。

五 政府购买社会组织服务的科学发展路径

针对当前政府购买社会服务实践探索过程中出现的问题及面临的困境，特提出如下对策建议。

（一）将购买服务的资金纳入公共财政体系

购买服务的资金纳入公共财政体系意味着资金的使用处在政府监督之下，使用的正当性与合法性也具有了切实保证。因此，第一，可设立公共财政支持社会组织的专项财政预算。政府由随机性财政划拨转变为制度性支出，由财政部门编制预算。也可由预算单位申报购买服务的项目预算，财政部门审核安排。同时，建立市区两级财政对社会组织的支持体系。第二，创新以公益金为种子基金的资金保障机制。在目前财政体系下，财政预算资金向社会组织拨付还存在一定障碍，相关的资金管理经验也是一片空白。在这种情况下，"种子基金"主要用于新的社会福利项目的培育和扶持，项目一旦成熟则应当纳入财政预算支付体系。第三，完善使用公益金和财政资金的使用界限及衔接机制，明确衔接的具体程序和责任划分。使用公益金购买公共服务的政府部门，应当向有关机关提交项目成熟需纳入财政预算支付的论证报告，经审核批准后正式纳入公共财政预算。①

（二）坚持市场竞争原则与初期扶持原则相结合

政府购买社会组织服务的关键之一是坚持市场竞争原则。按照公平、公正、公开的原则，向社会公开购买服务的有关项目及其内容；创新竞争性方式，如江苏省实施的公益创投等，政府应当创造平等、公平的竞争环境，选择承接政府购买服务的社会组织，实现"多中选好、好中选优"，避免政府主导。但社会组织的可持续发展不仅需要推动存量，还应当培育增量。目前，我国社会组织自身能力还比较弱，承接政府职能转移能力还不足。政府

---

① 唐悦：《江苏省建立政府购买社会组织服务机制》（2013年5月28日），http://www.chinadaily.com.cn/micro-reading/dzh/2013-05-28/content_9153840.html，2013年5月28日。

应当对社会组织进行初期扶持，尤其是小型的社会组织。对于小型的社会组织，人力资源是组织发展的内生动力。因此，政府应继续加大对购买公益岗位人员的投入力度，将资金投入重点转向人才扶持，从内部优化社会组织提供公共服务能力基础，通过人才战略充实社会组织内部力量，提高小型社会组织工作人员的专业素质。

（三）完善购买服务的全过程评估和监管体系

政府向社会组织购买服务应注重实效，突出社会效益和降低行政成本。通过实施购买服务绩效评价，不断扩大购买服务的综合效益。因此，促进政府购买社会组织可持续发展的第三步就是注重社会组织的监管与绩效评估。我国现行政府购买社会组织服务的管理模式是"严进入，轻监管"，"严进入"在一定程度上减轻了监管的压力，但是"轻监管"却给部分自律能力差的社会组织提供了公益腐败的契机。因此，一方面，政府应该加大投入，建立政府购买社会组织服务的监督和评估体系；或者创新监督评估办法，引入第三方监督评估机构。另一方面，可引入绩效管理理念，建立绩效管理体系，制定绩效考核指标和绩效考核评估机制，以加强社会组织的内部治理。最后，依据绩效评估结果，对社会组织进行资金激励或惩罚，同时将评估结果用于指导政府购买服务项目，以便推进社会组织开展接地气、符合居民急需的服务。

（四）加强政府购买服务的法制化和制度化建设

政府购买服务，使用的是公共财政，上至中央，下至地方，应当在购买服务的内容和程序上有正式、明确的规则和细则，以规范在购买服务过程中的各种政府行为。第一，中央政府可制定出规范性文件或法律条文，在内容上，对政府购买社会组织服务的目标、范围、内容和购买服务的质量评价标准、财务预算作一个原则性的规定。在采购方式和程序上，应将竞争机制引入政府购买服务的招标过程中，通过公平、公开和自由的竞争方式，选择最有效率的社会组织来提供政府所购买的社会公共服务。对于政府购买服务招标的购买内容、目标以及社会组织的准入资质等问题均应完全透明、公开。[①]

---

① 崔正、王勇等：《政府购买服务与社会组织发展的互动关系研究》，《中国行政管理》2012年第8期，第48~51页。

第二，在资金投入上，将资金纳入各级财政预算，避免政府购买项目的随意性，保证资金投入和使用的稳定性、持续性和规范化。第三，地方政府应当在遵循中央法律法规等意志的基础上，根据当地社会发展的特点和需求，制定地方规范性文件或法律条文。

（五）完善配套政策，加快政府职能的宏观调整

转变政府职能、实现政府与社会共治是一个系统工程，不能仅仅依靠政府购买服务，仅依靠政府购买服务不能有效地推动社会组织的发展，若外部环境或上层设计跟进不到位，仍会限制或阻碍政府购买服务的运行。政府购买服务是部分政府职能和服务事项交由社会组织承担，政府在社会组织管理方式上的重大转变。从过去对社会组织实行业务主管部门和注册登记部门"双重管理"，到现在放宽对社会组织登记的限制，除特殊情况外，社会组织可以直接登记注册，对不符合登记条件的实行备案制，解决了"登记难"问题。这些改革表明，政府和社会组织之间已开始形成了良性互动的关系。因此，应当继续加快制定财税支持、信息公开、年检、执法和社会组织中长期发展规划等配套政策。加快政府职能转移，中央政府可总结借鉴广东省政府购买服务目录和政府职能转移目录的经验，明确思路，并在地方推行，从而为社会组织提供良好的外部环境，以推动其不断发育成熟、发展、壮大。

参考文献

崔正、王勇等：《政府购买服务与社会组织发展的互动关系研究》，《中国行政管理》2012年第8期。

胡薇：《政府向社会组织购买服务缘何出偏》（2013年1月25日），http://theory.people.com.cn/n/2013/0125/c49154-20326018.html，2013年5月28日。

李海平：《政府购买公共服务法律规制的问题与对策——以深圳市政府购买社工服务为例》，《国家行政学院学报》2011年第5期。

李静：《基于合作式治理视角的政府购买公共服务机制创新研究——以长沙市政府购买居家养老服务为例》，《北京邮电大学学报》（社会科学版）2011年第2期。

《李克强：在国务院机构职能转变动员电视电话会议上的讲话》（2013年5月13日），新华网，http://news.xinhuanet.com/politics/2013-05/15/c_115767422.htm，2013年5月15日。

马宏:《政府向社会组织购买服务问题及对策研究》(2010 年 11 月 19 日),http://mzzt.mca.gov.cn/article/ylnmzlt/ltbg/201011/20101100115114.shtml,2013 年 5 月 28 日。

孙燕:《社会组织孵化器——实现公益事业可持续发展的助推器》,《社团管理研究》2011 年第 6 期。

唐悦:《江苏省建立政府购买社会组织服务机制》(2013 年 5 月 28 日),http://www.chinadaily.com.cn/micro-reading/dzh/2013-05-28/content_9153840.html,2013 年 5 月 28 日。

王会贤:《政府购买服务资金从哪儿来》(2012 年 11 月 27 日),http://www.caigou2003.com/news/local/news/20121127/news_490196.html,2013 年 5 月 28 日。

Research about the Practice and Scientific Development of Government's Purchase of Social Organization Service

Abstract In recent years, social organization incubator, social work services in government purchase and venture philanthropy effectively promote the transformation of government functions and the development of social organizations. But at the same time it also faces some difficulties: capital source is not stable, assessment and regulatory is difficult, the legalization level is low, the government to buy is easy to trigger a government dominant even rent-seeking corruption. Therefore, in order to realize the scientific development of government's purchase, government should propose purchase services into the public finance system, insist on the principle of market competition and initial support, improve the evaluation and supervision system in the whole process, speed up the institutionalization and legalization of government purchase service, consummate the supporting policies, speed up the macro adjustment of the government's functions.

Keywords Government's Purchase of Social Organization Service; Society Organizations; the Scientific Development

政府购买居家养老服务政策的现状及其改进
——以北京市养老服务券为例

隗苗苗[*]

【内容摘要】 2008年，北京市开始试点使用养老服务券购买社区养老服务，目前这一做法正在全国范围内推广。本文以北京市社区养老服务的凭单制购买为研究对象，主要通过分析北京市养老服务券购买居家养老服务政策的实践，总结政府购买居家养老服务政策的规律和经验教训，并提出相应的政策建议。

【关键词】 政府购买 凭单制 养老服务券

养老服务券是政府购买居家养老服务的一种方式，属于凭单制购买社会公共服务在养老服务领域的具体应用。所谓的凭单制，是一种借用私人市场凭单的理念和技术来改造公共服务供给机制的政府改革工具，其实质是政府公共服务输出方式的市场化。政府部门为有资格消费某种物品或服务的个体发放优惠券，个体在特定的服务生产者中"消费"他们手中的凭单，然后政府将生产者收到的凭单兑换成现金。

2008年，中国部分城市开始试点使用凭单制购买社区养老服务，目前这一做法正在全国范围内推广。本文以北京市养老服务券政策为例，探讨政府购买居家养老服务的规律。本文采取的研究方法是个案法和深度访谈法，

---

[*] 隗苗苗，北京社会管理职业学院社区服务系讲师，研究方向为社会问题与社会政策。

为了掌握北京市养老服务券的使用情况，笔者在北京市海淀区、西城区、房山区的80岁以上的老年人中开展了问卷调查，共发出问卷50份，回收调查问卷22份，并与10位老年人深度访谈。选择这三个区作为考察对象，主要是因为这三个区作为居家养老服务券政策试点单位，从2008年起就开始推行养老服务券政策，具有一定的典型性。此外，海淀区和西城区经济相对发达，房山区位于北京远郊，经济相对落后，对三个区的情况分别进行考察，便于全面了解情况和进行比较分析。但是由于调查采取偶遇抽样方法，问卷调查和访谈的对象均为身体条件较好的老年人，缺少身体条件较差的老人，如卧床、失语、痴呆老人的资料。这使得调研对象的代表性不足，调研信度受到了一定的影响。

一 政府购买养老服务的背景

（一）养老服务需求及其特点

"需求"是一个复杂的概念，人的需求往往具有一定的弹性，从不同的角度来考察往往会得到不同的答案。有学者指出，在界定人们的社会需要时，应该从以下四个特征入手：群体性的；被觉察的和被表达的；有赖社会资源辅助、支援的；被政府公共决策部门所认可的。[①]

在界定老年人的社区养老服务需求时，我们从上述四个特征出发，将老年人在社区养老过程中的需求归纳如下：总体来看，在社区养老的老年人需要生活照料服务、医疗健康服务和精神文化服务。其中，生活照料服务包括小时工上门服务、日间照料、老年饭桌、送餐到家、上门做饭、登门巡视、代理购物、协助洗澡、理发、修理电器等；医疗健康服务包括陪同看病、家庭病床、健康护理、代办取药、急救、康复、健康讲座和指导等；精神文化服务包括文体娱乐、表演展示、法律咨询、心理咨询等。

由于老年人的性别、身体情况、家庭情况、子女数量、生活习惯等存

---

① Moroney, Kettner, *Designing and Managing Programs: An Effectiveness-based Approach*, Newbury Park, CA: Sage, 1990.

在差异，他们对养老服务的需求也体现出多样性的特点。如北京市西城区月坛街道的调研情况显示，女性老年人对医疗健康服务的需求略高于男性，而男性对生活照料和精神文化服务的需求则相对较高，这符合女性健康状况略逊于男性，而男性的自我生活照料能力相对较差、文化水平高于女性的现实。

随着年龄和身体状况的变化，老年人的需求又会出现一定的变化。当老年人的生活由完全自理转入半自理、不能自理时，他们对于养老服务的需求逐渐增加，并且在特定的时期（如生病、住院）则需要特殊照料。同时，老年人的需求受到自身能力和外界环境的约束，具有一定的局限性。有些老人由于身体机能的退化，活动半径不断缩小，信息获取方式较少，导致他们往往只能在住所附近获取养老服务。

（二）政府购买养老服务的优势

家庭养老是我国传统的养老模式，老年人居家养老时由配偶、子女、亲属等提供服务。随着人们的观念、生活方式、家庭模式的改变，由家庭成员提供养老服务的困难不断加大。在我们的调查对象中，近一半的老年人独自一人居住，家庭提供养老服务的模式难以维系。

由于家庭养老服务的能力减弱，政府必须向社会购买养老服务。2008年前，北京市主要通过补助养老院、老年公寓等机构来购买养老服务。随着北京市老年人口的迅速增长，养老机构的服务数量和水平远远不能满足老年人的需求。且建设养老院的资金投入较大，但受益的老人数量有限，造成了一定的资源浪费。

与前两种服务供给模式相比，政府通过购买社区养老服务，帮助老年人在社区养老的模式受益范围广、投入较少，适合我国老年人基数大、增长速度快、未富先老的国情特点。在政府购买的方式中，凭单制适合用于购买社区服务。这是由于凭单制具有下列优势：①凭单制使消费者成为安排者，通过消费者的自由选择使那些无法精确描述的服务获得了关于满意的标准；②最有利于培育竞争，由此实现经济效率和效益；③允许生产者规模独立于安排者规模，进而允许生产者规模优化，最终实现规模经济；④消费者直接向生产者购买物品，收益和成本直接关联；⑤对消费者的回应性较高；⑥对低收入和少数民族群体具有特别的好处，最有利于促进获取服务的机会平等；⑦尽管要求政府持续的支出，但允许相对少的政府雇员规模。①

二 北京市养老服务券的政策目标和理想模型

（一）养老服务券的政策目标

2008年以前，北京市老年人主要通过私人购买的方式享受社区养老服务。自2008年开始，北京市每月向90岁以上的老年人发放100元高龄津贴。但这一津贴并没有明确用途，只是作为一种生活补贴。同时，北京市将8个城区和房山、顺义2个郊区作为试点，为80岁以上的老年人发放养老服务券。

2009年，北京市出台了《北京市市民居家养老（助残）服务"九养"办法》，开始为全市80周岁及以上的老年人每人每月发放100元养老服务券。这一政策实质上是通过政府购买服务的方式，为老年人提供养老服务。截至2010年12月，北京市共发放养老助残服务券4.3亿元。②

通过对北京市养老服务券的政策文本和政策制定以及实施者的报道材料的分析，③可将这一政策的目标总结为两点。一是解决老年人的生活问题。政府相关负责人的报道材料中，曾多次强调发放养老服务券并不是发放生活补助，④而是为了帮助老年人购买社区服务，提高老年人的生活质量。二是推动社区养老服务行业的发展。凭单制的政策安排是政府拨款方式的转变，即由资助生产者转为直接补贴消费者。⑤与发放生活补贴相比，凭单制限制了这部分资金的走向，以期对社区养老服务企业进行鼓励和扶助。

---

① 〔美〕E.S. 萨瓦斯：《民营化与公私部门的伙伴关系》，周志忍等译，中国人民大学出版社，2002。
② 《2011年北京市人民政府工作报告》。
③ 《北京市市民居家养老（助残）服务"九养"办法》中指出，发布这一办法的目的是"为切实解决我市养老与助残问题，构建北京市城乡一体化的社会化养老助残服务体系，完善本市'9064'（90%的老年人居家养老，6%的老年人在社区养老，4%的老年人集中养老）养老服务模式，促进老年人、残疾人共享经济社会发展的成果"。
④ 黄海蕾、张晓鸽：《北京：签约服务商层次不一 养老券拟设准入门槛》，《京华时报》2010年8月29日。
⑤ 宋世明：《美国行政改革研究》，国家行政学院出版社，1999。

（二）养老服务券政策的供给模型

在中国传统中，社会福利服务绝大部分主要依赖政府按照职业和行业分类来推行，企事业"工作单位"是社会福利及服务的主要提供者。政府承担的福利救助功能是补助性的，它针对的是社会中最脆弱群体的照顾。2008年以前，北京市政府在社区服务方面没有专项资金支持，老年人的养老服务主要依靠家庭和个人购买。养老服务券政策实行后，政府开始全面购买社区养老服务。这不但帮助老年人解决了部分生活问题，还将社区服务纳入政府购买的范围内，改变了养老服务的供给模式。

当社区养老服务作为私人物品时，老年人直接到市场上挑选服务，并为之付费。政府在服务供给过程中处于监督者的位置。这种监督包括企业资质审核、产品质量监控等，与其他产品的监督管理差别不大。其供给模型如图1所示。

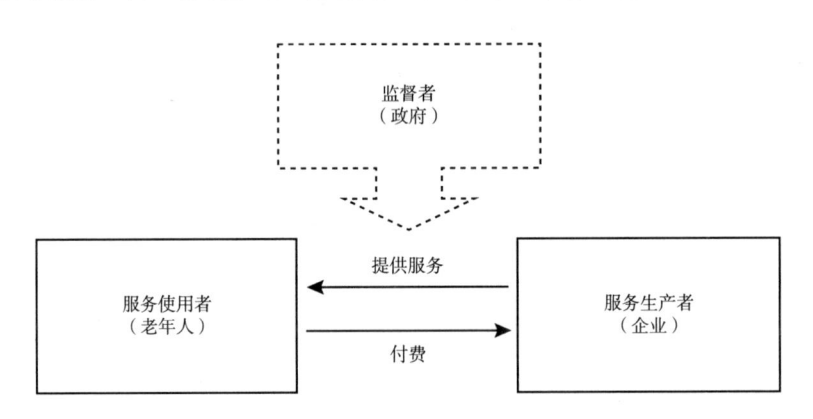

图1 社区养老服务作为私人物品供给模型

养老服务券政策的理想供给模式为：政府通过提供资金，成为服务的提供者，负责将服务券发放到老年人手中、收集需求信息、认定服务生产者资格、监督管理服务生产者、将企业手中的服务券兑换成现金。在政府的参与下，老年人和企业之间的关系不再是简单的交换关系，而是形成政府、老年人、企业三方的互动：老年人的需求反馈到政府，政府以此对企业进行监管和指导，企业再为老年人提供服务。为了保证企业按照政府的监督和指导提供服务，政府用发放服务券的方式将购买的选择权交给老年人，通过市场化的方式完成资源配置。在政策安排中，三方关系的理想模型如图2所示。

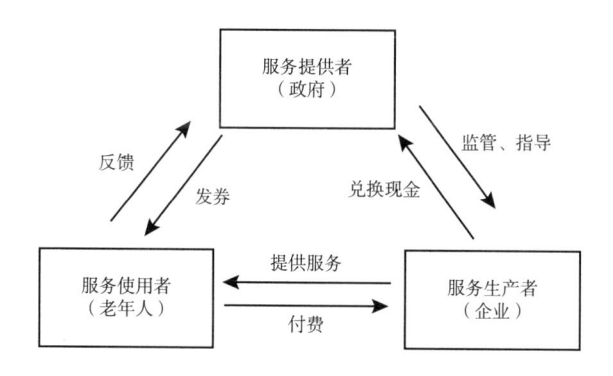

图 2　养老服务券政策的理想供给模型

政府作为服务的安排者，根据政策设计，其应承担的责任包括监管和服务两大部分。其中监管包括：对生产者的条件进行审核，选择定点服务单位；对服务的生产环节进行监督检查，保证服务质量；对服务的消费环节进行监督检查，防止政策执行中的偏差等。服务职能应该包括：收集和整理老年人对社区服务的需求，并根据需求的变化及时调整服务生产者和服务内容；设立服务平台，帮助老年人选择服务；帮助老年人处理服务纠纷等。

养老服务券是北京市政府购买养老服务的一种方式，与政府直接提供和完全个人购买相比，这种方式具有一定的优势。通过发放养老服务券，首先可以给予老人一定的选择权。养老服务券作为老人购买社区服务的凭单，赋予了老人一定的选择权。老人可以在指定的商家范围内选择，对某个商家的服务不满意时，可以选择"用脚投票"。养老服务券保证每个月都有一定的资金从政府拨入社区老人手中。这笔资金比较稳定，政府按月发放，并且只能用于购买特定的服务，一般不会流入到其他领域。此外，由于政府要求服务券必须在一个季度内用完，过期无效，因此，这部分资金利用率高。理想状态下，凭单制可以在服务生产者中引入竞争，服务生产者会根据老年人的需求调整服务，展开竞争以争夺这部分资金。

三　北京市养老服务券政策取得的成果和存在的问题

（一）取得的成果

养老服务券政策从部分试点开始，经过3年多的施行，取得了一定的政策成果。第一，为老年人提供了方便。我们的调查反映，三个区老年人的养老券使用率在98%以上，服务券帮助部分老人解决了生活难题。第二，引导服务生产者服务老年人生活。如海淀区北太平庄街道2010年5月推动了"老年人餐桌"项目，每个社区都与一个餐饮服务商签订了合同，使之作为养老服务券定点使用单位。这一项目开拓了社区的服务资源，引导餐饮服务商解决部分老年人吃饭难的问题。第三，在一定程度上引入了竞争机制。如部分理发店成为定点服务单位后，为了吸引老年人，开始提供上门理发和美发的服务。海淀区文慧园路的某洗衣店给予持券老人9折优惠，并提供免费上门取送衣服的服务。生产者之间的竞争促使它们提高了社区服务的质量。

（二）存在的问题

1. 政策满意度不高

虽然养老服务券政策取得了一定的成果，但是老人们对这一政策的满意程度并不高。北京市一位人大代表称，2010年北京市统计局对16区县2264名60岁以上本市户口老人进行调查，在使用过养老券的老人中，77.2%的老人感觉使用不方便，原因主要集中在适用范围小、限制多、不能购买日常生活用品、发放金额太少等方面。① 在我们调研过程中，很多老年人曾表示："养老服务券使用不方便，不如发现金。"

2. 服务券变为"购物券"

养老服务券的目的在于鼓励和补助老人享受社区服务，促进服务生产者之间的竞争。上述三种政策执行过程中的偏差削弱了养老服务券的政策效果，养老服务券在一定程度上成了老年人的"购物券"，服务生产者之间的竞争效果有待提高。虽然养老服务券的目标指向在于购买社区养老服务，但是大量的养老服务券还是被当成"购物券"来消费。通过访谈我们发现，近90%的服务券都被用于购买食品和日用品，用于购买理发、洗衣服、小时工等服务的不足10%。

3. 一些地区出现违规行为

有些地区的店主故意抬高商品价格，使老年人的养老服务券"贬值"。②

---

① 刘泽宁：《北京不会用现金取代养老券》，《新京报》2011年1月18日。
② 于静：《居家养老服务券缘何变成购物券》，《北京青年报》2009年12月19日；于静：《养老服务券演变成购物券 负责人：应专券专用》，《北京青年报》2010年1月17日；王苡萱：《北京养老券引发争议：拟设服务商准入门槛》，《京华时报》2010年8月29日。

还有的店主从老年人手里低价收购养老服务券,再到相关部门按养老服务券的面值兑换成现金,从中赚取差价。在房山区,很多老年人到养老服务定点饭店用 100 元的服务券只能换取 70 元现金。

有些老年人在明知养老服务券被低价收购的条件下还是去兑换现金。此时,老年人和服务生产者之间形成了一种"共谋"关系。这种"共谋"关系削弱了养老服务券的政策效果,但实际上这是老年人出于个人理性的选择。第一,有些老年人能够自理或由家人照顾,暂时不需要社区服务,于是选择用服务券来购物。第二,有些定点商户在价格、服务态度、质量等方面不符合老年人的要求,于是老年人选择用现金到非定点商户消费,用养老服务券换取食品和日用品,或直接兑换成现金。如在海淀区新街口居住的白老师告诉我们:

> 我很少在这里(指定社区理发店)剪头发,这里太贵,我在外面剪一次 5 块钱,这里得 12 块钱,我觉得不值。我每个月的(养老服务)券用来到华天小吃店买熟食,或是到庆丰买包子,在这两个地方用券买和用钱买都是一样的。听说别的社区可以订奶,我希望我们这里也可以订。如果用券可以买些油盐酱醋就更好了。

四 北京市养老服务券政策产生问题的原因

(一)三方互动未能完全实现

按照北京市养老服务券的政策设计,理想的互动模型要求老年人的需求反馈到政府,政府根据老年人的需求和对现有服务的评价,对企业进行监管和指导,企业再为老人提供服务。但是在政策实践中,政府出现了角色偏差。

政府作为服务的安排者,应承担的责任包括监管和服务两大部分。通过调研我们发现,政府存在"重管理,轻服务"的问题。在自上而下的政策推行过程中,政府投入了大量的精力用于指定定点服务单位、制定指导价格,但是在反馈老年人的意见和建议、设立社区服务平台等方面投入有限。

政府的服务质量不高，老年人的需求在制度内得不到满足，只能被迫和服务生产者"共谋"。

同时，政府存在"重准入，轻监督"的问题。政府更多地关注确定哪些企业作为定点服务商，但是对于此后定点服务商的服务效果如何缺乏有效的监督。这就造成了虽然政府通过报纸、电视等媒体多次强调养老服务券不能购物和兑换现金，但是仍普遍出现了"养老券变成购物券""服务券低价出售"等问题。

可见，由于政府角色的偏差，制度设计中的三方互动模式没有完全实现，现实中的互动效果如图3所示。

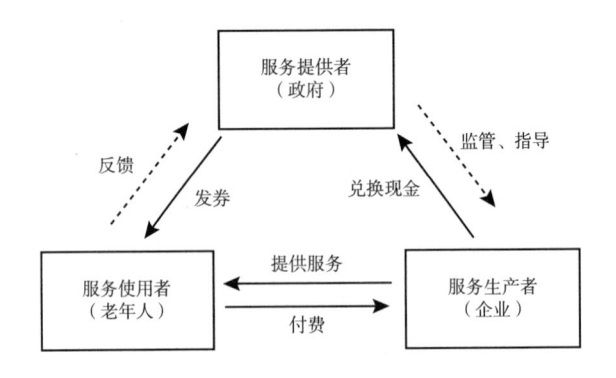

图3　养老服务券政策的现实供给模型

（二）老年人主导地位的缺失

虽然养老服务券这种新的政府购买方式给了老年人一定的选择权，但是在实践中，老年人很难完全实现选择的权利。其原因如下。第一，要在居住的地域内消费。北京市的养老服务券曾一度要求在所在社区或街道消费。2010年后政策放宽，允许跨城区使用。但是由于老人自身能力所限，一般只能选择在居所附近消费。由于养老服务的城乡差距明显，农村老年人的选择权利受到更多的限制，影响了政策的公平性。第二，在指定的服务生产者范围内选择。养老服务券实行准入制度，即使定点商家不能完全满足老年人的需求，老年人也只能到政府指定的商家消费。85岁的张淑芬老人说：

我1958年搬到永泰胡同，1986年村委会成立后开始做治保主任，

1997年回家养老。从2008年开始因为我的腰腿不好,就让儿媳妇做饭。我自己不管券(养老服务券),因为我不会花,就交给我儿媳妇拿着。她用来买早点、洗家里的羽绒服、给小孩剪头发。我们经常吃庆丰包子铺的早点,天天吃一样的,我觉得太腻了,发券不如发给我现金。

我们调研中发现,很多老年人和张淑芬一样,主动或被动地放弃了支配养老服务券的权利,把养老服务券当成了家庭生活补贴。家人在代替老人购买服务时,选择范围太小,老人的满意度不高。

五 相关政策建议

有学者曾指出,在中国传统中,社会福利服务绝大部分主要依赖政府按照职业和行业分类来推行,企事业工作单位是社会福利及服务的主要提供者;政府承担的福利救助功能是补助性的,它针对的是社会中最脆弱群体的照顾,采取的是一种"自上而下"的政府行政工作模式,是一种典型的"科层实践模式"。[①] 这是由于受到传统的服务提供方式和自上而下的工作模式的影响,在养老服务券的制度设计中,服务供给的市场化并不彻底,政府的角色仍然是"指挥棒"。在三方互动的理想模型中,政府既要收集反馈意见,又要监督和指导企业生产,职能范围过大。在政策执行过程中,由于资金和人员的限制,政府不可能完全实现理想模型。同时,由于老年人的需求具有多样性、变化性、局限性等特点,"指挥棒"式的资源配置方式必然不能满足老人们的养老需求。

在养老服务供给市场化的改革实践中,政府的职能如何转变,何时引入市场机制,如何确定政府监管的范围,怎样调动企业和消费者的积极性等问题亟待解决。

(一) 放宽准入制度,做好市场服务

政府成为购买服务的"指挥棒",市场化资源配置的目标就很难实现。

[①] 熊跃根:《需要、互惠和责任分担》,上海人民出版社,2008,第9~10页。

典型的例子是养老服务券的准入制度：老年人必须到定点单位消费，社区服务的生产者必须经过街道的认定，成为"定点消费单位"，才能收取养老服务券。这一准入制度建立在"街道本着对老人负责的原则，为老人挑选资质好、服务质量好、收费合理的服务商"[①] 的逻辑基础上。在资源配置的过程中，这一准入制度严重剥夺了老年人的选择权利，反而造成了老年人不满意的政策效果。

政府应该放弃手中的"指挥棒"，将社区养老服务由谁生产、生产什么、怎样生产、生产多少等问题交由市场决定。政府应该担任老年人和企业的"服务员"，在解决市场信息不对称问题、鼓励社区服务投资、从业人员培训、设立服务平台、处理服务纠纷等方面做好服务。

（二）维护市场秩序，做好监督管理

政府作为购买养老服务的"指挥棒"，不仅很难做好资源配置，还很难做好政策监管，如养老服务券使用过程中出现的"养老券变成购物券"和"服务券低价出售"等问题。对此，政府目前还没有有效的解决办法。这是因为社区养老服务数量多、涉及人员多、购买过程简单随意，政府在有限的人力和财力限制下，很难杜绝上述问题。

笔者认为，解决这些问题同样应该从政府退出"指挥棒"的地位入手。政府应该退出对购买养老服务的地点、方式、价格的限制和监管，专注于保护市场正常交易规则，做好市场规则的"裁判员"。建立公开透明的市场秩序监督体制，通过电话投诉、制定服务标准、服务质量检查反馈等方法提高整体服务质量。

（三）出台优惠政策，做好市场扶持

所谓养老服务供给市场化，并不是要求政府完全撤出养老服务领域，全部交由市场负责。这是因为老年人的需求情况不一，收入水平和行动能力相对较低。市场机制的运行原则以经济效益为中心，有的企业认为养老服务利润率不高，不愿意投入养老产业，导致老年人在市场上买不到服务；有的企业为了赚取更高的利润，提高服务的价格，导致收入水平较低

---

① 摘自笔者对海淀区某街道老龄办的访谈资料。

的老年人难以承受。

所以，政府应该针对养老服务企业出台税收、培训、用工等方面的优惠政策，鼓励企业和社会组织以老年人的需求为中心，开展形式多样、价廉质高的养老服务。

综上所述，笔者认为，凭单制作为一种政府购买社区养老服务的制度安排，具有一定的政策优越性。但是要发挥凭单制的优势，政府必须改变"指挥棒"式的角色定位。北京市养老服务券的个案显示出"指挥棒"式的管理模式出现了"重管理，轻服务"和"重准入，轻监督"的问题，导致老年人的需求得不到满足。政府应该保护服务使用者（老年人）购买的主导地位，放宽市场准入，维护市场秩序，做好市场扶持，从而提高政府购买养老服务的质量和效率。

参考文献

〔美〕E. S. 萨瓦斯：《民营化与公私部门的伙伴关系》，周志忍译，中国人民大学出版社，2001。

蔡苔华：《政府购买服务》，《中国减灾》2004年第5期。

陈干全：《公共服务民营化及其政府管理研究所》，安徽大学出版社，2008。

陈晖：《论政府购买社区公共服务》，《云南行政学院学报》2009年第2期。

陈锦棠等：《香港社会服务评估与审核》，北京大学出版社，2008。

陈振明：《竞争型政府——市场机制与工商管理技术在公共部门管理中的应用》，中国人民大学出版社，2006。

陈振明主编《政策科学：公共政策分析导论》，中国人民大学出版社，2004。

程伟：《居家养老服务券的实践与思考——兼谈购买服务在社会福利社会化中的意义及其政策价值》，《中国民政》2007年第4期。

洪艳：《"政府购买服务"的探索与实践——基于宁波市海曙区政府购买居家养老服务的思考》，《湘潮》2009年第4期。

黄元宰、梅华：《无锡实施"政府购买公共服务"的改革实践与启示》，《改革与开放》2008年第2期。

敬乂嘉：《中国公共服务购买的实证分析——一个治理转型的角度》，《管理世界》2007年第2期。

句华：《美国地方政府公共服务合同外包的发展趋势及其启示》，《中国行政管理》2008年第7期。

李东林、杨海洪：《契约合作：地方政府公共服务购买的选择与实践——以正茂社区"居家养老服务"和"酷中国 2009 低碳"项目为例》,《宁夏大学学报》2009 年第 6 期。

刘文富:《国外发达国家养老服务实践及其对我国的启示》,《法制与社会》2009 年第 3 期。

罗观翠、王军芳:《政府购买服务的香港经验和内地发展探讨》,《学习与实践》2008 年第 9 期。

宋世明:《美国行政改革研究》,国家行政学院出版社,1999。

熊跃根:《需要、互惠和责任分担》,上海人民出版社,2008。

Moroney, Kettner, *Designing and Managing Programs*: *An Effectiveness-based Approach*, Newbury Park, CA: Sage, 1990.

A Study on the Policy about Government Purchase of Elderly Welfare Service
—Take the Government Purchase of Pension Service in Beijing for Example

Abstract From 2008 onwards, the new policy which is focused on applying new services of elderly welfare has been introduced in Beijing. The elders could use vouchers to buy the services that they need in the nearby living communities. Nowadays, this policy has been spread in the whole country. This thesis is aimed to analyze the processes and results of the using of the policy in order to exam its feasibilities. In terms of that, recommendations are also given according to its findings.

Keywords Purchase of Service; Voucher; Services for Elderly

美国志愿服务的特征及发展经验研究

鄢勇兵[*]

【内容摘要】2004~2008年，美国每年有超过6000万人参与志愿服务，占总人口的比重达到26%以上，其中，35~44岁年龄段人口参与率最高，志愿服务参与率与受教育程度正相关，白人群体的参与率高于其他种族，就业人口志愿服务的参与率高于其他就业类型，近70%的志愿者隶属于1个志愿组织，志愿者1年内服务时间的中位数为52小时。深厚的志愿服务精神与传统、国家领导人及政府的大力提倡与支持、完备的制度和较高的组织化程度是美国志愿服务发展的重要促进因素，也是值得借鉴的经验。

【关键词】美国　志愿服务　发展经验

一　美国志愿服务发展历史

美国志愿服务有着深厚的历史传统。托克维尔在其著名的《论美国的民主》一书中论述美国的公共精神时写道："每个人为什么像关心自己的事业那样关心本乡、本县和本州的事业呢？这是因为每个人都通过自己的活动积极参加了社会的管理。"[①] 早在殖民地时期，一些热心的民间人士便组建了本地区的志愿消防队，志愿者牺牲自己的时间，并且冒着生命危险从事

---

[*] 鄢勇兵，北京社会管理职业学院副教授，研究方向为社会保障、社会工作。
[①] 〔法〕托克维尔：《论美国的民主》，董果良译，商务印书馆，2004，第270页。

灭火、救死扶伤的工作。一些美国人也建立公共图书馆，并通过志愿者的工作来向公众提供文化、教育服务。美国政府历来鼓励美国人发扬这种志愿服务精神，并且积极倡导志愿服务活动。第二次世界大战期间，美国农业部为减轻战时食物短缺带来的社会问题，号召美国民众在自家花园或空地里种植蔬菜和水果，近 2000 万美国人积极响应，纷纷在自家的花园、城市建筑的屋顶和私营企业捐赠的土地上种菜。截至 1943 年，这些志愿劳动生产出的蔬菜占到了美国蔬菜总产量的 40%，为美国赢得战争的胜利做出了巨大贡献。

1961 年，美国第 35 任总统约翰·F. 肯尼迪在其就职演说中呼吁美国民众承担起更多的义务，做出更大的牺牲，"不要问你的国家能为你做什么，问你自己能为国家做什么"。并且进一步说"我们所付出的精力、信仰和忠诚将照亮我们的国家及为国效劳的人民，而它所发出的光芒也能真正照亮全世界"。1961 年 3 月 1 日，根据美国政府 10924 号行政命令成立了和平队（Peace Corps）——一家志愿服务组织，并于同年得到美国国会《和平队法案》的授权。根据该法案规定，和平队的宗旨是："促进世界和平和友谊，为感兴趣的国家和地区，提供有能力且愿意在艰苦环境下在国外服务的美国男性和女性公民，以帮助这些国家和地区的人民获得训练有素的人力资源。"在和平队服务计划中，美国志愿者在教育、农业、医疗和基础建设等方面对不发达国家进行帮助，每位队员需要义务服务 2 年。截至 2006 年，和平队在 70 多个国家从事志愿活动，先后有超过 19.5 万名美国公民参加过和平队的工作。

第 36 任美国总统林登·贝恩斯·约翰逊延续了前总统肯尼迪支持和鼓励志愿服务的政策，并推行了美国志愿者服务计划、退休和老年人志愿计划。美国志愿者服务队也被称作国内和平队，最初的宗旨是"向贫困开战"，参加者为大学应届毕业生，他们到印第安保留区、季节工人营地和市内贫民区服务，援助低收入人群。30 多年的时间里，美国志愿者服务队一直坚持不懈地援助低收入人群，帮助他们自食其力。退休和老年人志愿计划则向 55 岁及以上年龄的志愿者分配服务机会，内容包括建造房屋、为儿童进行免疫接种和环境保护等。目前，退休和老年人志愿计划与寄养祖父母计划（为老年志愿者分配需要指导和支持的年轻人）、老年陪伴计划（志愿者为在诸如购物、轻微杂活等日常任务方面有困难的年长者提供帮助）一起，构成了美国老年队，为 50 万名志愿者提供服务机会。

美国后几任总统在任期内都采取具体措施引导和促进志愿服务。理查德·米尔豪斯·尼克松总统曾设立"行动"政府机构管理志愿计划；罗纳德·里根总统则建立了白宫私有部门计划办公室，以鼓励企业和私有部门组织志愿服务；比尔·克林顿总统建立了国家服务公司，这一举措对目前美国志愿服务影响深远。

国家服务公司包括美国服务队、老年服务队、学习与服务美国项目（以学校为基础的服务）和美国阅读项目（提高儿童阅读能力的服务项目）。美国服务队由克林顿总统于 1993 年创立，是在 1990 年通过的《第一国家服务法案》基础上建立起来的，是美国志愿者服务队等一系列服务运动的最新产物。美国服务队的座右铭是"做实事"。1993~1998 年，共有将近 10 万名年轻人在美国服务队服务，帮助解决教育、公共安全、环境与人类需求等问题。仅 1998 年一年就有 4 万多名美国服务队队员在 1200 多个社区服务。一年的时间里，美国服务队队员辅导了 50 万名学生，指导了另外 9.5 万名学生，招募了 3.9 万名新的志愿者，为 6.4 万名学生进行了免疫接种，在 30 多个州提供了灾后服务，与 3000 多个安全巡逻队、地方执法团体与民间团体共事，对 10 万人进行了防暴培训，建设或重建了 5600 所房屋，帮助 3.2 万名无家可归者搬进永久居住场所，为艾滋病和其他重病患者服务，并开展了广泛的环境项目。[①] 老年服务队动员了 45 万多名年长的志愿者，实施了寄养祖父母计划、老年陪伴计划、退休和老年人志愿计划。学习与服务美国项目面向中小学校、学院和大学里的年轻人，教师通过被称之为"服务学习"的教学方法将社区服务融入课程，学生们通过服务，满足社区需求。这一计划帮助学生改进学习技能和学习良好的公民习惯，成为更加有创造力的工作者和更加负责任的公民。美国阅读项目则鼓励民众组成志愿者队伍，参加当地的课后或学校计划，为在阅读技能方面落后的数百万儿童提供帮助；鼓励国家服务公司的成员与高年级学生志愿者提供直接的辅导，从而确保每个美国儿童在三年级结束前做到独立且流利地

---

① Harris Wofford, "U. S. Society & Values", *USIA Electronic Journal*, Vol. 3, No. 2, September 1998.

阅读。

在2002年1月份的国情咨文中,乔治·W.布什总统呼吁所有美国人至少用2年的时间(相当于4000小时),致力于为他们的社区、国家和世界服务。

在联邦政府不遗余力地对志愿服务予以支持和鼓励的同时,州和地方也推行许多志愿服务计划,推动美国人在地方社区提供志愿服务。例如,西弗吉尼亚州设立了国家和社区服务委员会,负责志愿者培训、任务分配等工作,鼓励该州的民众通过捐赠时间和工作,使他们的生活更丰富、更美好。科罗拉多州拉夫兰市对志愿服务申请者进行面试,了解他们的目标、技能特长和从事志愿服务的经验,并且根据个人意愿和能力特长分配到城市的公园、图书馆、消防和其他市政部门参加志愿服务。

志愿者的身影遍布美国社会生活的每个角落:公立学校、公共图书馆、公园、文娱活动场所、社区、退伍军人医院、老年人服务中心、法院、监狱、无家可归者庇护所等。志愿者在消防、紧急服务等许多领域都是一支重要的力量。目前,美国消防人员中志愿人员多达80%。擅长急救的市民组成志愿救护车队和医疗辅助组,向受困或失去活动能力的人提供紧急救护。志愿者甚至成立全国滑雪巡逻队,在滑雪地提供援助。发生洪涝、火灾、地震、龙卷风或飓风时,志愿者协助政府官员进行救援,修筑堤坝,提供紧急救助,设置紧急收容所,清理受灾现场,开展重建援助等。

维护治安是美国人志愿活动的另一重要领域。社区居民通过联防来维持本社区的治安,相互保护。志愿者以承担非紧急性警察功能的方式直接志愿警察部门,如维持游行与公众集会活动秩序、协助交通管制、帮助寻找失踪者等。志愿者也协助法院、监狱等管教罪犯,他们扮演多种角色,如担任法庭看守人、保释与假释犯的指导员、临时领养父母等。地方、州和全国性的律师协会向贫困人士提供法律援助,并将其视为职业责任。

志愿者也活跃在美国的一些政府部门。一些志愿者协助政府办公室的日常工作;一些志愿者为国内收入署服务,帮助老龄和贫困人士填写纳税申报单;一些志愿者为国家公园管理局服务,被分配到各个国家公园;国家航空航天局吸收科学家和对空间探索感兴趣的志愿者。

二 美国志愿服务的特征分析

美国劳工部劳工统计局定期对志愿者的情况进行调查统计,以下根据其2004~2008年的调查统计数据来说明美国志愿者队伍的现状和特点。[①]

(一)美国志愿者队伍的人口学特征

1. 志愿者人数众多,占总人口的比重大

2004~2008年,美国每年都有超过6000万人参与志愿服务,占总人口的比重达到26%以上。并且,女性较男性有较高的参与率(参见表1)。

表1 2004~2008年美国志愿者的规模及不同性别的参与率

	2004年		2005年		2006年		2007年		2008年	
	数量(万人)	占总人口比重(%)	数量(万人)	占总人口比重(%)	数量(万人)	占总人口比重(%)	数量(万人)	占总人口比重(%)	数量(万人)	占总人口比重(%)
男性	2701	25.0	2737	25.0	2555	23.0	2572	22.9	2626	23.2
女性	3753	32.4	3799	32.4	3565	30.1	3511	29.3	3554	29.4
合计	6454	28.8	6536	28.8	6120	26.7	6083	26.2	6180	26.4

注:美国志愿者调查统计中,一个统计年度的起止时间是上一年的9月至本年的9月,下同。

2. 志愿者分布在各个年龄段,35~44岁年龄段参与率最高

从统计数字可以看出,美国志愿者在各年龄段广泛分布,并且尤以35~44岁的人参与志愿服务的比重最大(参见表2)。

表2 2004~2008年不同年龄段的美国人志愿服务参与率

单位:%

	2004年	2005年	2006年	2007年	2008年
16岁及以上	28.8	28.8	26.7	26.2	26.4
16~24岁	24.2	24.4	21.7	20.8	21.9
25~34岁	25.8	25.3	23.1	22.6	22.8

---

① Bureau of Labor Statistics, United States Department of Labor, *Volunteering in the United States*, 2008.

续表

	2004 年	2005 年	2006 年	2007 年	2008 年
35~44 岁	34.2	34.5	31.2	30.5	31.3
45~54 岁	32.8	32.7	31.2	30.1	29.9
55~64 岁	30.1	30.2	27.9	28.4	28.1
65 岁及以上	24.6	24.8	23.8	23.8	23.5

3. 志愿服务参与率与受教育程度成正比，高学历者踊跃参加志愿服务

美国不同学历的人群中志愿服务的参与率差别很大，基本上，志愿服务的参与率与受教育程度呈正相关关系，受教育程度越高的人群中，志愿服务的参与率也越高（参见表3）。

表3　2004~2008 年不同受教育程度的美国人志愿服务的参与率

单位：%

	2004 年	2005 年	2006 年	2007 年	2008 年
高中以下	9.6	10	9.3	9.0	9.4
高　中	21.6	21.2	19.2	18.6	19.1
大　专	34.2	33.7	30.9	41.8	30.0
本科及以上	45.7	45.8	43.3	30.5	42.2

4. 就业人口志愿服务的参与率高，其中兼职工作者参与率最高

根据统计，就业人口的志愿服务参与率高于失业人口和非劳动力人口，其中从事兼职工作者的参与率高于全职工作者（参见表4）。

表4　2004~2008 年美国不同就业状况者的志愿服务参与率

单位：%

	2004 年	2005 年	2006 年	2007 年	2008 年
就业人口	31.2	31.3	28.7	28.3	28.9
全　职	29.6	29.8	27.3	26.9	27.8
兼　职	38.5	38.2	35.5	35.4	34.2
失业人口	25.6	26.4	23.8	23.2	22.3
非劳动力人口	24.7	24.4	23.1	22.3	22.2

5. 美国白人群体的志愿服务参与率高于其他族群

美国是一个多种族的国家。不同种族的人群志愿服务参与率差别较大。白人是志愿服务参与率最高的族群，而西班牙裔、拉丁裔群体志愿服务参与率则相对较低（参见表5）。

表5 2004~2008年不同种族的人群志愿服务参与率

单位：%

种　族	2004年	2005年	2006年	2007年	2008年
白　人	30.5	30.4	28.3	27.9	27.9
黑人或非洲裔	20.8	22.1	19.2	18.2	19.1
亚裔	19.3	20.7	18.5	17.7	18.7
西班牙裔或拉丁裔	14.5	15.4	13.9	13.5	14.4

（二）美国志愿者一年中为志愿服务奉献的时间

美国志愿者2008年一年（统计期间为2007年9月至2008年9月）中在志愿服务上奉献时间的中位数是52小时。其中，按年龄划分，65岁及以上的老年人群体2008年志愿服务时间的中位数是96小时，在所有的年龄群体中最高；16~19岁群体和25~34岁群体2008年志愿服务时间的中位数均为40小时，在所有的年龄群体中最低（参见表6）。

表6 2008年美国不同年龄段志愿者服务时间的中位数

年　龄	志愿服务时间的中位数（小时）	年　龄	志愿服务时间的中位数（小时）
总体（16岁及以上）	52	35~44岁	48
16~19岁	40	45~54岁	52
20~24岁	48	55~64岁	58
25~34岁	40	65岁及以上	96

根据婚姻状况来看，已婚者志愿服务时间中位数为56小时，高于平均数，并且远远高于未婚者志愿服务时间中位数（40小时）（参见表7）。

表7　2008年美国不同婚姻状况志愿者服务时间中位数

婚姻状况	志愿服务时间中位数(小时)	婚姻状况	志愿服务时间中位数(小时)
单身,从未结婚	40	其他婚姻状态	52
已婚,目前在婚	56		

(三) 美国志愿服务的组织化程度

据统计,2008年,近70%的美国志愿者参与过一个组织的志愿服务,19.3%的美国志愿者参与过两个组织的志愿服务(参见表8)。

表8　2008年美国志愿者参与的志愿组织数目分布

	志愿者参与的志愿组织数目分布						
	总体	1个	2个	3个	4个	5个及以上	未报告
百分比(%)	100.0	69.6	19.3	7.0	2.4	1.4	0.3

并且,志愿者的受教育程度与参与志愿服务组织数呈正相关关系,受教育程度较高的志愿者喜欢参与更多的志愿服务组织(参见表9)。

表9　2008年美国不同受教育程度志愿者参与志愿服务组织数分布

受教育程度	志愿者参与的志愿组织数目分布						
	总体	1个	2个	3个	4个	5个及以上	未报告
高中以下	100.0	87.8	8.4	2.5	0.6	0.2	0.6
高　中	100.0	78.7	15.2	4.0	1.1	0.7	0.3
大　专	100.0	70.5	19.8	6.4	2.0	1.1	0.3
本科及以上	100.0	61.7	22.6	9.7	3.5	2.2	0.3

(四) 美国志愿者主要服务领域和活动

1. 美国志愿服务的主要领域

美国志愿服务的领域非常广泛,涵盖宗教、教育、社区服务、文体、治安、病患照顾、环保、国际志愿服务等领域。2008年,35.1%的美国志愿者参与过宗教组织的志愿服务活动,26.0%的志愿者参与过教育或青年服务活动,13.5%的志愿者参与过社会或社区服务志愿活动,这三个领域是美国志愿者参与最多的志愿服务领域(参见表10)。

表10 2008年美国志愿者主要服务领域

单位：%

服务领域	志愿者百分比	服务领域	志愿者百分比
公民、政治、专业或国际志愿服务	5.5	宗教	35.1
教育或青年服务	26.0	社会或社区服务	13.5
环保或动物保护	2.0	体育、兴趣、文化或艺术服务	3.3
医院或其他健康照顾	8.2	其他服务	3.3
治安	1.3		

2. 主要志愿服务活动

美国志愿服务活动多样，2008年，筹款或义卖活动是美国志愿者从事比例最高的，有11.4%的志愿者参与，其次是导师或教导者工作，有10.1%的志愿者参与（参见表11）。

表11 2008年美国志愿者主要志愿服务活动

单位：%

服务活动	志愿者百分比	服务活动	志愿者百分比
教练、裁判或运动队督导	5.9	咨询、医疗照顾、紧急支援或保护服务	3.0
导师或教导者	10.1	办公室工作	4.6
青年导师	5.9	专业服务或协助管理，包括为委员会工作	7.9
招待员或侍者	4.2	演出或其他艺术活动	4.3
收集、准备或分发食品	9.1	一般劳务或运输	9.0
收集、制作或分发衣物、手工艺品	3.4	其他服务	13.3
筹款或义卖	11.4		

三 美国志愿服务及队伍建设的经验

（一）将志愿精神作为一种崇高的理念

美国是一个年轻的国家，但其志愿精神却异常深厚，并且不断丰富。美国的政治家、社会名流等高度重视志愿服务的崇高精神理念，一直以来大力倡导志愿服务，弘扬为他人服务的思想，产生了很多鼓舞人心的名言。例如，教育家布克·T.华盛顿的名言"如果你想鼓励自己，先鼓励别人"，成为很多美国人生活的一个原则；小马丁·路德·金的名言"人人都可以变得伟大，因为人人都能够服务于他人"，也点燃了许多人帮助他人的热情。美国社会将志愿服务视为生活的一个重要组成部分，视为可以提升民族精神气质的一个途径，视为美国生活的荣耀。罗纳德·里根总统于1986年称，志愿工作是"美国特征的一个方面，就像我们的言论、集会和信仰自由一样，对我们的生活具有重大意义"。比尔·克林顿总统则认为志愿服务将会改变美国，他在1993年3月的讲话中指出："国家服务是美国最亮丽的一道风景——建设社区、提供机会并奖励责任心。对于背景各异及从事行业各异的美国人来说，国家服务是一种挑战，它的价值观超越金钱。国家服务其实就是一种改变美国的美国方式。"

（二）国家领导人和政府的重视与大力支持

美国的国家领导人和政府认识到美国人民所拥有的无私精神是一笔宝贵的财富，并且一直通过正确的组织和适当的支持，激发民众的这种志愿精神来帮助实现美国的一些战略。约翰·F. 肯尼迪总统创建了和平队，为愿意接受和平队帮助的国家和地区提供训练有素的志愿人员；林登·贝恩斯·约翰总统推行了国内和平队，配合其"伟大社会"和"向贫困开战"等国内战略决策的实施；比尔·克林顿总统启动了"美国服务队"和"国家服务公司"，为美国悠久的志愿服务传统掀开了新的篇章。尼克松总统、里根总统、老布什和小布什总统等都通过政府来引导和组织志愿服务，体现了国家领导人和政府对志愿服务的重视和支持。

（三）志愿服务的组织化程度高

美国的志愿组织发达，人们参与志愿服务要么自己组织社团，要么通过已经存在的志愿组织开展服务。正如托克维尔在《论美国的民主》一书中所言："美国人不论年龄多大，不论处于什么地位，不论志趣是什么，无不时时在组织社团。……在法国，凡是创办新的事业，都由政府出面；在英国，则由当地的权贵带头；在美国，你会看到人们一定组织社团。……美国人干一点小事也要成立一个社团。"[1] 美国既有美国服务队、

---

[1] 〔法〕托克维尔：《论美国的民主》，董果良译，商务印书馆，2004，第635~636页。

老年服务队等大型的志愿者团体，招募、培训和派遣志愿者；也有兄弟会、姐妹会、联合慈善总会、基督教青年会和美国红十字会等慈善组织，广泛吸收美国服务队、老年服务队的队员参加他们的活动；还有大量社区组织、小型服务机构使用普通市民所提供的力所能及的帮助。美国的各种志愿组织为民众参与志愿服务提供了平台和机会，并且有效提高了服务的专业性和有效性。

（四）志愿服务制度较完备

美国有关志愿服务的政策法规较为完备，并且落到实处，为促进志愿服务和保护志愿者的权益提供了良好的基础。例如，公立学校规定，毕业的一个先决条件是学生必须在当地完成固定时数的服务；法庭向成年人和青少年提供按规定时数服务的机会以取代罚款或监禁，或指令违法者在保释或假释期间进行服务。美国于1973年制定了《志愿服务法》，并随社会变迁在1976年、1979年、1983年、1986年、1989年逐年加以修正以顺应时代需要。有关的志愿服务立法还包括：《1990年全国与社区服务法》（National and Community Service Act of 1990）、《1992年全国与社区服务技艺增订法》（National and Community Service Technical Amendments Act of 1992）、《1993年全国与社区服务信用法》（National and Community Service Trust Act of 1993），以及《1997年志愿者保护法》（Volunteer Protection Act of 1997）。

参考文献

北京志愿者协会：《走近志愿服务》，中国国际广播出版社，2006。

刘绪贻等：《美国通史》，人民出版社，2008。

〔美〕纳尔逊、曼弗雷德、布莱克：《美国社会生活与思想史》，许季鸿译，商务印书馆，1997。

桑颖：《美国对外援助中的私人志愿组织》，中国社会科学出版社，2012。

〔法〕托克维尔：《论美国的民主》，董果良译，商务印书馆，2004。

袁明：《美国文化与社会十五讲》，北京大学出版社，2003。

〔美〕詹姆斯·柯比·马丁等：《美国史》，范道丰等译，商务印书馆，2012。

资中筠：《财富的归宿：美国现代公益基金会述评》（增订本），生活·读书·新知三联书店，2011。

Bureau of Labor Statistics, United States Department of Labor, *Volunteering in the United States*, 2008.

Harris Wofford, "U. S. Society & Values", *USIA Electronic Journal*, Vol. 3, No. 2, September 1998.

Characteristics and Development of Volunteering in the United States

Abstract From 2004 to 2008, more than 60 million American people helped others as a volunteer every year, the proportion of the total population reached more than 26%. The participation rate of the population from 35 to 44 years old was highest, participation rate of volunteering was positively related to educational level, the participation rate of white community was higher than other races, participation rate of employed population was higher than other employment types. Nearly 70% volunteers belonged to 1 volunteering organization, the median of the volunteering time one year was 52 hours. The volunteering spirit and tradition, the promoting and supporting of the leaders and the government, the fertile systems and the organizations are the important factors to promote the development of volunteering in U. S., and are the great experience.

Keywords U. S. ; Volunteering; Experience of Development

国家建设与民政职能的形塑

——场域分析的视角[*]

李 军[**]

【内容摘要】 民政部门承担社会行政事务管理,其职能一直随国家建设不断发展变化。本文将从场域理论的角度,分析国家建设怎样形塑着民政职能,以期揭示民政职能演变发展的轨迹,深化全社会对民政工作的整体性理论认识。

【关键词】 国家建设 民政职能 场域

民政部门是国家社会行政事务管理部门,民政工作到底干什么?民政职能如何?这些问题一直为学术界、民政工作者所关注。目前对民政工作的研究涉猎较广,但多是基于民政工作实际的描述和碎片化的经验总结,整体的理论认识和研究不足。本文旨在将场域理论作为民政工作职能演变的一个分析框架,探讨国家建设场域对民政工作的形塑,揭示民政职能演变发展的轨迹,深化对民政工作的整体性理论认识。

---

[*] 本文为民政部课题《社会服务体系构建与现代民政发展的基础研究》(项目编号:2013MCAKT)阶段性研究成果。

[**] 李军,民政部社会工作研究中心副教授,香港城市大学公共及社会行政学系哲学博士(Ph.D)、中国政治研究学会(美国)会员,研究方向为社会政策、社会发展、公共管理等。

一 国家建设与民政工作:一个场域理论的解读

国家建设(也称国家建构)主要描述现代国家的形成及其过程。从理论上讲,现代国家构建本质上是一个不断寻求国家与社会关系合理化的持续性历史进程。国家建设具备两个核心要旨——国家能力和社会发展。其中国家能力涉及政府所承担的各种职能和追求的目标的演绎。国家建设的逻辑在很大程度上纳入国家与社会的分析范畴之内。民政作为国家社会事务管理的重要部门,其职能变化最能直接体现国家—社会关系的状况,可作为检视中国国家建设进程的主要标杆。

要在特定情景的关系架构中探究某一行为发生的连续关系和意义,运用法国著名社会学家皮埃尔·布迪厄的"场域"理论进行分析不失为一种有效的途径。布迪厄认为:"在高度分化的社会里,社会世界是由具有相对自主性的社会小世界构成的,这些社会小世界就是具有自身逻辑和必然性的客观关系的空间,而这些小世界自身特有的逻辑和必然性也不可化约成支配其他场域运作的那些逻辑和必然性。"[①] 这些"社会小世界"就是不同的场域。场域是一个相对稳定的空间,有自己独特的特点和逻辑必然;是一个由客观关系组成的系统而不是实体系统;是一个动态的演进过程。

根据场域理论,本文尝试提出国家建设场域的概念,并通过分析国家建设场域所必备的基本特点来理解民政职能的形塑。

(1) 国家建设场域是一个客观性的关系空间。作为一种分析、解读民政工作的功能性概念,可以将其理解为参与到国家建设中来的政府部门的一系列地位以及这些地位之间的客观关系。政府部门所处的客观地位依赖于他们所拥有的职能禀赋,政府部门因参与国家建设场域活动而形成特定职能。

(2) 国家建设场域是一个充满变化、动态演进的空间。随着国家建设的不断发展,政治、社会、经济、文化等不同领域交互变化,不断变化的结果就是政府部门在国家建设场域中的位置职能发生变化,从而推动国家建设的进程。

---

① 〔法〕皮埃尔·布迪厄:《实践与反思——反思社会学导论》,李猛等译,中央编译出版社,1998,第134页。

(3) 国家建设场域通过各种张力形塑着民政。布迪厄认为，一个具有高度自主性的场域，能够把自己的逻辑和规则强加到每个场域成员的身上。① 这种强加的力量就是张力。这种张力的形成是民政对国家建构环境的必然性内化，并经过调整定型而外现的过程。

场域理论提供了整体功能性思维方法。国家建设场域本身是各种政府部门及职能关系的集合，场域中的政府部门只有从职能关系的角度出发，才能找到自己的位置并发挥作用。

二 民政职能：现代国家建设视野中的演进

职能，是指人、事物、机构应有的作用和功能。民政职能是指民政部门及相应机关利用公共权力，根据一定时期内国家和社会的需要，运用一定的资源，依据相关法律和国家政策规定而承担的职责和发挥的作用。

新中国成立后，国家面临巩固新生国家和地方政权、医治战争创伤、救助和优抚民众的任务。中国人民政治协商会议第一次会议通过的《中华人民共和国中央人民政府组织法》规定，设立内务部，受中央人民政府政务院领导和政务院政治法律委员会指导，负责管理全国民政工作。其职责是做好救灾和政权建设工作，承担优抚安置、社会福利、取缔妓女、禁烟禁毒、改造游民等多项工作。②

随着地方政权创建任务基本完成，高度集中的计划经济体制逐步建立，国家建设进入过渡时期，民政部门的工作必须为贯彻国家在过渡时期的总路线服务，为发展生产和社会主义改造服务。于是，这一时期民政部门的主管业务便调整为：政权建设、优抚、救济、地政、户政、国籍、行政区划、民工动员、婚姻登记、社会团体登记等。

1957~1978年，由于"左"倾错误的影响，加之革命战争年代遗留下来的传统，国家建设逐步滑向强调以阶级斗争为纲和高度集权的革命模式，忽视了社会发展的一般规律，直至发生了"文化大革命"这样的历史悲剧。

---

① 〔法〕皮埃尔·布迪厄：《实践与反思——反思社会学导论》，李猛等译，中央编译出版社，1998，第134页。
② 谌金松：《历次全国民政会议回眸》，《中国民政》2012年第3期，第51页。

民政工作在这种形势下，不可避免地受到影响，提出了一系列超越现实可能的民政工作的方针政策，脱离经济基础，大搞福利生产和福利事业，对政权建设工作中的错误思想和批判扩大化。1970年6月，内务部被撤销，民政工作受到严重损害。

1978年，现代国家建设的进程中实行了改革开放。新颁布的宪法规定设置中华人民共和国民政部，作为国务院的一个职能部门，指导全国民政工作。主要任务是：在四项基本原则的指导下，通过做好地方政权建设、优抚安置、救灾救济、社会福利等工作，发展社会主义民主，健全社会主义法制，促进基层政权的巩固，促进部队建设，促进社会安定，为以经济建设为中心的社会主义现代化建设服务。1983年召开的第八次全国民政会议将民政部门职能界定为社会行政工作，提出民政工作是政权建设工作的一部分，社会保障工作的一部分，行政管理工作的一部分（"三个一部分"）的工作定位。①

由于从经济发展中受惠程度的差异，原来"铁板一块"地位平等的民众开始裂变，加深了矛盾和冲突的可能性，社会稳定成为经济发展之外国家建设的又一重要任务。国家要求民政充分发挥社会稳定机制作用，为社会主义现代化建设创造一个良好的社会环境。党的十六大以来注重民生建设，并把它与社会主义和谐社会的构建有机地统一起来，及时地提出了"和谐社会构建"的民生发展蓝图。

顺应国家建设目标的变化，民政工作强调为中心服好务，为大局服好务，依法管理社会行政事务，保障人民群众基本生活权益和民主政治权利，维护社会稳定、促进社会公平、推动社会进步。民政工作直接为人民群众服务、为人民群众排忧解难，是党和国家一项非常重要的工作，是政府履行公共服务和社会管理职能的重要方面。

经过2008年机构改革后，民政部作为国务院主管有关社会行政事务工作的职能部门，具体职责大致归结为四个方面：保障民生方面，主要是减灾救灾、社会救助、社会福利、促进慈善事业发展等工作；发展民主方面，主要是指导城乡基层自治组织建设，促进城乡基层民主政治建设，牵头推动村务公开、民主管理工作，推进城乡社区建设；服务国防方面，主

---

① 谌金松：《历次全国民政会议回眸》，《中国民政》2012年第3期，第53页。

要是军人优待、抚恤、安置，烈士褒扬、革命纪念物管理和拥军优属等工作；服务社会方面，主要是社会组织注册登记和监督管理，行政区划和地名管理，行政区域界线管理，婚姻、殡葬、儿童收养和生活无着人员救助等方面的工作。

三　民政职能：国家建设场域的张力分析

将1949年以来民政职能的变迁放在国家建设的背景下进行解读，能清楚把脉国家建设场域如何形塑着民政职能。就民政而言，国家建设场域的各种张力不仅能够把国家建设的逻辑和规则强加到民政部门的身上，还作用于民政部门职能的形成。

（一）国家建设"目的性"张力

民政作为国家建设的重要组成部门，"整个说来只是一个手段，手段的适当性必须依赖于它的合目的性"。① 既然存在着"手段"，必然需要"目的"来牵引，这就是"合目的性"。国家建设的目标是政府职能意志的表达，政府是国家建设意志的执行工具。② 因此，影响民政职能的首要因素就是不同时期国家建设的目标，建设怎样一个国家决定民政工作的职能。这就是民政工作合乎国家建设的"目的性"张力。

在新中国成立60多年的历程中，不同时期国家建设目标不断调整。在社会主义改造与过渡时期，国家建设的总体目标是通过政治秩序的重建来巩固新生的国家政权，确保新生政权能够在外战内扰的困境中逐渐强大。作为主管地方政权建设的内务部，理所当然成为维护国家独立和稳定的重要工作力量，通过建立和扩大地方人民政权，确保国家权力向社会各个领域渗透。政权建设成为民政工作的核心，也成为民政的一项重要职能。

在社会主义建设时期，国家建设目标调整为逐步实现国家的社会主义工业化，尽快改变我国经济文化落后的面貌。国家建设中心从政治领域向经济领域转移。这就要求民政职能重心相应调整，将政权建设工作视为在党委和

---

① 〔英〕密尔：《代议制政府》，汪瑄译，商务印书馆，1982，第17页。
② 〔美〕古德诺：《政治与行政》，王元、杨百朋译，华夏出版社，1987，第12页。

政府部门的领导下承担的一部分具体的组织工作和技术工作，而将社会事务管理作为主要业务。

1966年后，党和国家主要领导人认为在社会主义改造完成后，无产阶级与资产阶级的矛盾依然存在并成为主要矛盾，因此国家建设必须以"阶级斗争为纲"，国家建设又回到革命的方式。承担社会管理的职能部门内务部在国家建设场域中难以有立足之地，因此被裁撤。

1978年，改革开放开启了现代国家转型的序幕，国家建设的目标重新回到经济领域，强调逐步实现工业、农业、国防和科学技术的现代化，把中国建设成社会主义现代化强国。在国家建设目标重新定位后，1978年，国家成立了民政部，承担社会管理职能。随着改革开放的推进，民政工作领域逐步扩大，出现了"三个一部分"的民政职能定位。当改革开放触及利益，引发社会结构调整时，民政工作在国家建设布局中，逐渐明晰了功能定位——以"补救"方式发挥民政工作稳定机制的作用，为深化改革开放创造良好的社会环境。在历次国务院机构改革中，民政"上为中央分忧，下为百姓解愁"的宗旨没有改变，社会稳定机制的作用没有改变。

进入21世纪，党中央提出人本主义治国理念，构建和谐社会，国家建设目标在突出经济建设时，也重视社会发展的理念。民政工作从服务经济建设开始向社会管理和社会服务转化。

不同时期国家建设的目标因其发展特点的差异会呈现不同的目标张力，为民政工作提出了不同的客观要求。新中国成立60多年来，国家建设目标清楚地展现"政治斗争—经济改革—社会发展"不同的阶段性张力，民政的职能也从国家政权建设的核心部门，经济建设的辅助部门向社会建设的重要部门转变。民政职能演变的轨迹与国家建设目标的张力具有共时性。

（二）政府"功能性"张力

民政作为国家政府部门之一，其职能本应体现政府性质。政府的社会性决定了政府必须完成社会公共事务的管理，满足社会对政府的职能需要，即所谓"合功能性"。作为社会事务的主管部门，民政一方面必须体现国家意志，另一方面体现政府属性，理应对社会需求做出反应。民政怎样满足社会需求，反映了国家—社会的关系。因此，国家建设场域里国家—社会关系的演变形成了塑造民政职能的"功能性"张力。

改革开放以前,国家权力的高度统一和集中使得国家建设呈现国家全能主义和高度政治化管制方式。在全能主义范式里,国家权力可以随时无限制地侵入和控制社会每一个阶层和每一个领域的指导思想。[①] 这种体制的特征,一方面是政治权力高度集中,另一方面是国家对社会和经济的完全控制。全能主义的国家建设模式反映了国家与社会关系的过度国家化,即社会生活的所有事务,都被纳入政府管理范围之内而成为政府事务,成为政府管理的对象。人们依据所属单位被纳入政府的管理体系中,政府不仅管理人们的外在行为,而且控制人们的思想活动。社会成员通过归属的单位与国家发生联系,社会成员的全部生活几乎完全取决于单位和国家,形成了国家与社会同质同构的局面,国家淹没了社会,所谓的社会需求就是国家需要。因此这时期的民政所对应的社会需求就是国家需求。

改革开放后,随着市场经济的发展,国家与社会之间的制度安排发生变革,单位和身份制的废除,引发了国家—社会关系的调整。国家建设场域里全能主义开始向有限政府转变,社会不再是作为空壳,而成为国家政府权力让渡的对象。然而,国家的式微和社会的成长,国家—社会关系的调整并非一帆风顺。一方面,单位制的解体使得原来很多"单位人"的社会福祉一度失去保障,并没有随国家经济发展而有根本改善;另一方面,经济体制改革直接导致了利益的多元化,使得社会结构产生激烈、深刻和持续的分化,社会异质性和不平等程度提升,社会矛盾与社会冲突增多。弱势群体的基本福利保障成为最突出的社会需求。建立救助型的社会福利体系,满足困难群体、特殊群体的基本民生需求成为民政的重要职责。

国家建设场域里国家—社会关系的变化,只是国家权力部分让渡给市场、社会,社会自主性依然很低,很多学者期盼的"公民社会"并未在中国出现,国家—社会关系中国家强势、社会羸弱的局面没有根本改变,很多社会需求依然由国家主导下的政府行为来满足。基于利益关系变动的社会结构呈现"碎片化",不同利益格局中的人社会需求不同,国家很难满足全部社会需求。作为国家职能的承担者,民政对应于社会需求主要是满足弱势群体的基本福利保障,而不是全体国民的社会需求。

伴随社会转型以及社会福利制度的初步建立和逐步完善,社会成员对政

---

① Tsou Tang, *Chinese Politics in 21st Century*, Oxford University Press, 1994, p.131.

府的期待越来越集中于改善公共服务状况，吁求强烈的是公正地分配社会资源，社会需求从基本物质和福利保障转为呼唤公平正义。从社会需求层面上看，民政主要从满足困难群体、特殊群体的基本民生的救助型服务转向社会公平、正义的发展型服务。民政作为一项和谐社会建设的基础工程，正在承担起创造一个新的、公正的社会愿景，即不断增促社会进步、减少社会代价，进而维护社会关系的稳定与和谐的愿景。

民政应对社会需求的变化，也是民政职能角色的重新认同过程。这一转变的根源，来自国家建设以及国家—社会关系的重新整合，尽管这一整合并不存在标志性的制度创制，但渐进形成的权利社会、公民社会及其成长，已经与曾受全能支配的国家建设模式之间发生了持续的张力。

（三）履职"方式性"张力

一般而言，政府履职有统治、管理与服务三种模式。统治依赖强权，管理对应问题，而服务则直接回应需要。

在国家建设场域里，政府履职方式从"管理行政"向"服务行政"转变。新中国成立后，面对革命后一盘散沙的社会现状，国家建设的任务是必须将社会重组起来，通过重组来巩固政权和维持基本的社会秩序。政府在重组社会的过程中自觉或不自觉地将行政权力渗入其中，整个社会被行政所管理，长此以往，形成了一系列管理理念和模式。

改革开放以来，我国社会形态和结构发生了巨大变化。基于原有的单位所有制、街居制和人民公社等旧体制的单位人向社会人转变，形成了现代社会阶层结构。国家权力向社会权力的转移，政府本位向社会本位、官本位向民本位的转移要求政府承担起公共秩序的维护者和公共产品的提供者这两种角色。"在缩小国家权力范围的同时增强国家的能力，在限制国家专断权力的基础上强化国家提供公共产品的能力。"① 服务的吁求伴随社会的发展日益成为政府职能的核心范畴。服务行政作为对现代性反思的理论结果，深刻地回应了生活政治对革命政治和经济政治置换这一趋势。将公共服务作为判断国家建设和国家治理的正当性依据，是对现代性国家建设关注统治秩序和

---

① 李强：《中国政治改革中的现代国家构建问题》，载李鹏程主编《对话中的政治哲学》，人民出版社，2004，第6页。

经济成就的超越。

在国家建设场域里,民政的履职方式也随着我国政府职能转变的大潮而发生变化。20世纪90年代以前,民政主要是承担社会管理的职能。从行政组织角度看,民政管理是中央政府机关民政部和地方各级政府的民政机关所管辖的民政方面的公务和政务管理活动,是国家统治权在民政领域发生的一种作用。从管理角度看,民政管理是为了推行和管理国家有关人民群众基本生活权益的民政公共事务的管理活动。

自改革开放以来,适应经济转轨和社会转型的客观要求,顺应人民群众对民政领域公共服务不断增长的需求,民政履职方式从"重管理,轻服务"逐步转为服务导向。社会服务成为民政工作的一个重要特征,体现在民政工作各项内容、各个过程和各个环节中。第八次全国民政会上,首次把"适应社会发展、扩大社会服务面"确立为发展民政事业新战略的指导思想。进入21世纪后,第十二次全国民政会议首次明确"民政工作是政府实施社会管理和公共服务的重要方面"的职责,把"如何建立与政府服务、市场服务和社会志愿服务相衔接的社会服务体系"[①] 提升到民政部门推进改革的重要内容和经济社会协调发展不可回避的重大问题的高度,确立了民政部门发展社会服务的使命和地位,明确了民政部门作为发展社会服务的主导性地位和历史使命。在我国服务型政府构建的语境下,民政把社会服务作为保障基本民生的一项制度性安排,作为社会政策的具体表达和实践方略,社会服务以某种顶层设计的姿态进入国家建设的议程之中,成为社会建设的一个新理念。

政府职能都是以执行国家建设场域里某种社会职能为基础。在国家建设场域视角下,民政的社会服务意义在于获得对中国现代国家建设的认同,即不仅要获得经济增长,还要保证避免因社会保障、服务的滞后造成国家建设和社会发展的断裂。社会服务目标和途径的展开,既能作为支撑国家—社会关系调整的工具,也能解决一些社会问题。

四 结论

从国家建设场域而不是纯粹知识性的视角对民政职能进行研究,意味着

---

① 民政部政策研究中心:《社会服务与民政》,《中国民政》2011年第5期,第4页。

对民政职能做出规范性的诠释。以满足社会需求为目标，以国家建设目标为内容，通过管理和服务等方式的变换，在国家和社会关系维度上，国家建设场域形塑着民政职能。

（1）民政工作的职能不仅仅在于获得现代性的社会秩序，而是直接地服务于国家建设目标的需要。在这一过程中，不同阶段主导性的国家建设目标同时也是民政工作的主题。从国家建设场域的视角出发，以国家建设和民政职能认同为途径和标志，才能取得行政工具和社会效应相统一的结果。

（2）回应社会需求是民政职能的着力点。从国家建设历程看，社会需求不是存在于一个独立领域里，而是受制于国家—社会关系的变化。民政回应"社会需求"是为了应对国家建设模式中的社会结构失衡现象，其要义在于获得对中国国家建设的全面认同，只有这样，民政在国家建设场域里才具有存在的意义和价值。

（3）民政履职的方式也是对国家建设的不同审视。传统的"管理行政"治国方式在经济转轨、社会转型的世情下已显得力不从心。国家建设的主题已经在现代性反思中趋向于行政服务的选择，民政的社会服务深刻地回应了民生国家建设的主题，是对国家建设从经济发展到社会建设重心转移的反映。

民政职能的变迁从一个侧面展现了现代国家建设中最核心社会职能部门变化的内在规律，再一次以中国经验的方式探索了一种关于民政工作发展的可能性及可行性。

参考文献

谌金松：《历次全国民政会议回眸》，《中国民政》2012 年第 3 期。
崔乃夫：《民政工作的探索》，人民出版社，1989。
邓国胜：《公共服务提供的组织形态及其选择》，《中国行政管理》2009 年第 9 期。
〔美〕弗朗西斯·福山：《国家构建——21 世纪的国家治理与世界秩序》，黄胜强、许铭原译，中国社会科学出版社，2007。
〔美〕古德诺：《政治与行政》，王元、杨百朋译，华夏出版社，1987。
李强：《中国政治改革中的现代国家构建问题》，载李鹏程主编《对话中的政治哲学》，人民出版社，2004。
刘伟能、刘国林主编《民政理论与实务》，中共中央党校出版社，1993。

孟照华、王明寰：《中国民政史稿》，黑龙江人民出版社，1986。
〔英〕密尔：《代议制政府》，汪瑄译，商务印书馆，1982。
民政部政策研究中心：《社会服务与民政》，《中国民政》2011年第5期。
〔法〕皮埃尔·布迪厄：《实践与反思——反思社会学导论》，李猛等译，中央编译出版社，1998。
王思斌：《对社会服务的理解》，《中国民政》2011年第5期。
张良礼、刘爱莲：《民政运行体系探索与构建》，社会科学文献出版社，2007。
浙江民政事业现代化研究课题组：《民政事业现代化研究》，吉林人民出版社，2001。
郑杭生：《从社会学视角看社会服务》，《中国民政》2011年第5期。
中国民政理论与实践编委会：《中国民政理论与实践》，光明日报出版社，2009。
Baugn, William Ellis, *Introduction to Social Services*, London: Macmillan, 1983.
Fultz, Elaine &Tracy, Martin (eds.), *Good Practices in Social Services Delivery in South Eastern Europe*, Budapest: International Labour Office, 2004.
Tsou Tang, *Chinese Politics in 21st Century*, Press of Oxford University, 1994.

State-building and the Function Shaping of Civil Affairs

—Perspective From Field Theory

Abstract The Function of civil affair bureaucracy, which assumes the responsibility of the social administrative management, is in the course of changes and development with the process of state-building advancement. This paper, from the perspective of field theory, will dwell on how the state-building process shapes the function of civil affairs with the hope of showing the historical trajectory of civil affair development and further understanding of the civil affair as a whole.

Keywords State-building; Functions of Civil Affairs; Field Theory

中美社会工作职业化比较研究

张柳清[*]

【内容摘要】目前中国社会工作的职业化进入了一个实质性阶段，职业化发展涉及各个层面的问题，它到底会驶向何方是一个正在实践和不断探索的问题。在以往的研究中，学者们往往以美国的社会工作职业化发展作为中国职业化的参照物，但是却缺乏系统性的研究。本文主要采用比较研究法，通过对中美职业化的对比研究来分析两者的相似和相异之处，双方所面临的共同问题和挑战，以及中国从中得到的职业化发展启示。

【关键词】中美社会工作　职业化　比较研究

中美是政治、经济、文化背景有较大差异的两个国度，表现在社会工作发展历程和成熟度上也是如此。美国是发达国家社会工作专业发展的标杆，中国则是不发达国家社会工作发展的代表，但无疑它们都是社会工作人才需求大国。在以往关于职业化的研究中，人们或对中、美社会工作职业化做分门别类的研究，或介绍美国社会工作职业化的经验教训，或用中心主义的话语模式来解释不发达国家和地区的社会工作，但很少把这两个国家的职业化进行系统性的比较性研究。

古罗马著名学者塔西陀曾说："要想认识自己，就要把自己同别人进行

---

[*] 张柳清，北京社会管理职业学院社会工作系副教授、社区教研室主任，研究方向为机构儿童社会工作、老年人社会工作、社会组织中的社会工作。

比较。"比较是认识事物的基础，是人类认识、区别和确定事物异同关系的最常用的思维方法，比较研究法现已被广泛运用于科学研究的各个领域。采取比较研究法有助于厘清中美社会工作发展的异同，有助于加强对社会工作发展的普遍性和特殊性的认识。本文主要从两国社会工作发展的异同方面进行比较，分析中美职业化过程中的差异性与共性以及面临的挑战，以期探讨两国社会工作职业化的走向。

一　中美社会工作职业化之同

（一）职业性质：制度性的改良职业

不管在美国还是中国，社会工作在很大程度上都是作为制度安排来修复社会发展中的不足，缓和、调试社会各阶层尤其是传统弱势群体与主流社会群体之间的矛盾，从而起到改良社会制度的作用。在金融危机笼罩全世界的背景下，这种制度修补性的职业更是能够凸显价值。

美国工业化的发展、资本主义制度深层次矛盾和危机，以及在此背景下不断出现的问题人群催生了这门职业的诞生。中国社会工作的发展是在中国社会重大转型、矛盾较为突出的背景下产生的，在发展过程中制度遗产在发挥一定的作用，较为充分地体现了社会工作的改良性。我国社会工作在过去、现在和未来一定时期内都要不同程度地依赖原有的制度遗产，表现在社会工作的组织模式上就是对原有制度和经验的路径依赖（path-dependence），采用温和改良社会工作职业化的方式。在中国从十六届六中全会提出"建立宏大的社会工作队伍"到2008年国家首次社会工作职业水平考试，再到《国家中长期人才发展规划纲要（2010～2020年）》把社会工作列为第六类人才，中国已把社会工作职业作为国家的一项制度来安排。

（二）职业贡献和职业形象

综观这些年来美国社会的发展：罢工大大减少，社会较为稳定，种族之间的隔阂逐渐减少等。这除了与政府政策有关之外，也与社会工作者的辛勤劳动有关；加上美国广泛的慈善传统和宗教信仰，社会工作在美国职业排序中其专业价值和伦理无疑可以排在前列。从开始专业化进程以来，社会工作从业者一直都很重视自己的公众形象，迄今为止仍在为"正名"而努力。在新千年颇有影响的电视剧中出现的社会工作者的形象，仍是教育水平有限，入职不需要遴选，凭借献身精神、良知等其他一些美德开展社会工作，或者是连这些都欠缺的社会工作者。人们一直在改善和提高社会工作者的形象，要把它完全从"挎着篮子"助人的行业中删去是需要一个过程的。美国的社会工作协会和其他专业组织一直在为此事努力着。

中国社会工作是一个既新又不新的职业，典型社区工作者的职业形象从小脚老太—热心大妈—职业社会工作者，经历了职业形象重建和提升的过程。总之，人们对社会工作者的职业形象还是处于一个较低的认知水平，甚至有人认为这只是为某一群体寻找到另一种形式的饭碗。

（三）职业薪酬

在薪酬排名中，美国自从有社会工作职业以来，一直在设法保障工作者的薪酬，薪酬随着时间的推移也在提高。但是美国社会工作者的薪酬也会有个体差异，个人执业的社会工作师的薪酬要高很多，但是个人执业又引发了对社会工作的伦理道德、管理问题的探索。社会工作的薪酬处于中下等水平，美国社会工作者薪酬与受过专业训练的其他行业相比无疑仍是处于不利地位的，至少处于很一般的地位，很多机构主要依靠政府的拨款和外围的环境（如个人捐助和基金会的捐助）。

在上海，社工月薪一般为3000~4000元，经济条件较好的大城市情况相对要好一些，中国大城市社会工作者普遍感到生活境遇的艰难——能够保证自己温饱的生活，而一个偏隅一角的小城市的职业社会工作者又会是怎样的生活遭遇？社会工作是一个拿自己的美丽人生助人的职业，在助人的同时怎么也不会希望成为被人救助的一门职业。如果这样，那该职业对于广大民众是否还具有吸引力就值得怀疑，缺乏工作的动力和热情以及职业所强调的专业伦理价值是职业化过程中值得注意的问题。

（四）职业领域

美国是一个老龄化非常严重的国家，美国政策对老年人相对较为忽视。更重要的是，从大学开始，社会工作专业的学生就表现出不愿意从事老年社会工作的倾向,"做年轻人工作的时候,世界敞开着大门,人是往前看的。做老年人工作的视角就不同,人是往回看"。① 这一点与中国社会工作者职业化进程是一样的。中国是一个后发型的发展中国家,在经济还没有追上发达国家之前就进入了老龄化国家之列,老年社工人才尤其缺乏。与之形成对照的是,中美两国社会工作者都对儿童社会工作兴趣更为浓厚一些。

金斯伯格认为,"美国小地方的人们所面临的社会和经济问题与大城市的人们同样严重,甚至是有过之而无不及"。② 但是随着乡村人口的迁移,乡村面临着经济问题所带来的伤痛,乡村社会工作者也相对较少。尽管乡村社会工作者比起城市的社会工作者来讲有利因素较多,但是人们还是不愿意从事这份工作。美国是西方国家中农业人口较多的国家,中国是世界上农业人口最多的国家。中美两国在职业化过程中都较为重视城市社会工作职业化的推进,相对忽略乡村这块广袤的土地,实际上那里比城市更加需要社会工作者的介入,尤其是当前中国对乡村地区社会工作职业化的建设还处在一个摸索阶段。

两国新的社会服务行业正在挤占社会工作的传统领域,这些行业包括婚姻和家庭咨询、滥用药物咨询和康复咨询。一些比较成熟的行业如法律和工商管理也逐步侵入到社会工作领域,如儿童收养和社会服务管理。

(五)职业群体单一化

在西方,女性创造了社会工作并适应了社会工作。在美国,社会工作机构的重要管理位置被男性把持着,不管是私立机构还是公立机构,通过提供远远高于同年龄、同样教育与经验的妇女的行政管理职位与薪酬给男性,以吸引他们加入该领域而不去聘用比男性更出色的女性社会工作者。在美国社会工作教育上,20世纪60年代社会工作专业学生中有40%为男生,而目前大多数(大于80%)的员工是女性。社会工作面临一个重要的问题是如何成功发现、吸引更有能力的男性加入这个职业,以避免这个职业的过分女性化倾向。直到今天,美国的社会工作依然这样。有人认为男性在社会工作事

---

① 拉里·威廉姆·法利、拉里·L. 史密斯、斯科特·W. 博伊尔:《社会工作概论》,隋玉杰译,中国人民大学出版社,2005,第9页。
② 拉里·威廉姆·法利、拉里·L. 史密斯、斯科特·W. 博伊尔:《社会工作概论》,隋玉杰译,中国人民大学出版社,2005,第341页。

业上比女性潜质更大，因为多数女性在家庭与事业的选择上更倾向于家庭与儿童。很多行业都需要男性和女性性别搭配相当，男性不仅仅是机构的管理者，女性也不一定是社工机构的普通员工，男女两性应该在社会工作领域实现优势互补，这样才有助于社会工作的全面发展。

（六）职业群体的专业化

在美国，从业群体的专业化程度较高，建立了较为严格的职业区隔。1994年，美国劳动统计局统计的社会工作者人数是67万人，但统计没有区分有学位和没有学位的。一个突出的问题是非专业化趋势，这种趋势在公立机构中最明显，在其他机构中也存在。在公立机构中，许多以前需要社会服务专业资格才能胜任的职位现在不需要专业资格了，未经训练的人员充斥其中。这不仅导致社会工作服务标准的下降，而且引起了许多工作失误的问题。当然美国社会工作职业化水平依然在全世界排名中岿然不动。中国职业群体中的非专业化倾向和行政化倾向一直是难以解决的问题，这里不再赘述。

（七）两种职业机构发展趋势

20世纪80年代，里根政府决定减轻政府的负担，开始大量削减社会福利预算，并鼓励社会服务机构私有化，公共领域社会工作的范围和质量大幅缩小和降低，在该领域就业的社会工作者也大幅度减少，美国人民的需要满足率大大降低了。依赖于政府拨款的公立机构所受的影响最大，因此私营社会工作正日益成为行业内争论的焦点。在我国，公有的社会服务机构承载着大量的社会工作服务，但是随着国家—社会关系的进一步调整和国家管理重心的下移，加上由于受到体制制约，民间的社会服务机构也愈来愈多，社会工作者的就业渠道很大程度上依赖于民间服务机构。两者在民间机构发展态势这一点上较为相似。

二 中美社会工作职业化发展之异

（一）职业发展历史

美国社会工作从诞生到成为一个被接受的、正式的助人职业，经过了漫长的岁月。按照美国社会工作的职业化发展过程，可以粗线条地将其划分为三个阶段：从18世纪到1915年是社会工作由志愿服务转为职业化阶段；1915～1970年是社会工作专业化、职业化阶段；1970年后是社会工作职业综合化、多元化发展阶段。2000年后，由于各种专业过度拓展，社会工作专业与职业分工越来越细密化，不同专业、职业间的激烈竞争使得不同专业职业社会工作的本质、定位及其合作基础等问题再次被提出来，在争论中，社会工作职业的综合化、多元化倾向同时得到拓展。

中国社会工作产生与发展是时代的产物。中国社会转型即从传统社会向现代社会转变、从农业社会向工业社会转化、从计划经济体制向市场经济体制转化，在此过程中凸显的民生问题显示出社会工作越来越强的重要性。从1988年起，社会工作发展经历了恢复期、职业化初期即教育的出现与发展、政府在社会工作职业化历程中的实践探索、职业化的转折阶段、职业化的全国展开阶段。在职业发展历程中，总体而言，美国社会工作职业化是一种自下而上的推动方式，而中国更多的是采取自上而下的行为方式，这会较大程度上影响两国社会工作职业化的发展进程。

由此可见，美国的社会工作走过了上百年的历史，而中国却只有短短的几十年。美国社会工作的职业化成熟程度、专业化程度大大高于中国，是有历史原因的。

（二）职业教育

职业教育只是社会工作职业化的一部分，不是重点讨论的内容。美国社会工作教育是社会工作职业化到一定程度之后的必然要求，目的是提高服务和管理的质量。当前，美国社会工作教育已经得到了高度一致的认同，大多数学校有类似的课程、教学方法、实践要求和学习期限。本科教育的目的是培养普通社会工作者，学习的是内容广泛的基础课程；研究生则用半年至一年时间学习基础课程，用一年至一年半的时间学习高级专业实务课程，大多数研究生院提供的专业方向有临床实践、政策研究和社会工作行政。许多大学提供社工博士教育，普遍认为博士教育主要是培养学术人才的，因此博士毕业生大多从事教学、科研工作。

相比而言，我国社会工作职业化道路是教育先行，职业滞后，教育扮演着呐喊者的角色。我国社会工作教育基本是本科教育，部分专科教育和少量硕士研究生教育，博士研究生教育较为缺乏，相当一部分专业是挂靠到别的专业体系里；开办社会工作教育的学校在20世纪90年代后期迅猛增加。教育在职业化发展中起着较大的推动作用，并且取得了有目共睹的成就。当然，中国社会工作职业教育中需要完善之处已经有很多学者讨论过了，这里不再作为讨论重点。

（三）职业岗位设置

我国已经进入社会工作发展的关键时期，当前人们都非常关心机构的岗位开发、设置情况。美国就没有这样的困惑，美国社工界也很难理解中国有这样的提法，即便是在较大的机构里，社会工作者的数量也不是很多，美国的社会工作者在机构里主要通过和服务对象面谈，了解其需求，制订方案，实施和沟通交流，寻找社会资源和做大量的文书工作等。在现实工作中，社会工作者还是一个真正的倡导者、组织者、宣传者和推动者的角色。这也是专业化发展得较为完备的一个标志。

中国应该设置一个自上而下的社工管理机构。定岗定编向来是我国用人制度的基本原则，这样可以使工作人员的职能更加清晰，但是也带来了用人机构膨胀、经费增加等问题。我们在对美国的社会工作岗位进行考察时，发现他们没有定编定岗这样的说法，他们也很难理解这样的做法，认为社会工作者做好自己的事情就可以了，而且机构的社会工作者也不是很多，2~5名而已。在我国，除了机构适当的设岗或购买服务以外，实行内部的转化也是解决问题的一条重要途径。

（四）职业建设

1. 职业制度建设

（1）职业水平考试制度之异。

中国已经连续7年实行职业水平考试制度，这对于年轻、有知识文化素养的实务人士及社会工作专业的学生来说不是一个难题，但是对于有经验和职称职务而又年长的实务工作者确实有难度。在这7年考试中，工作突出但是考试屡屡败下阵来的大有人在，于是也有不少人质疑考试制度的合理性，也因此有人提出各种替代考试方案。但是当我们把专业的目光投向大洋彼岸的美国时，发现其强劲的专业优势背后也有同样的困惑、压力，但是每个州都采取自己的策略化解了。机构会给工作人员一定的时间来补充专业知识，获得考证的资格,在此之后便以强硬的专业姿态昂首步入专业化职业之列。

(2)从业人员证照制度之异。

医生只有通过考试才能开业,律师只有通过律考才有资格拿到执照。1961年,全美社会工作者协会开展了提高社会工作服务素质的运动,协会提出了从业资格制度的条款。[①] 当时美国申请人的条件是硕士学位且必须有两年以上的社会工作资格委员会认定的实践经验,这一方案得到了社会工作者的热烈响应。对于认证制度,每个国家采取的方式是不一样的,美国是典型的证照制度(licensing)的国家,同时也有注册登记,但并不是必需。[②]

2. 职业管理机构

在美国这样一个广袤的国家,社会工作为何形散而神不散呢?是政府在其中发挥了巨大的凝聚力作用吗?其实,这与社会工作的制度化建设、行业规范、各部门的协调与合作等因素相关。美国社会工作教育委员会、美国社会工作者协会、美国社会工作理事会联盟在其中发挥了重要作用,建立健全各地社会工作者协会,发挥其管理、服务、监督的功能,承接政府委托或转移的部分职能,并为社会工作者提供专业化服务。政府在其中的作用并不是很突出。

在中国,成立民政部社会工作司,总体负责推进全国的职业社会工作发展;明确民政部门作为职业社会工作的行政管理主体,进一步完善各地民政厅(局)推进社会工作职业化的职能,作为推进和协调各地社会工作具体行政行为的职能机构;在区县、街镇层面明确相应的职责,设置管理岗位。在社会工作初级发展阶段,这样设计也是基本可行的,但是我们要考虑到机构的膨胀所带来的负面效应,以及"小政府、大社会"的发展趋势。例如,浦东新区在学校、医院、社会卫生服务中心设立工作站,人员也主要由职业社工构成,采取政府与事业单位共同购买服务的方式。这样做有两个好处:一是避免了社会工作站的行政色彩过浓,保证了其运行的独立性、自主性以及采取"就近原则"与"分类原则"解决社会问题的高效性;二是适应了社会工作逐渐从政府部门剥离的长远趋势。因此在社会工作日益成熟和强大之时,我们可以淡化政府功能,借用专业组织和其他外援。

[①] 拉里·威廉姆·法利、拉里·L. 史密斯、斯科特·W·博伊尔:《社会工作概论》,隋玉杰译,中国人民大学出版社,2005。

[②] 英国、中国香港、加拿大采取的是注册(registration)的方式,澳大利亚采取的是授予证书(certification)的方式,而中国香港采取的是强制性注册。

三 美国社会工作职业化对中国社会工作的启示

（一）职业培训

美国社工界很注重培训与工作质量的提高。在美国，工作人员在进修、培训、参加一些会议时的竞争是较为激烈的，机会获得本身就是一种激励机制和对以前工作的考核评定。在我国社会工作职业化的初期阶段，加强对工作人员的培训是很有必要的。调查发现，我国机构工作人员的培训渠道非常有限，但是每个人都非常重视培训的机会，因此更重要的是如何拓宽培训的通道。首先，可以与国（境）内外高校、知名企业合作，力争建立若干海外社会工作人才培训基地。定期选送一部分优秀中青年社会工作人才赴海外培训基地进行中短期专业培训学习，有计划地定期组织一批领军标志性的优秀社会工作人才赴国（境）外培训、考察、研修和实践交流。其次，探索向国内和境外"借脑引智"开展继续教育的途径，组织邀请国外有一定影响和造诣的专家学者和具有丰富实践经验的专业社会工作人才来国内讲学、交流，传递新理念、新知识、新技术，并形成一种长效机制。

由谁来做培训？谁才有资格去做培训？我们知道，绝大多数学校走的是西方教材模式，擅长理论上的抽丝剥茧式的分析而缺乏对微观事物的把握，绝大多数教育者是缺乏实践背景的，这样的教师上课可能会出现老师讲得累，学生听不懂的局面，而社会工作课程很多是实务取向的，所以由谁来做授课教师关乎培训的效果。我们认为，对培训教育者采取学历和实务经验考核的方式是较好的一种途径，一味地看重学历背景尤其是海外的留学背景并不是一件有益于社会工作职业化的做法。

是依托地方的院校还是统一到指定的地方去培训，抑或采取其他方式？地方社会工作院校很多是近几年新开办的社会工作专业，师资力量较有限，因此依托地方院校并不是一件明智的事情，而到一些指定的地方培训可能会错过一些较好的培训机构和师资，同时也有垄断的嫌疑。到一些有丰富的经验、已经走到全国前列的培训机构去进行培训无疑是一种理智选择，但是优化师资、不断打造更好的师资队伍和淘汰不符合培训资格的师资，集中一批优秀的培训师才是一种长远的策略。

（二）职业转换

中国在社会工作发展的现阶段面临的一个主要任务是如何把现有的机构工作人员进行置换，这涉及制度遗产问题，也是一个极为敏感的问题。从美国的社会工作发展历程来看，社会工作教育的发展迫使那些机构的行政人员转而学习社会工作，取得相应的学位以提升自己的能力。这些人员并没有走特殊化的道路，因此美国的社会工作一开始就是以过硬的专业姿态呈现在人们面前的，在起点上它的专业化程度就比较高，后面的发展也就较为顺利。美国的社会工作发展历程告诉我们，要建立一个强势的和被社会认可的专业，应有一个严格的专业考证制度和明确的职业区隔。

（三）职业政策法规保障

1935年，罗斯福政府出台《社会安全法案》，关注美国人民的生老病死、医疗保健、育幼养老、残障照顾等重大问题，奠定了以后美国的社会保障制度体系。1962年，肯尼迪首次在国会上讨论公共福利问题，比尔·克林顿1996年签署的《个人责任和工作机会法案》宣告国家公共福利系统的彻底转变，到乔治·布什提出一个以信心为基础的社会服务行动，美国的社会福利政策经过了一次次的变迁、修改和完善，但是重视弱势群体、关注社会和人类的福祉却始终是永恒的主题。虽然美国不是如北欧一样的高福利国家，但是它的各项政策措施都是较为完备的，几乎惠及每一类弱势人群。有了政策上的支撑，美国在社会工作职业化过程中障碍大大减少，至少社会工作者付出的努力是人们基本可见的。

中国社会福利政策的健全、完善也应该逐步地跟进，为社会工作职业化扫清障碍。同时加强在社会福利服务社会工作领域的立法，填补社会工作在法律体系中的"空白"；出台新的有关社会工作者法案，为社会工作者深入地介入社区的建设与管理乃至公民的家庭生活提供法律依据，并且要规范社会工作者从事社会工作的义务和行为；制定社会工作制度规范，逐步将职业资格认证、注册、继续教育等政策上升到法律法规层面；同时也要向社会工作服务对象提供相应的保护权益。

（四）职业流动

在美国，每个州的考试要求略有不同，最后通过的分数线也略有差别，只要拿到了该州社会工作证照就可以在该州就业。在中国，我们能否借用这样的社工人才流动方式呢？根据社会工作者个人职业发展意愿和工作需要，疏通他们到机关、企事业单位的流动渠道，为社会工作者拓展职业发展空间。适当打破城乡、区域、部门、行业、身份、所有制的限制，制定相对统一的社会工作人事管理等规定以及专业水平、职业资质评定标准，促进社会工作者的合理流动。建设统一的社会工作人才信息库，促进社会工作人才的有效管理，使现有各类社工人才和劳动力市场实现联网贯通。探索建立包括社会工作人才在内的人才指数发布制度，定期向社会公布社会工作人才需求信息。

人们在认识上往往有一个误区，认为引入社会工作者就一定要设置社会工作岗位，增加编制和财力支持，这只是一个方面。引入人才机制问题可以通过不同的方式来解决，在目前情况下可以建立专职制、聘用制、派遣制、项目制、委托制等多种用人机制相结合的柔性用人机制，实行合同制管理。有能力的社会工作者完全可以同时在几个机构任职，在各个社会领域推行聘用制和岗位管理制度，逐步引入竞争机制，规范和完善按需设岗、竞聘上岗、以岗定酬、合同管理等管理环节，人员能进能出、职务能上能下、待遇能高能低，形成优秀人才能够脱颖而出的用人环境。对现在工作岗位上的工作人员，最好采用过渡办法，限期获得专业身份的置换，逐步淘汰社会工作岗位上不符合条件的从业人员。

（五）职业评估和督导

在美国社会工作职业化的初期，即 20 世纪初期之前，专业培训机会非常之少，社会工作学校还没有出现，学徒制（apprenticeship）是社会机构提供的最好形式并占有很重要的位置。社会工作学校出现后，学徒制逐渐减少，但在一些私人机构还存在着，其薪水很低，提升机会没有与专业训练联系在一起。1893 年，Anna L. Dawes 在芝加哥会议上宣读的论文指出，她很确信这种状况不是缺乏志愿男女，而是缺乏培训的机会。在她指出培训需要的 5 年后，第一所社会工作的学校出现了，直到接近 25 年以后，学校才足以为社会工作者提供大量的培训。

美国学徒制最大的影响是以后学生在实习时或者参加工作之初需要一个机构督导来进行管理，这就是社会工作督导制的缘起。尤其是那些通过了考试即将实现身份转变的工作人员，他们是不是就转变成了社会工作者？社会工作实践是以价值观和实务操作为取向的，前已述及，有些价值观是很难用考试来考评的，实践活动同样如此，因此建立专业社工督导制度就显得尤其重要。我们可采取聘用高级督导并实行定期与督导会谈的方法，或一定量的书面汇报、督导老师指导的方法来进行指导，也可吸收实务能力较强者担任督导，从而提升社会工作者的专业能力和实务能力。

（六）职业宣传

对于律师、医生行业，人们都耳熟能详，但是社会工作要获得社会大众的广泛认同即民间层面的认同还有较长的路要走。在我国，人们对社会工作的认识还比较肤浅，目前我们应该怎样让社会形成对社会工作的初步认识以建立一个良好的公众形象？以美国为例，美国全国社会工作者协会（NASW）曾委托克里斯班行销传播公司（CMC）开展一项全国范围的系列活动，尝试改变美国人泛化社会工作这一职业的方式。美国全国社会工作者协会高级传播助理赖妮·玛特斯卡莉认为，现在有许多人自封为"社会工作者"，但人们没有意识到的是，你必须到学校学习许多年，得到一个相应的学位才能成为一名正式的社会工作者，帮助人是一项比一般工作要求更高的职业。这项为期3年的活动，其目标受众包括普通民众、民间意见领袖，特别是制定社会政策的立法者。① 克里斯班行销传播公司的总裁瑞蒙德·克里斯班表示："这一职业为个体和社会整体上做出了令人惊喜的贡献，但我们的初步研究表明，人们并不知道一名社会工作者需要的培训和教育。"

我们是否可以采取这样的宣传方式以提高社会工作在大众中的形象和地位？除民间组织渐渐了解社会工作之外，社会工作者主要开展的是慈善、救

---

① 活动目标是通过提高人们对"成为一名社会工作者需要什么"的认识，增加社会工作者的职业价值，以及他们所获得的薪酬。活动认为：社会工作者的意义被低估了，他们的价值没有得到应有的欣赏，他们的薪酬也低于应得的水平。

助、残障、康复等工作，社会工作应通过开展各种具体活动，运用公共媒体（如公益广告）进行社工专题报道宣传，创办专业网站、举办社区论坛，使社会各方充分认识社会工作的重要性，以及专业社工在人民群众日常生活中具有的重要价值，逐步形成"政府高度重视社会工作、群众逐渐关注社会工作、社会不断塑造社会工作"的局面。

（七）职称评定制度

在建立制度之前，我们可以审视其他行业的职称评定。以高校教师为例，一般情况下（按研究生毕业计算），从助教到教授大约遵循的时间规律是3年—5年—5年，这其中不能有任何职称评定的延误，经过的年限是13年。诚然，高校是传授、创造知识的摇篮，它需要知识长期的积淀和升华，对人各方面的要求相对较高，这可能是一般行业所无法比拟的，但是它的职称系列给了教育者无限的遐想和长期不懈的追求的动力，它迫使教育者对自己的工作不断地充实和提高以期站在时代的前沿上，这是一个行业发展的巨大动力源。

探索建立以社工系列职称评审为基础的社会工作者专业技术职称评聘制度。把社会工作者纳入专业技术职务的评审范围，设立社工专业技术职称系列：助理社工师、社工师、高级社工师三个等级，将符合一定条件的社会工作者作为专业技术人才。在每一个级别里我们可以设置不同的等级，以助理社工师为例，可以设置低、中、高三种系列，其他的可以参照这个做法。此外由一个级别晋升为另一个级别时也需要时间的限制和相关部门的综合考察，而不仅仅只是考试。人在生活中需要不断提供工作上的成就动机和自我的目标设定，据此设定的职级或许有助于工作上的提升。但如果为了解决职称问题而设置职称，我们可能会犯一个较为低级的错误而导致职业形象受损。

（八）财政制度建设

在美国，在这些组织运行过程中资金问题是如何解决的呢？首先，民众对这些捐助活动较感兴趣，较为热心地参与其中。机构为了回报这些有爱心之人，会把当年捐助的人员名单印在精美的册子上或者机构的宣传栏上以让爱心传递或昭示。美国人乐于捐赠、热衷于做志愿者并不仅仅因为其经济繁荣、物质富裕，也不能简单地归因于善心、爱心、热情和同情心，而是有其深厚的文化背景和庞大的社会体系作支撑。一是政策体系和社会保障体系，美国政府在研究和制定政策时，鼓励商家和个人向公益事业捐赠，如重征遗产税、消费税，捐赠可以抵税等。二是制度导向，各级政府设有专门机构，每年有专项资金，对志愿者绩效进行评估，志愿者经历可以加学分，对于升学、就业、晋级都有利，杰出的志愿者将得到政府的表彰和奖励。三是工业文明和移民文化背景，工业发展和繁荣过程中形成的互助合作意识和团队精神，移民文化背景下生成的民间协会和社团组织为非营利组织及其活动打下了基础。四是宗教信仰的影响，每个教会会员向教会捐赠收入的10%，做志愿者满足了施爱于人的精神需求和参与社会实践的愿望。[1]

在中国，民众同样也有乐善好施的传统，企业可以通过捐助这些机构而获得税收上的减免和精神上的满足，这也是发展社会工作职业化的一条较好的路径，政府在其中投入有限的资金和加强管理，定期对组织进行检查和评估。

在我国财政投入不可能短期内大幅提高的情况下，吸引社会资金进入社会工作服务领域是一个行之有效的途径，同时，改革现行公益基金管理办法，降低国外基金设立公益基金的难度，缩短审批流程，并简化办理手续，扫除国外公益性基金进入的制度性障碍，改进财政拨付方式。各地财政拨付方式要从"人头预算"方式向"项目预算"方式转变。通过项目发包的方式，吸引更多的社会组织机构承接政府委托的社会管理和公共服务。

但是，建立一个成熟的社会工作行业，尤其是在初期阶段仍然离不开政府公共财政的大力支持。从上海的社会工作经验来看，财政投入的力度将会直接影响社会工作发展的进程，在许多西方国家和中国香港特区，推进社会工作职业化、专业化的资金主要来源于政府财政投入。

最后，当社会工作职业化进程已经到了一个较为成熟的时期，制度规章

---

[1] 以 the Healing Place 为例，政府（联邦、州和当地政府）资助占25%，个人捐助占25%，捐赠货物和提供服务占11%，特殊捐助占10%，慈善事业的基金占15%，公司捐助占10%，投资所得收入占3%，其他占3%。大的投资商和企业家会参与这些组织的投资，这些投资一般不会亏本，因为在投资之前已经有详细的评估并考察了组织的风险规避能力，投资一般只会盈利。

健全，以及人们抛弃了对职业的成见时，政府应该从一个强硬的角色转换成一个宏观调控的角色，让这些专业的社会工作组织来发挥作用。

四 中美社会工作职业化所共同面临的问题和挑战

未来中美社会工作可能还要面临一些共同性的问题：两国老龄化社会到来，但是为老年人提供服务的新的社会工作者并没有随之增加；为儿童和家庭服务的持有执照的社工供不应求；扩大的工作量以及减少的资源阻止了社工滞留；机构努力填补社会工作的空白；社会工作者所处的地理位置不平衡，导致了服务农村居住个人的不便；社会工作者将大部分时间花在为其直接客源提供服务上。两国社会工作者正在经历一个有效实践障碍的增加期，社会工作者的薪酬有很大的多变性。尤其值得警醒的是：对于相当一部分中美两国人民来说，他们都不甚明了一个社工究竟要做什么，因为他们并没有与社工的实质接触经历。

社会工作行业在美国拥有很长也很优良的传统，在中国更是有着悠久的传统。长期以来，两国社会工作者都集中表现出大义凛然和无私奉献的作风，他们为了社会更好地发展做出了积极的贡献。这样的优秀传统会一直延续下去，使两国社会工作在未来更上一层楼。

参考文献

何雪松：《社会工作理论》，上海人民出版社，2007。
库少雄：《社会工作实务》，社会科学文献出版社，2002。
拉里·威廉姆·法利、拉里·L. 史密斯、斯科特·W. 博伊尔：《社会工作概论》，隋玉杰译，中国人民大学出版社，2005。
民政部人事教育司编《国外及港台情况篇》，未正式出版。
王建军、甄炳亮：《香港社会工作专业化职业化考察报告》，民政部人事教育司编，未正式出版。
王思斌：《社会工作导论》，高等教育出版社，2004。
王思斌：《体制转变中的社会工作的职业化选择》，载王思斌主编《社会工作的专业化及本土化实践》，社会科学文献出版社，2006。
Lynne M. Healy, *International Social Work*, Oxford University Press, 2001.

The Comparative Study about the Occupation between China and America

Abstract At present social work, occupation has entered a substantive stage in China, the development of occupation has related to various levels of problems, it reaches orientation which is a practicing and continuously exploring problems in the end. In previous studies, scholars tend to the social work development of America occupation as a Chinese reference, but the lack of systematic research in China. This paper analysizes of both the similarities and differences, gets mainly common problems and challenges facing both China and American, as well as China gets the enlightenment occupation development by the comparison research method.

Keywords Chinese and American Social Work; Occupation; Comparative Study

社会工作者社会认同度分析

——以北京市某小区为例*

赵川芳**

【内容摘要】 在社会工作职业化、专业化的背景下,社会工作者的重要性日益凸显。本文通过问卷调查形式,从社会工作者的职业特点、角色定位、工作内容、发展前景方面了解居民对社会工作者的认同度现状,分析社会工作者社会认同方面存在的问题,并提出相关建议,以促进社会工作专业认同,提高社会工作者社会接纳和认可度。

【关键词】 社会工作者 社会认同度 社会工作

党的十六届六中全会第一次把"社工人才队伍建设"写进全会决定,提出"造就一支结构合理、素质优良的社会工作人才队伍,是构建社会主义和谐社会的迫切需要",十七大报告中再次强调要重视"社工人才队伍建设"。2008年6月,国家人事部、民政部举行首次全国性的社会工作师职业水平考试,意味着社会工作这一新职业得到了国家层面的正式确认。在国家大力推进社会工作人才队伍建设的背景下,社会工作在政策扶持、制度建设、机构培养、人才培养、专业实践等方面取得了重大发展。民政部从2006年起陆续出台《社会工作者职业水平评价暂行规定》《助理社会工作师、社会工作师职业水平考试实施办法》《关于印发社会工作者继续教育办

---

* 本文系北京社会管理职业学院2012年青年课题。
** 赵川芳,北京社会管理职业学院讲师,研究方向为儿童福利。

法的通知》《关于促进民办社会工作机构发展的通知》等相关政策文件，对社会工作者职业水平的评价标准和办法、扶持促进社会工作机构建设等方面进行了规定，同时开通"社会工作网"作为促进社会工作人才队伍建设的窗口和交流互动的平台，并成立民政部社会工作研究中心以推进社会工作政策、理论、实务研究及学术交流活动的开展。在地方上，作为中国首都的北京市专门成立了社会工作委员会协调指导本市社会工作人才队伍建设工作。2008~2010年，北京市共有29个单位（其中6个区、23个机构）参加了民政部组织的全国社会工作人才队伍建设试点工作，在社会工作政策制定、考试组织、岗位开发、培训宣传等方面，探索、创造了许多值得推广和借鉴的做法和模式。在国家和地方多措并举推进社会工作人才队伍建设的同时，作为社会工作者服务对象及服务直接受益者的社会公众，是否了解社会工作专业的重要性和价值性？他们对社会工作者这个职业身份是否认可？他们是否认可社会工作者在社会发展、和谐社会建设中发挥的重要作用？这是本文研究的出发点。

一 研究意义

社会工作秉承以人为本、服务社会的价值理念，以解危济困、扶贫救急、促进人和社会的协调发展等为服务宗旨，在促进和谐社会建设、维护社会稳定方面发挥着重要作用。同时，作为一门从西方引进的专业和实践，社会工作在本土化过程中产生了一些具有自身特色的特点，如由政府主导的"自上而下"的推进和普及方式，本土经验和西方社会工作实践在碰撞融合过程中产生的新的理念和视角等。在政府主导的推进模式下，社会工作成为进行社会管理创新，加强和谐社会建设的一个重要抓手和突破口，而作为社会工作服务终端的广大居民对社会工作者的认可及接纳，成为影响社会工作者实际功能发挥的重要因素。

作为社会工作者服务对象的居民，他们对社会工作者的接纳、认同是社会工作得以存在和发展的前提。只有人们认识到社会工作在促进个人发展、家庭和睦、社会和谐等方面的重要作用，社会工作者才有发挥其专业特长、进行社会工作实践的平台。本研究通过调查居民对社会工作者的认同度现状，发现社会工作者社会认同度方面存在的问题，并提出相关建议，以促进社会工作专业认同，提高社会工作者社会接纳和认可度，为社会工作者更好地服务居民、服务社会营造一个广阔的工作空间。

二 国内外相关文献研究进展

在国内社会工作相关文献研究中，从对社会工作的关注点来看，主要集中于社会工作实务推进、社会工作政策制度建设等方面的研究；从研究人群来看，主要关注公务员、医生、流动人口等人群的社会认同度研究；在已有社会工作社会认同度方面的研究中，主要关注社会工作专业学生或者社会工作从业者对自身所学的或者所从事的社会工作这个专业或职业的认同，而从社会服务对象，即广大居民的角度来研究社会工作者被社会认可、接纳的相关研究并不多见。查阅西方国家关于社会工作的相关研究，并未发现类似本课题的相关文献。从西方社会工作实践来看，社会工作是一门基于人们需要而产生、形成并发展成熟起来的专业设置，或者说，社会工作作为一种"自下而上"推进的专业服务，社会工作者早已被广大居民认可和接纳，这一点可以从西方社会工作者的职业地位之高、社会需求之广等方面窥得一斑。通过查阅相关文献，对本文理清、明晰研究思路、研究方法、研究重点等方面深有帮助。

三 研究设计

（一）研究方法

（1）文献法：本项研究将广泛收集国内外与社会工作、社会工作者、社会认同相关的文献资料，总结前人的研究，借鉴他人的观点。

（2）问卷调查法：本项研究采取偶遇抽样发放问卷，对社会工作者社会认同的问题进行深入了解，并采用SPSS社会统计软件对采集的调查数据进行分析。

（3）个案研究法：本项研究将有选择性地选取若干个有代表性的样本，对样本进行全面、深入的访谈，以使本项研究的资料更丰富、更翔实。

（二）核心概念界定

社会工作者：本文中，社会工作者（social worker）是指遵循助人自助、以人为本的价值理念，运用个案、小组、社区等专业社会工作方法，以帮助他人发挥自身潜能，协调社会关系，解决和预防社会问题，促进社会公正为职业的专业工作者。

社会认同度：认同度（level of identity）指认可的程度，从社会心理学来讲，认同度即指个体对某一事物、社会成员、社会群体、组织、理念等的认知、赞成和信任的程度。本文中，社会认同度特指居民对社会工作者的认同程度，包括公众对社会工作职业、社会角色、能力素质、作用发挥等的认同，同时也包括对于社会工作专业的认同。

（三）调查设计

（1）研究假设：在目前社会工作由政府主导的"自上而下"的推进和普及方式下，虽然社会工作已被人们逐渐熟知，社会工作者在服务居民、维护社会稳定、促进社会和谐方面发挥的作用逐步凸显，但是，受到社会工作普及方式、社会工作专业设置、社会工作者能力素质、社会工作服务效果等方面因素的影响，居民对社会工作者认同、接纳的程度普遍偏低。

（2）分析单位：社会工作者。

（3）研究总体：北京市某小区居民。

（4）调查对象：北京市某小区居民。

（5）研究内容：本研究具体包括社会工作者社会认同度现状分析、社会工作者社会认同度影响因素分析、提高社会工作者社会认同度的建议措施三方面内容。

（6）抽样方法：本文以北京市海淀区晋元庄为研究总体，采取简单随机抽样的方法抽取样本。

（7）资料收集工具：社会工作者社会认同度问卷、社会工作者社会认同度访谈提纲。

（8）资料分析工具：SPSS 统计软件。

(四) 逻辑思路

本文逻辑思路，如图 1 所示。

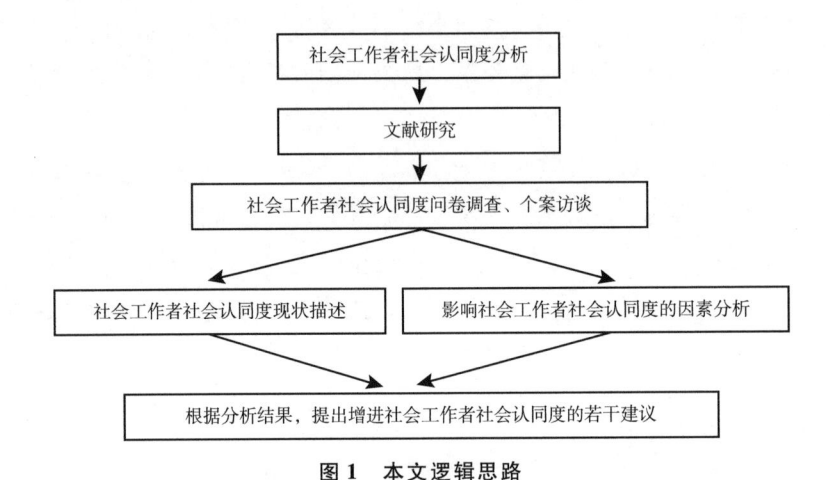

```
社会工作者社会认同度分析
         ↓
      文献研究
         ↓
社会工作者社会认同度问卷调查、个案访谈
         ↙              ↘
社会工作者社会认同度现状描述    影响社会工作者社会认同度的因素分析
         ↘              ↙
根据分析结果，提出增进社会工作者社会认同度的若干建议
```

图 1　本文逻辑思路

四　样本基本情况

本次调查采取简单随机抽样的方式，总计抽样 228 名，其中表示从未听说过"社会工作者"这一职业名词的样本为 120 名，占 53%，对这一部分样本，笔者认为对其进行问卷调查意义不大，因而未将他们纳入问卷调查对象。表示听说过"社会工作者"这一职业名词的样本为 108 名，占 47%，笔者问卷调查对象则为这 108 名样本。就样本筛选结果来看，超过一半以上的居民甚至未听说过"社会工作者"这一名词，这初步印证了笔者最初设定的研究假设："居民对社会工作者认同、接纳的程度普遍偏低"。

从 108 名问卷调查样本个体属性来看，涉及工人、学生、行政机关工作人员、企事业单位人员等多个行业人员，具有普遍性。从样本年龄分布情况来看，以中青年样本居多，其中，41.7% 的样本年龄为 18～30 岁，38.9% 的样本年龄为 31～45 岁；从样本性别分布情况来看，以女性样本偏多，占样本总数的 64.8%；从样本教育程度来看，大部分样本的教育程度为大专以上水平，其中，本科占 36.1%，本科以上为 24.1%；从样本收入情况来看，约有一半的样本收入处于中等水平，其中，44.4% 的样本月收入为 2501～4000 元，

15.7%的样本月收入为1000~2500元,16.1%的样本月收入为4001~6000元;从样本职业来看,超过一半的样本(57.4%)为事业单位和企业职工,其他样本依次为行政机关工作人员、自由职业者、退休人员等。

(一)居民对社会工作者认同现状分析

本文将从居民获知"社会工作者"的途径分析入手,从居民对社会工作者的了解度、职业角色认同度、职业前景乐观度、对社会工作者发挥作用的认同以及居民对社会工作专业认同几个方面综合分析居民对社会工作者的认同度。

从被调查者获知社会工作者的途径分析来看,43%的样本是通过电视、网络等新闻媒介知道社会工作者的,39%的样本是听别人说起过而知道社会工作者的,13%的样本是通过与社会工作者接触而了解社会工作者的,1%的样本是通过相关书籍了解到社会工作者的(参见图2)。从社会工作者被居民知晓的渠道分析来看,大部分居民仅仅是"听说过""新闻里宣传过""看电视偶尔看过其介绍"而知道有"社会工作者"这一职业名词存在,通过接受社工服务、主动求助社工而了解社会工作者的居民所占比例极小。

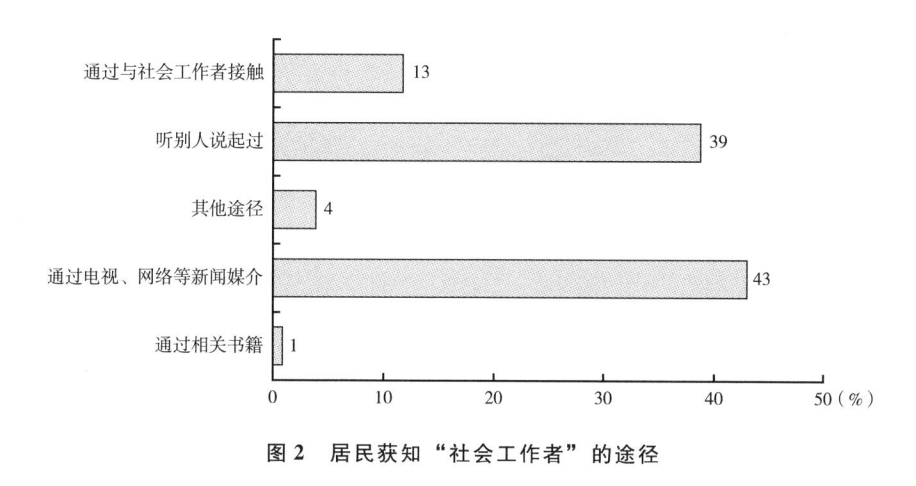

获知途径	百分比(%)
通过与社会工作者接触	13
听别人说起过	39
其他途径	4
通过电视、网络等新闻媒介	43
通过相关书籍	1

图2 居民获知"社会工作者"的途径

(二)居民对社会工作者的了解度

调查问卷显示,有50.0%的调查者听说过但不太了解社会工作者,48.1%的被调查者听说过并且比较了解社会工作者,1.9%的被调查者表示非常了解社会工作者(参见图3)。从结果分析来看,大多数被调查对象只

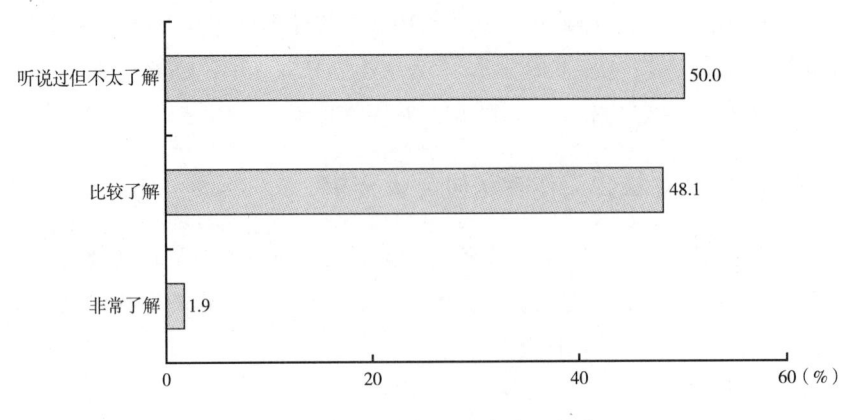

听说过但不太了解 50.0
比较了解 48.1
非常了解 1.9

图3 居民对社会工作者的了解度

局限于听说过社会工作者这一名称，至于社会工作者的工作性质、职业特色、服务领域等问题，被调查者普遍表示了解不深。

(三) 居民对社会工作者职业角色的认同度

由于社会工作者的职业特点，社会工作者在人们心目中并没有一个统一的职业角色定位。社会工作者是带薪或不带薪的？社会工作者是否就是志愿者？街道（社区）干部是否就是社会工作者？等等，这些问题都是被访者普遍关注的问题。目前学术界对社会工作者比较统一的定义是：遵循社会工作价值理念，运用专业社会工作方法，从事社会服务职业的人员，是具有一定专业知识并从事社会福利服务的人员。结合这个定义，本课题调查问卷在设计居民对社会工作者的角色定位认识时，设计了以下五个选项："街道（社区）干部""志愿者""非营利机构工作人员""运用专业方法助人，可任职于任何机构的工作者""其他"。志愿者和社会工作者在活动方式、专业能力、职业化等方面是有严格区分的，但是基于笔者调查和访谈的结果分析及此次调查的探索性目的，在选项设计中，将志愿者也纳入选项之一。

分析结果显示，35.2%的样本倾向于将社会工作者认同于志愿者，被访者认为："志愿者态度好、热心"，"找志愿者不需要花钱"。此外，18.5%的样本认为社会工作者就是街道（社区）干部，21.3%的样本认为社会工作者就是非营利机构工作人员。同时，21.3%的样本认为社会工作者是运用专业方法帮助人且可以任职于任何机构的工作者。另有 3.7% 的样本选择了"其他"（参见图 4）。综合被访者对于志愿者、街道（社区）干部和社会工作者的看法，被访者普遍认为志愿者具备一定的无私奉献、助人为乐的精神，且志愿者从事志愿工作并不是出于报酬多少、薪金有无的考虑，因而志愿者在助人活动中更加能全心全意地开展工作，他们的助人精神与社会工作价值观更为符合。街道（社区）干部或其他机构工作人员也许只是将社会工作者这一角色作为他们获取薪金报酬的一种职业，他们开展社会工作活动更多的是带有任务性、行政性、目的性等，缺少的是社会工作者所赖以发展的精神支柱：即包括诸如正义、平等、责任、诚信等更多涉及个人品质要求的专业价值理念。这一价值理念，在志愿者身上却更容易体现。

类别	百分比
街道（社区）干部	18.5
志愿者	35.2
非营利机构工作人员	21.3
运用专业方法助人，可任职于任何机构的工作者	21.3
其他	3.7

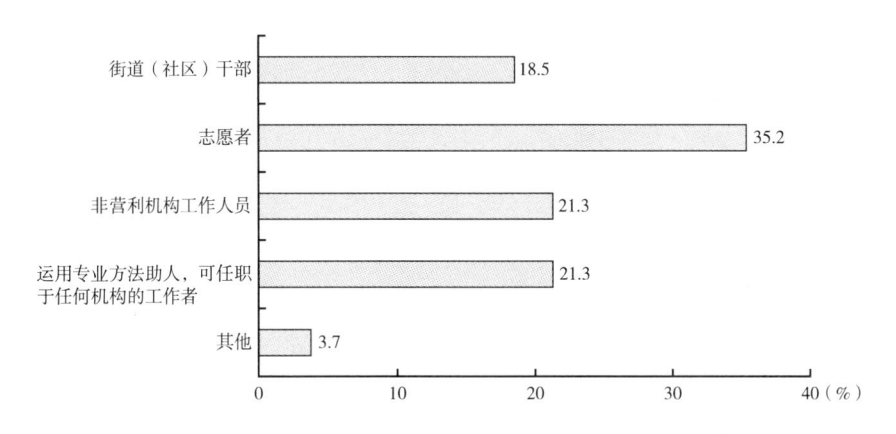

图 4　居民对社会工作者职业角色的认同度

从以上调查结果分析来看，被访者更倾向于将社会工作者认同为能够无偿地、志愿地提供各种帮助的人。"自己有困难，找亲戚朋友解决还信得过一些，若要请一个不认识的人来解决，还要花钱，谁也不会乐意，再说他能不能帮忙呢？""他可以是带薪的，但是不应该向服务对象收费。"同时，被访者也希望他们所认可和接纳的社会工作者应具备良好的道德品质和助人为乐的态度。"一个人若是自私狭隘，做事斤斤计较，即便他是出于工作需要去帮人，他个人品质也会体现到工作当中去，那实际工作中他的所作所为也许就会与社会工作者所秉承的价值理念和目标相背甚远了。""若是人好、态度好，大家都会乐意去找的。"

（四）居民求助意愿

由图5可知，就居民求助意愿而言，40.7%的被访者表示以后有困难可能会寻求社会工作者的帮助；47.2%的被访者表示不一定，视情况而定，"看什么事情了，好多事情找社会工作者能管用吗？"；仅有5.6%的被访者表示一定会寻求社会工作者帮助；另有6.5%的被访者表示不会，认为"自家有麻烦事，让外人插手会更麻烦""求人还不如求己呢"。

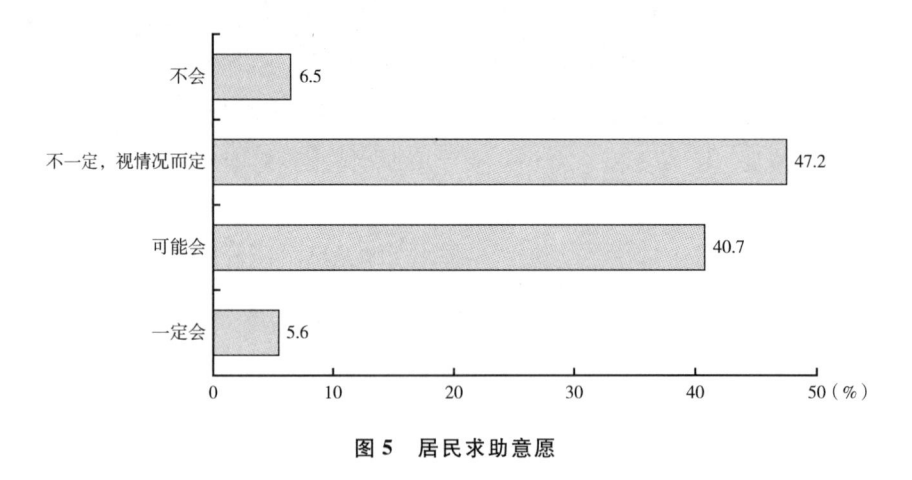

选项	百分比
不会	6.5
不一定，视情况而定	47.2
可能会	40.7
一定会	5.6

图5　居民求助意愿

（五）居民对社会工作者重要性的认同

在社会工作者对公众生活影响的调查中，有45%的被访者认为社会工作者对公众生活有影响，9%的被访者认为有很大影响，17%的被访者认为没有影响，还有29%的被访者表示并不知道社会工作者对公众生活有没有影响（参见图6）。

在调查中，有57%的被访者认为现在社会的发展是需要社会工作者发挥作用的，12%的被访者认为是非常需要的，27%的被访者表示不清楚，仅有4%的被访者认为现在社会的发展并不需要社会工作者（参见图7）。

从社会工作者对公众生活的影响程度和居民所认可的社会工作者对社会发展的重要性来看，大部分被调查者是认可社会工作者在居民生活和社会发展中的作用的。

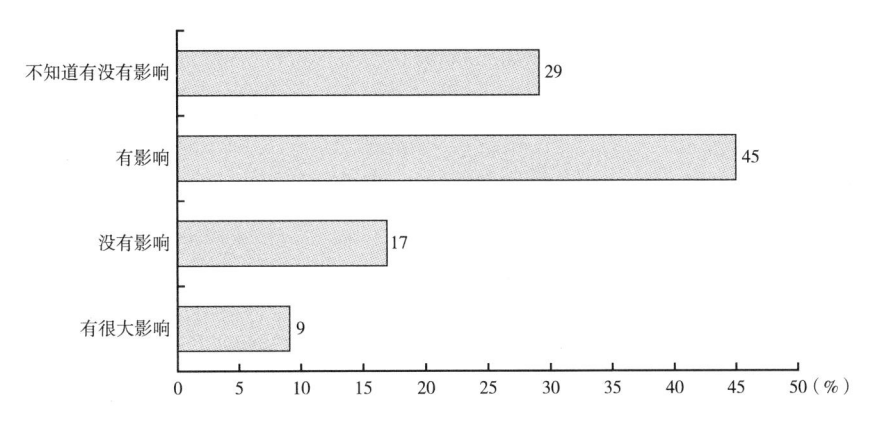

图6 居民对社会工作者对公众生活影响程度的认同

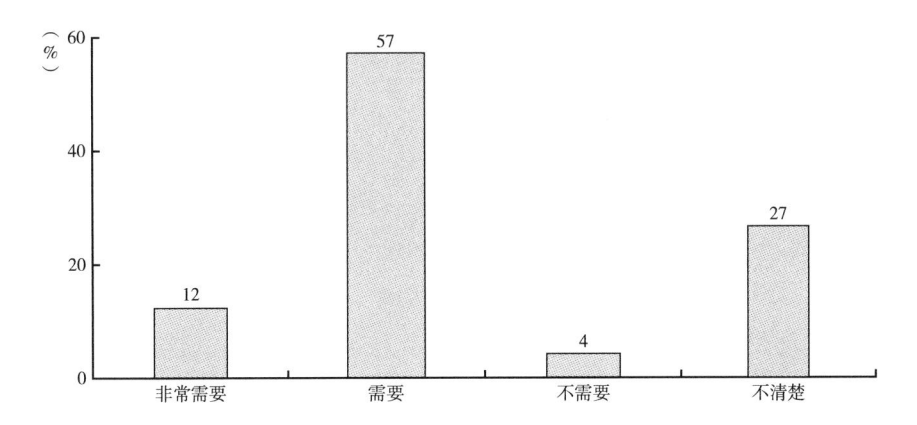

图7 居民对现在社会发展是否需要社会工作者的认同

（六）居民对社会工作者职业前景的乐观度

对于社会工作者的职业发展前景，超过一半的被访者表示不知道其发展前景会如何，这其实也从一个侧面反映出居民对社会工作者了解程度有限，有32.4%的被调查对象表示社会工作者职业发展前景会很好，"国家大力推，应该说他们发展空间很大，前景应该不错"。对于社会工作者职业前景的认同，被调查对象更多的是倾向于对从事社会工作者这一职业所附属的一些政策背景、户籍、福利待遇等的认同，几乎很少从社会工作者职业特点、专业特色、作用发挥等方面来认同其职业前景。另外，13.9%的被调查对象表示社会工作者的职业发展前景一般，2.8%的被调查对象表示发展前景不好（参见图8）。

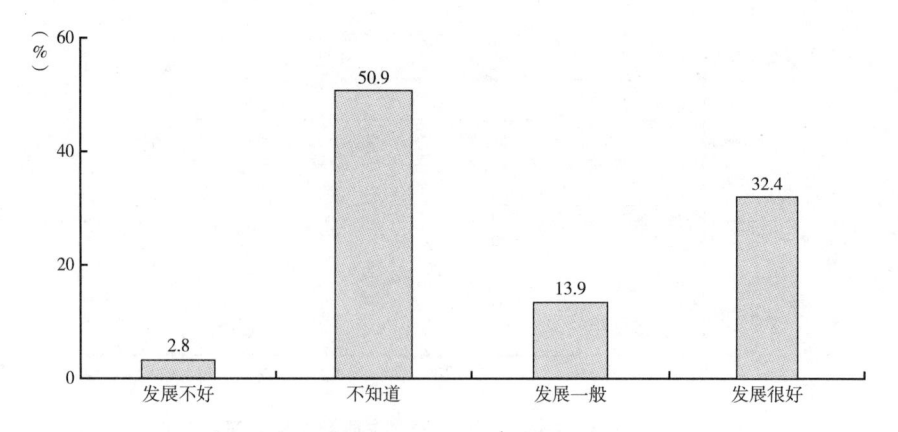

图8　居民对社会工作者职业前景的乐观度

（七）居民对社会工作专业的认同度

社会工作人才作为国家五类人才之一，各地在其就业、福利待遇、教育培训等方面出台了多种政策，以鼓励更多更优秀的人踏入社会工作这一行业。但是，在这样一个有足够政策空间和发展前景的社会工作专业发展环境中，人们对社会工作专业的认可、了解程度依然有限（参见图9）。谈及"如果您身边的亲戚朋友想报考社会工作专业，您支不支持？"时，有55.6%的居民表示不一定，要看情况而定，称"对这个专业不太了解，不好说"。7.4%的居民表示不支持，"国家现在是非常重视社会工作人才，

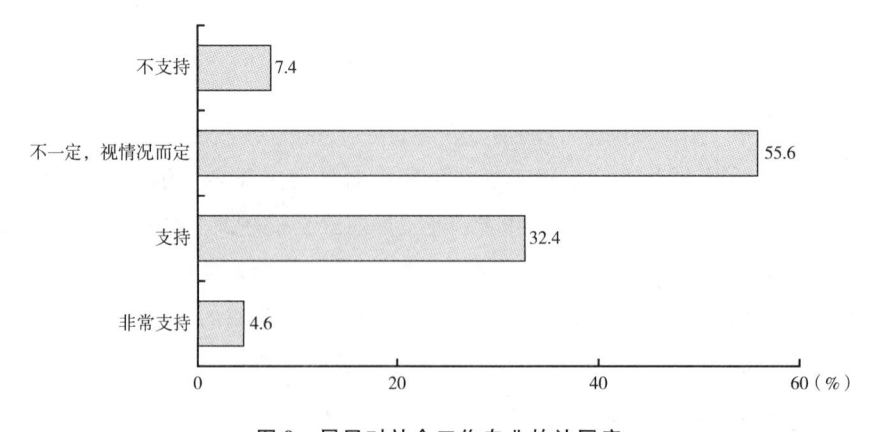

图9　居民对社会工作专业的认同度

但是随着社会工作人才趋于饱和，就业前景也不会太乐观"。32.4%的被调查对象表示会支持，"现在街道社区挺需要社会工作者的，每年都会招收很多，看来前景还是不错的"。

六　研究结论

从以上调查结果分析来看，居民对社会工作者的认同普遍还处于一个逐步了解和熟知的过程当中，认同度不高，对社会工作者职业特点、角色定位、工作内容、发展前景等方面还不是很了解。就社会工作者职业角色而言，超过1/3的居民倾向于将社会工作者等同于"志愿者"。就社会工作者专业性和职业修养而言，居民更看重社会工作者的个人品性修养，普遍希望社会工作者具备良好的品质和道德情操，同时希望社会工作者应当无偿提供服务给需要帮助的人。居民对于社会工作者对当前社会发展所起的作用具有一定的认可度。对于社会工作者职业前景的认同，被调查对象更多地倾向于对从事社会工作者这一职业所附属的一些政策背景、户籍、福利待遇等方面的认同，几乎很少涉及从社会工作者职业特点、专业特色、作用发挥等方面来认同其职业前景。

七　影响社会工作者社会认同度的因素分析

（一）和社会工作在中国的发展历程有关

19世纪末期，源于西方的社会工作才开始进入我国，社会工作教育和实务服务才逐渐展开。1952年，大学院系调整，社会学和社会工作被取消，直到1978年党的十一届三中全会后，社会学恢复重建，作为社会学分支的社会工作也得到了恢复的契机，专业社会工作教育逐步发展，社会工作制度建设以及实务服务也进入新的发展时期。社会工作在我国短短数十年发展历程，注定了社会工作者要为广大居民熟知并产生认同感需要一个过程。这个过程，是社会工作在中国不断发展成熟的过程，也是社会工作者专业化和职业化水平不断提高的一个过程。

(二) 和社会工作在中国的普及方式有关

社会工作是西方发达国家在工业化、现代化过程中，为解决失业、贫困、犯罪等社会行为，从最初宗教伦理倡导下的志愿性济贫救困活动逐渐发展成为运用专业方法帮助困难群体、满足其基本需求的职业化活动。西方社会工作的产生发展是一种先由民众参与推动发展，而后政府部门介入使之规范化，从而进入专业化、职业化发展轨道的过程。就中国而言，社会工作的普及发展主要依靠中央及地方政府部门的推动，走的是一种自上而下的、带有明显行政色彩的普及路线。在这个普及过程中，广大民众更多的是被动参与到社会工作相关活动当中，无论他们是作为社会工作服务提供者还是社会工作服务受益者，他们更多的是处于一种"被标签"状态，即自己这种所谓"社会工作者"或者"社会工作服务对象"角色是被别人认定或标签的，而这种角色定位也有可能并不是自己所认可的。

(三) 受传统文化观念影响

梁漱溟认为中国传统上是一个"伦理本位"的社会，费孝通则把"差序格局"作为中国传统社会结构的一个显著特征。由于"伦理本位""差序格局"仍在一定意义上存在，同时受"求人不如求己""家丑不可外扬"等传统文化的影响，好多居民在遇到问题和困难的时候，并不是十分信任外人的帮助，也不会积极地寻求外部资源帮助，往往希望通过家庭力量解决问题。他们不会积极主动地去找社会工作者来解决问题，除非社会工作者主动介入（当然在允许介入的情况下）且能够提供有效帮助，或许社会工作者才会得到他们一定程度上的接纳和认同。

(四) 和社会工作者职业特殊性有关

与其他职业，诸如医生、教师、警察等职业定位明确、工作对象特定的职业相比，社会工作者作为提供社会服务的人，其服务对象、工作方法会因其从业范围的不同而各异。对于不同年龄、不同性别、或者面临不同问题的服务对象，社会工作者扮演可能会是养老护理员、幼儿教师、妇女问题专家、心理康复师等多种角色，这一特点也使得服务对象对社会工作者的身份认同产生困惑。社会工作者职业角色的多样性和特殊性影响了居民对他们职业角色的统一定位。

(五) 受社会工作者及居民自身因素影响

社会工作者作为运用专业助人方法，遵循一定的专业价值理念，专门从事社会服务的人，其自身品行修养的好坏、业务素质的高低，以及其专业化和职业化水平等方面的因素都会影响到居民对其认同度的高低。同时，社会工作作为一门围绕着人展开工作的专业设置，人们对其熟知了解的过程其实就是社会工作者开展服务的一个过程。在这个过程中，社会工作者服务能力的高低、作用发挥的大小，以及在服务过程中社会工作价值理念渗透的深浅程度都会直接影响到居民对社会工作这门专业以及社会工作者的认可接纳。

同时，居民的社会人口特征（性别、年龄、文化程度、收入等）和社会资本因素（个人所接触的正式和非正式的社会关系网络，以及个人所拥有的社会身份等）也会影响其对社会工作者的认同度。

八 建议

(一) 探索出更加符合本土特色的社会工作推进策略

根据中国人一般重视家庭、亲情、邻里街坊关系的传统，可以探索出更加符合本土民族特色的社会工作普及途径或推进策略。例如，在综合国力日益增强的条件下，鼓励有一定工作能力的家庭成员或亲戚、邻居、街坊，在充分尊重个人选择的前提下，在经过必要的专业培训之后，从事社会工作职业，开展赡养老人、夫妇相助、邻里互助、社区互助等，就具有一定的可行性，由他们从事社会工作，更容易获得服务对象的信任与认同并取得更好的服务效益。①

(二) 更加注重加强社会工作者职业道德素质建设

就社会工作人才选拔机制而言，目前更侧重于对其专业文化知识的考核而忽略了对其道德品质的考察，而社会工作者职业道德素质的高低是其区别

---

① 李迎生：《我国社会工作职业化的推进策略分析》，《社会科学研究》2008年第5期。

于其他普通助人者的显著特点，这也是广大居民更为看重、更容易获得居民认同的一点。职业道德素质作为社会工作者内在的一种品性修养，更多地体现在社会工作者如何做人、如何做事的态度上。社会工作者既然投身于社会工作这一行业，其自身应积极内化社会工作职业价值观并体现于实际工作当中去，在社会工作者成长的外在环境，如社会工作者教育培训、福利待遇等政策环境建设方面，更应当侧重对社会工作者内在道德品质和职业价值观的提升、评定和考核。

（三）政府加强引导，不断提升社会工作者的社会地位

政府要加强引导，在政策上给予合理的扶持或倾斜，如制定社会工作者从业资格条例、出台各项推进社会工作发展的法律法规等，让社会大众了解并认识社工，进而在全社会营造一种尊敬社工的氛围，提高他们的社会地位和社会认可度，同时有利于社工归属感和职业认同感的培养，稳定社工人才队伍。

（四）社会工作者自身需加强专业建设，提升职业认同

新兴事物在发展的起步阶段，必然会遭遇种种障碍，举步维艰，社会工作者扮演"助人者"的角色，能够运用专业的社会工作方法来助人自助，因此社会工作者必须足够专业才能彰显自己工作的必要性。这就要求社会工作者自身要提升专业水平，不仅要学习专业的社工理论，而且要从工作实践、服务案例中总结工作技巧、方法，做到理论与实践的紧密结合。同时，更要注意社会工作本土化问题，不能完全照搬西方的工作模式，要因地制宜结合中国国情探索适合自己的专业化道路。另一方面，社会工作者不仅要认可这份职业，还应坚定自己的信念，保持自己工作的稳定性，而不是迫于社会与家庭的压力轻率地另谋出路。

（五）加强公民文化建设，营造社会工作社会合法性氛围

社会工作者能否在社会服务中充分发挥作用，在一定程度上取决于社会大众是否对其所提供的专业服务认可与支持。这就要求我们促进公民文化的建设，培育公民的主体意识、参与意识和志愿精神，使他们成为与政府和各方组织积极互动的能动角色。通过构建适应社会工作发展的社会文化环境，来提升社会工作者参与社会服务的社会合法性。

（六）加大对社工的宣传，提高社工的社会地位及社会认可度

要充分发挥媒介的宣传作用，多渠道、多方位宣传社会工作，让全社会了解社会工作者，重视社会工作者。通过举办社会工作知识竞赛、社会工作知识有奖问答、先进社会工作者报告会等形式多样的活动，推进社会工作的开展，以此来提高社会对社会工作者的认识，营造有利于社会工作发展的氛围。

参考文献

安秋玲：《社会工作者职业认同的影响因素》，《华东理工大学学报》（社会科学版）2010年第2期。
风笑天：《现代社会调查方法》，华中科技大学出版社，2009。
李迎生：《我国社会工作职业化的推进策略分析》，《社会科学研究》2008年第5期。
王思斌：《社会工作导论》，高等教育出版社，2004。
魏淑华：《教师职业认同与教师专业发展》，曲阜师范大学硕士学位论文，2005。
徐新年：《湖南省高校体育教师自我职业认同现状的调查与分析》，湖南师范大学硕士学位论文，2006。
张彦：《社会统计学》，高等教育出版社，2005。
张红兵、贾来喜、李路：《SPSS宝典》，电子工业出版社，2007。

The Analysis of the Social Workers' Local Identity Based on a Survey in one District of Beijing

Abstract Social workers' social identity means a lot for social work's professionalization and specialization. On the basis of questionnaire investigation, this paper has summarized some characteristics of social workers' social identity and analyzed some factors which affect social workers' social Identity. At the end of this paper, some will-be effective measures have been putted forward.

Keywords Social Worker; Social Identity; Social Work

职业化背景下的社会工作者职业能力研究

赵学慧　何振锋　周世强[*]

【内容摘要】 职业能力是对社会工作者的基本要求，是社会工作专业人才培养的主要目标和内容，在我国社会工作专业化、职业化快速发展的背景下，社会工作者职业能力研究不仅是社会工作专业教育的逻辑起点，也是社会工作职业发展的客观要求。本研究深入分析了社会工作者职业能力的内涵，梳理了社会工作者所需具备的职业能力，分析了职业能力的提升途径及专业教育中需重点培养的职业能力。

【关键词】 社会工作专业　职业能力

一　背景

在政府的大力推动下，我国社会工作专业化、职业化得到快速发展，特别是随着通过社会工作职业水平考试的社会工作者数量的增加，2011年11月，中央组织部、中央政法委、民政部等18个部委《关于加强社会工作专业人才队伍建设的意见》的出台，一些省、市政府购买社会工作服务的开展，社会工作岗位的不断增多，社会工作服务平台的不断拓宽，极大地推动

---

[*] 赵学慧，北京社会管理职业学院副教授，研究方向为社会工作、社会福利；何振锋，北京社会管理职业学院讲师，研究方向为社会工作、社会救助；周世强，北京社会管理职业学院讲师，研究方向为社会工作、社区建设。

了我国社会工作职业的发展并提高了社会对该职业的认知。社会工作职业的形成和发展的过程,不仅对社会工作者的专业性和职业能力的要求越来越高,同时也具有鲜明的阶段性特征。一方面,社会工作者的服务必须能够体现出社会工作专业性特征,用服务结果来证明专业与非专业的不同。另一方面,社会工作者还必须具有争取政府、社会等资源支持的能力,为专业社会工作的开展获得必需的资源支持和环境。

职业能力是社会工作专业人才从业的基本要求,也是衡量社会工作从业人员的基本标准之一,社会工作者需要具备怎样的职业能力才能满足职业需求,适应社会工作专业和职业的发展,不仅是社会工作实务领域探讨的重要课题,也是社会工作专业教育的逻辑起点。

二 研究的主要内容

(一) 基本概念界定

职业能力:从文献分析来看,有关职业能力概念虽然由于理论基础、研究角度等不同,有不同的分析、解释和界定,但一般而言,职业能力是人们从事某种职业的多种能力的综合。① 于永华从大学生职业能力培养的角度将职业能力界定为:"大学毕业生成功就业后,从事某一职业时,具体的工作职责要求所具有的分析、解读、掌握某种技巧和操作等方面的能力,是一种能够适应职业岗位需求变化的能力。"② 匡瑛从心理学的角度对职业能力内涵的发展进行了分析:"行为主义认为职业能力即职业技能,认知主义认为职业能力即职业知识,人本主义认为职业能力即职业潜能,建构主义认为职业能力即情境性的综合能力。这表明了职业能力的内涵逐渐从强调单一方面转变为强调多个方面的综合影响。"③

德国的职业教育学者认为,职业能力是指人们从事某种职业的多种能力的综合,是能够目标明确地根据已有的知识与经验,通过自己的思考,独立地解

---

① http://baike.baidu.com/view/2426239.htm.
② 于永华:《培养大学生职业能力的理论与实践探索》,《高校教育管理》2012年第1期。
③ 匡瑛:《究竟什么是职业能力——基于比较分析的角度》,《江苏高教》2010年第1期。

决问题,对获得的解决方案予以评价,并继续开发自己的行动能力。德国学者把职业能力划分为专业能力、方法能力和社会能力,如图1所示。专业能力是在专业知识和技能的基础上,有目的的、符合专业要求的、按照一定方法独立完成任务、解决问题和评价结果的热情和能力,如计算能力、编程能力、实际的技能和知识,这部分能力是通过专业教育获得的。方法能力是个人对在家庭、职业和公共生活中的发展机遇、要求和限制做出解释、思考和评判并开发自己的智力、设计发展道路的能力和愿望。它特指独立学习、获取新知识的能力,如决策能力、自学能力。社会能力是处理社会关系、理解奉献与矛盾、与他人负责任地最佳相处和社会责任心等。方法能力和社会能力具有职业普遍性,不是某种职业所特有的能力,它们能在不同职业之间广泛迁移。[1]

图 1　职业能力的结构

从上述对职业能力概念的分析和理解来看,职业能力是一种与职业以及职业发展相关的综合能力。不仅包含专业能力,还包含与职业需求相关的多方面能力。所以本研究以职业能力综合性的视角,并以专业能力、方法能力、社会能力作为职业能力的分类基础。

社会工作者:有关社会工作者的概念,不同的学者有不同的理解和界定,本研究中所指的社会工作者是指在社会工作岗位上工作的从业人员。

社会工作者职业能力:指在社会工作岗位工作的从业人员所需要具备的多种能力的综合。

社会工作专业学生职业能力:指将来从事社会工作职业的社会工作专业学生,在教育培养的过程中所形成的以适应社会工作职业需要的各种能力的综合。

---

[1] 严中华:《职业教育课程开发与实施》,清华大学出版社,2009,第77页。

(二) 研究的主要问题

具体来说要研究的问题如下。

(1) 社会工作职业能力的类型和内涵是什么?
(2) 现阶段社会工作者需要具备的核心能力有哪些?
(3) 社会工作职业能力的获得渠道有哪些?
(4) 社会工作专业学生需要具备的能力有哪些?

三 文献研究述评

(一) 关于社会工作者职业化的研究

关于社会工作职业化发展的研究较多,不同的学者从不同的角度对社会工作职业化进行了阐述,林卡、金菊爱以福来可斯纳所提出的六条标准为出发点对社会工作的职业化进行阐释和扩展,将社会工作职业化之基础概括为三大基本要素,即知识背景,确定的专业目标和活动领域,以及专业的自主性。① 张昱从制度建设的角度认为,社会工作职业化是对社会工作职业的确定及认同过程,是社会工作职责确定、职业定位、岗位设置、职业资格认定、组织制度、工作激励、职业评价、职业声望等一系列要素构成的体系,这一体系中任一要素的确立都必须通过制度的形式予以规定和规范。②

史柏年设计"巩固外围、突破内线、典型示范、由点及面"策略。③ 通过良好的政策环境,帮助体制外机构增加对社工专业的认同和接纳,设立社会工作职业岗位,并借助政府执政理念转变和福利服务体制转型,将社会工作职业制度由体制外推进到体制内机构中,再用社工机构、社会工作者和社会工作教育者的成绩凸显社工专业的科学性和不可替代性,从每一个项目、机构、领域做起,直至社会工作被广大社会成员所认知和接受。

---

① 林卡、金菊爱:《对社会工作职业化问题的理论探讨》,《浙江树人大学学报》第3卷第2期,2003年3月。
② 张昱:《社会工作职业化的困惑及其发展前景》,《社会观察》2008年第7期。
③ 史柏年:《体制因素与专业认同——兼谈社会工作职业化策略》,《华东理工大学学报》(社会科学版)2006年第4期。

社会工作职业化的基础以及如何推动社会工作职业化发展是社会工作职业化主要探讨和研究的内容，深入分析不难发现，无论是社会工作职业的基础要素还是发展要素，都应以社会工作者的职业能力作为其核心。

（二）关于社会工作者职业能力的研究

1. 美国对社会工作者职业能力的要求

2008年，美国社会工作教育委员会颁布的"教育政策与认证标准"中列出了社会工作者需要具备的十项核心能力。

核心能力一：对作为一个专业的社会工作者身份的认同，并据此来调整自己的行为。

社会工作者应该做到以下几点：提倡为服务对象提供社会工作专业服务，进行个人反思与自我调整以确保个人在专业方面的可持续的进步，致力于专业角色，举止言谈中表现专业的素养，在职业生涯中保持不断学习，善于利用督导和咨询。

核心能力二：用社会工作伦理守则指导社会工作专业实践。

社会工作者应做到：用职业的价值观来指导实践行为；根据美国社会工作者协会的职业伦理守则做出符合伦理要求的决定，同时要符合国际社会工作者联盟及国际社会工作学校伦理协会关于伦理守则的要求；在解决伦理冲突过程中要持有包容的态度；在做出原则性决定时要应用伦理分析的方法。

核心能力三：运用批判性的思维进行专业判断。

社会工作者应该能够：识别、评价及整合多元化的知识，包括通过研究和实践获得的知识；分析预估、预防、介入、评估等模型；在与个人、家庭、小组、组织、社区以及同事一起工作的过程中，能有效地进行口头和书面的沟通。

核心能力四：参加多样化和差异化的社会工作实践。

社会工作者能够认识到：个人的生活经历是存在差异的，有些人的生活经历中可能存在压迫、贫困、边缘化和异化，而有些人的生活经历则可能有权利、权力和荣誉。

核心能力五：促进人权及社会和经济的公平与正义。

社会工作者应该做到：了解压迫和歧视的各种表现形式及机制，倡导保障人权及促进社会和经济的公平，参加各种倡导社会和经济公平的实践活动。

核心能力六：参加建立在理论研究基础之上的实践并在实践中推动理论的进一步发展。

社会工作者应该做到：运用实践经验来推进科学研究，运用研究成果指导实践。

核心能力七：合理运用人类行为与社会环境的知识。

社会工作者应该做到：利用概念化的框架去指导预估、介入和评估的过程，批判性地运用所学知识去理解人与环境。

核心能力八：参与政策实践以提升社会和经济福祉并提供有效的社会工作服务。

社会工作者应该做到：分析、制定并倡导政策，以增进社会福祉；同工之间以及社会工作者与服务对象之间进行合作以促进有效的政策行动。

核心能力九：对实践环境做出回应。

社会工作者应该做到：持续不断地去发现、评估并且参与到正在发生变化的地区、人群、科技发展以及新兴的社会趋势之中以提供相关服务；提供多样化、可持续的服务方式以促进服务质量的提升。

核心能力十：与个人、家庭、团体、组织和社区服务对象签订协议、预估、介入及评估。

专业的实践包括协议的签订、预估、介入和评估等动态的和互动的过程。社会工作者具备与个人、家庭、团体、组织和社区进行实践的知识和能力。实践知识包括：制定、分析并实施有依据的介入方法以实现服务对象的目标；应用先进的理论和技术；评估项目的成果和实施效果；发展、分析、倡导政策与服务，并在其实施过程中提供指导；促进社会和经济公正。

通过以上的介绍与分析不难看出，美国社会工作十分重视对学生核心职业能力的培养，美国社会工作教育委员会要求社会工作专业课程设计要以能力为本。上述十项能力主要体现了本文所研究的社会工作专业职业能力中的专业能力，而且是专业能力中的核心能力。主要包括专业社会工作者必须具备的专业价值观及专业伦理的持守能力、反思能力、研究能力、政策转化和政策影响的能力。

2. 国内社会工作职业能力的研究

从现有文献分析来看，关于社会工作职业能力的研究主要有两类，一类是在对社会工作职业化、专业化研究的过程中,从社会工作者的角度出发,提出了社会工作者需要具备的条件和要求;另一类是从职业能力的角度出发,专门研究社会工作领域的职业能力。

(1) 社会工作者的条件和要求。

社会工作职业化一般是指在满足人类特定需要基础上的社会工作活动被社会认定为是一种专门的职业领域并获得专业化发展的过程。[①] 专业体现既是社会工作职业的基本要求,也是职业获得认同和发展的基本保障。从现有研究和实践来看,社会工作者需具备以下几方面的要求。

第一,专业标准说。福来可斯纳提出了六条专业标准:①社会工作要求个人具有责任心并进行理性的活动;②社会工作立足于其相应的科学知识和学识;③它运用这些知识于相应的实践领域,服务于实际的和确定的目的;④它拥有通过教育所获得的专业交流的手段(如学术团体);⑤它具有自主性;⑥它含有利他的动机,可满足社会需要。

第二,我国职业能力说。我国社会工作的发展是在借鉴国际经验的基础上发展起来的,虽然对专业社会工作者的概念和内涵还不像英美国家或国际通则那样界定的详细和明确,但在《社会工作者职业水平评价暂行规定》中已经规定了社会工作者需具备的职业能力。助理社会工作师应具备以下职业能力:①熟悉与社会工作业务相关的法律、法规、政策和行业管理规定,掌握基本的社会工作专业知识;②能够与各类服务对象建立专业服务关系,对服务对象的问题做出预估,制订服务计划和服务协议,独立接案、结案并提供跟进服务;③能够根据服务计划,运用专业方法和技术协助服务对象解决问题。社会工作师应具备以下职业能力:①能够熟练运用社会工作业务相关的法律、法规、政策和行业管理规定,具备较丰富的社会工作专业经验;②能够综合运用各种社会工作方法,为服务对象提供专业服务,处理各类复杂问题,并对所提供的专业服务质量与效果进行评估;③能够指导助理社会工作师开展专业工作,帮助其提高专业工作水平和能力;④能够制订科学合理的工作方案和发展规划,整合、运用相关社会服务资源,拓展服务领域,保证服务质量。

从以上国际和国内的研究和实践来看,社会工作作为一个职业,要突出体现它的专业性,专业素质和能力是社会工作者必备的基本条件,具体来

---

① 尹保华:《社会工作职业化概念解读》,《社会工作 下半月》(理论)2008年第4期。

说，社会工作者必须具备以下几方面的条件：①专业知识和技能；②较强的实务操作能力；③专业的价值观和职业操守；④具有职业认同感，并以社会工作作为职业生涯。

（2）关于职业能力研究。

关于社会工作职业能力，不同学者的研究出发点不同，也分别有不同的论述。有的学者是从实务工作的角度出发分析了社会工作者需要具备的职业能力；有的学者是从教育的角度出发分析了社会工作者应该具备的职业能力。张茜认为社会工作素质研究将为社会工作者招募、培训和晋升、淘汰提供依据，并在此基础上提出社会工作者胜任素质包括以下维度。第一维度，政治素质。素质要项指：热爱祖国、热爱中国共产党、有理想信念、坚持社会主义，热爱人民群众，坚持理论学习，遵守国家法律法规。第二维度，个人特质。素质要项指：全局观念；公平正义，自信心，前瞻性思维，责任心，抗压能力，适应性环境。第三维度，业务能力。业务能力包括三个方面。一是理论知识。素质要项指：社会工作综合能力，社会工作实务。二是认知意识。素质要项指：公共服务意识，社会工作职业操守，组织认同，案主认同。三是实践工作。素质要项指：调查研究，分析判断，表达能力（书面/口头），应变能力，适应能力，组织协调、团队合作、人际关系，持续学习，创新能力。[①]

社会工作从本质上说是实践的，实务性是社会工作的基本属性。[②] 社会工作强调在助人服务过程中各项能力的发挥，张跃豪、张连民、王晓琳认为合格的社会工作者应该具备九项能力：发展规划能力、问题评估能力、资源整合能力、专业角色扮演能力、过程控制与引导能力、同理与沟通能力、处理突发事件能力、自我调节学习的能力、专业方法运用能力。这种能力的分类是以实务工作开展内容为基础的。[③]

社会工作作为一个职业，其区别于其他社会分工具有自身独特的方式和专业特征，职业能力是职业特征的具体体现。苏敏、王春将社会工作职业能

[①] 刘茜：《我国社会工作者胜任素质模型研究》，《山西高等学校社会科学学报》2011年第6期。

[②] 王思斌：《社会工作导论》，高等教育出版社，2004，第13页。

[③] 张跃豪、张连民、王晓琳：《初议社会工作者的能力建设》，《长春教育学院学报》2011年第9期。

力分为核心能力和特殊能力两类。[①] 核心能力分为方法能力和社会能力，包括自我学习能力、信息处理能力、数字应用能力、独立思考能力、与人交流能力、外语应用能力、与人合作能力、解决问题能力、创新革新能力。特殊能力包括专业价值观与伦理的坚守力、社会调查能力、感悟力、组织管理能力、角色适应能力、反思能力、公共能力。

培养专业的社会工作者是社会工作专业教育的主要目标和方向，从实务工作者培养及社会工作专业属性出发，周绍斌认为社会工作专业学生应具备的职业能力包括职业一般能力、职业核心能力和职业迁移能力。[②] 职业一般能力是社会工作者应具备的基础能力，这种基础能力是奠基和生长于一定的基本素质之上的社会工作者的基本素质，主要包括政治素质、道德素质、文化素质、心理素质等；职业核心能力包括社会调研能力、社会工作实务能力、文化能力、沟通协调能力、计算机操作和外语使用等技能和基层事务的组织与管理能力；职业迁移能力主要指对职业变化的适应能力，主要指社会工作专业学生应具有相当的洞察力、创新能力和持续学习的能力。

从以上研究和分析可以看出，由于研究角度不同，对于社会工作职业能力的分析和论述有所不同，但也存在如下共同的特点。第一，职业能力的内涵丰富而复杂。职业能力涉及的要素较多，包括知识维度、技能维度、态度维度、情境维度等。第二，职业能力包含专业能力和通用能力。职业能力不仅仅局限于专业知识和态度在实践中的运用，其既包含了具有排他性的专业能力，也包含了具有职业共通性的基础能力。

四 研究方法

本研究是一个探索性研究，我国还处于社会工作职业化进程中，社会工作岗位还在不断增加和探索，所以本研究很难用定量的方法来证实和验证原有的假设，本研究拟采用质性研究方法。质性研究基于与实证主义定量研究

[①] 苏敏、王春：《高职院校社会工作专业学生职业能力培养浅谈》，《当代职业教育》2012年第1期。
[②] 周绍斌：《职业能力取向：地方高校社会工作专业人才培养模式探讨》，《社会工作》2012年第3期。

不同的理论基础之上,与定量研究相比较,定性研究强调对事物的"质"得到一个比较全面的解释性理解。

本研究从社会工作岗位出发,分别从组织领导、社会工作岗位从业人员等层面,探索他们对社会工作职业能力的理解和认识,胜任岗位需要具备哪些能力?职业能力可以通过哪些渠道获得?他们期待新入职的社会工作者具有的能力是什么?对于社会工作职业能力的理解可能会受到对社会工作的认识、工作经历、工作经验、职业期望等多种因素的影响。

具体的研究方法是文献研究法和实地研究法。

1. 文献研究法

通过查阅和收集国内外文献资料,包括论文、著作、文件及电子文献资料,选择和梳理出与本研究有关的政策、制度文件及研究成果。

2. 实地研究法

本研究拟到有社会工作岗位的组织中,通过亲身体验、直接了解和倾听不同研究对象对社会工作职业能力的理解和认识,挖掘出话语背后的隐喻和抽丝剥茧之后的问题本质,最后在收集原始资料的基础上梳理出社会工作职业能力的内容。

3. 研究范围

本研究将选择目前我国社会工作发展比较成熟的领域,有社会工作岗位的组织,以组织领导、社会岗位从业人员作为访谈对象。这样的选择是因为社会工作发展比较成熟的领域,有岗位设置的组织,通过社会工作的开展,对于社会工作职业能力形成了一定认识和理解,有助于从实践工作中提升出基于实践需要的职业能力。

五 研究发现

(一)社会工作职业能力的类型和内涵

1. 专业能力

专业能力是在专业知识和技能的基础上,有目的的、符合专业要求的、按照一定方法独立完成任务、解决问题和评价结果的能力,如实际的技能和知识,这部分能力是通过专业教育获得的。

(1) 持守专业信念、伦理和价值观的能力。

社会工作价值是指对社会工作者在专业实践活动中所表现出来的价值倾向的要求和规范。社会工作者有责任秉承专业价值观、专业理念，持守专业伦理，认同社会工作者专业身份，并以此约束自己的行为。

(2) 实务能力。

实践性是社会工作最基本也是最重要的一个特性，这就要求社会工作者需要具备较强的实务能力。具体来说，包括以下四个层面。

第一，社会工作者要具有为不同服务对象、服务领域开展服务的能力。社会工作者面对的服务对象包括儿童、青少年、妇女、老年人、残疾人、贫困者等；社会工作者在特定机构中开展社会服务，如在学校开展学校社会工作，在医院和社区卫生机构开展医疗社会工作，在监狱和社区开展矫正社会工作，依托社区或非营利机构开展家庭社会工作，在企业开展企业社会工作等。社会工作者应具备与个人、家庭、团体、组织和社区进行实践的知识和能力。

第二，社会工作的专业实践包括协议的签订、预估、介入和评估等动态和互动过程。社会工作者应熟练运用个案、小组、社区、社会工作行政等专业方法，协助服务对象解决问题，克服困难，挖掘潜能，恢复和发展社会功能。

第三，能运用所学的人类行为与社会环境知识。社会工作者熟识生命过程中不同阶段的人类行为特点，以及人们面对的各种社会环境及其产生的影响。社会工作者应该能够将所学的人类行为与社会环境知识运用到社会工作实践过程之中，批判性地运用所学知识来看待和理解人与社会环境。

第四，参加多样化和差异化的社会工作实践。由于服务对象具有不同特点，存在差异性，因此，社会工作实践具有多样化和差异化的特点。社会工作者需要了解服务对象的特征，了解个人的文化结构和价值观念、生活经历对一个人在不同程度上产生的影响，具备从事多样化和差异化社会工作实际的能力。

(3) 反思能力。

反思是深入了解并改善自身的一种方法，它能使我们从不同的角度去看待问题，帮助我们了解自己的问题所在。反思能力是社会工作职业特别强调的一种能力，是指社会工作者对自我的价值观、伦理观、行为、态度、专业知识、技巧运用、服务情况、专业发展的认知、对比、调整的能力。社会工作者应当是一个善于反思的人，能对实践中遇到的处境、问题、处理方法等做出较为深刻的反思，并能够在反思中不断学习、不断进步。

（4）调查研究能力。

调查研究是人们在社会实践中对客观实际情况的调查了解和分析研究，调查研究能力是社会工作者需要具备的一项基本的专业能力。社会工作者需要通过问卷法、访谈法、观察法或是文献分析等调查研究方法来了解和掌握服务对象的基本情况及存在的问题，进而为解决问题打下坚实的基础。

（5）理论运用能力。

社会工作强调社会工作者在助人的过程中除了要掌握一定的理论和方法外，主要是要灵活地运用这些知识、方法和技巧，以使社会工作者与受助者有效互动，最终实现助人的目的。社会工作具有经验性、不定模式化和实践性的特征。也就是说，社会工作是社会工作者的价值观、方法、技巧、经历、学识、个性、能力等因素相互作用所构成的聚合状态，是社会工作者与受助人之间的互动过程。这种状态和过程会因时、因地、因人而异，并没有统一的模式。[①] 所以，社会工作者必须具备理论运用能力，能够在助人的过程中根据个人、环境和行为等方面的因素，灵活运用理论知识，使理论知识转化为实践活动，并在助人的过程中，提升实践能力。

（6）政策实践能力。

政策实践是指社会工作者在社会政策过程中扮演的实施者与倡导者的角色。

实施者：社会工作者能够把社会政策或具体的社会服务与服务对象进行连接，为服务对象提供具体的服务。

倡导者：社会工作者应反映服务对象的利益诉求，倡导决策者做出有利于服务对象的决定。社会工作者要掌握服务对象的多元化需求，熟悉服务对象的生活状况以及政策对于服务对象的影响，成为连接社会政策与服务对象的桥梁和纽带。

（7）专业沟通能力。

沟通能力包含表达能力、争辩能力、倾听能力和设计能力。社会工作专

---

① 赵学慧：《社会工作性质反思及其发展脉络分析》，《社科纵横》2010年第9期。

业的沟通能力是指社会工作者与他人，特别是与服务对象进行信息传递的能力。这要求社会工作者在对个人、小组、组织和社区等服务对象提供服务的时候，能够展现出良好的语言表达和书写能力以及能应用电子化的方式与服务对象进行沟通。

（8）资源协调与整合能力。

对资源进行协调与整合是社会工作专业的一项重要专业能力。社会工作专业服务需要的资源包括物质和人力资源等。当一个服务目标确定之后，社会工作者就要围绕既定目标来协调和整合必要的资源。社会工作者为了能更好地为服务对象提供服务，常常需要联络其他社会工作者、福利服务机构、政府部门和广大社会，向他们协调或争取服务对象所需要的资源，并将资源传递给服务对象。社会工作者还应整合、应用相关社会服务资源，拓展服务领域，进而更好地为服务对象提供服务。

（9）文化能力。

文化是人们在生活实践中创造和习得的价值观念、行为规则、生活习惯和生活方式等。在社会工作实践中，由于不同的服务对象具有不同的文化背景，要为他们提供服务，就要去了解他们、理解他们，要真正地理解他们的行为，就必须了解他们为什么这样做，他们怎样看待问题。这就要求社会工作者在提供具体服务之前，对所服务的群体文化或是地域文化有着一定的了解和掌握，只有这样才能很好地理解服务对象。所以，社会工作者要有较强的文化能力，对不同群体的文化有较强的敏感性。

2. 方法能力

方法能力是职业者的基本发展能力，是在职业生涯中不断获取新的技能、知识、信息和掌握新方法的重要手段。社会工作作为一个职业，社会工作者同样需要具备这种基本能力，这是使职业得以坚持、持续和发展的基础和保障。社会工作者具备的方法能力，既具有各职业工作者普遍意义上需要具备的能力，同时也有其独特性，或需要突出强调的能力。一般来说，社会工作者需要具备的方法能力表现在以下方面。

（1）学习能力。

学习能力一般是指观察和参与新的体验，把新知识融入已有的知识，从而改变已有知识结构的能力。学习能力表现在很多种活动中，如观察力、记忆力、抽象概括能力、注意力、理解能力、分析能力等。

社会工作者的知识、技能、素质是需要不断丰富和提高的，社会工作者要具有不断学习的意识，并能够运用科学的学习方法去获取信息，加工和利用信息，以快捷、简便、有效的方式获取知识，并将它运用于职业活动中。

（2）写作能力。

写作能力是对材料进行选择、提取、加工，对语言和文字进行组织的能力。虽然社会工作是一项助人的服务工作，但在社会工作者开展服务的过程中，需要大量的书写和写作。例如，活动策划书的撰写、服务方案的设计、服务各阶段报告的撰写、项目书的撰写等工作。所以，社会工作者必须具有服务过程的记录能力、活动策划书的撰写能力，特别是项目策划书的撰写能力，这也是社会工作者争取资源、获得资源的基础。

（3）知识、经验的总结能力。

社会工作的理论、方法和专业价值观念是在助人实践的基础上形成和发展起来的。社会工作作为一门科学，也处于不断更新、完善的过程中。特别是对于我国来讲，如何建立一套本土化的社会工作专业知识体系，是需要不断探索、发展和研究的。所以，社会工作者需要具备知识、经验的总结能力，不断完善我国本土化社会工作专业知识体系。

（4）职业生涯规划能力。

职业生涯规划能力是指结合自身情况及环境状况，结合职业生涯发展阶段，制订相应的职业发展目标，拟订实现目标的工作、学习、培训计划和行动方案。社会工作者作为一名职业者，应该具有为自己职业发展规划的能力，并能够具有清晰的职业发展目标，为自己的职业前景而工作、学习，在推动自身职业发展的同时，推动社会工作职业的发展。

3. 社会能力

社会工作者的社会能力是经历和构建社会关系，感受和理解他人的生活情境，并回应他人类似生命体验的能力。社会工作者社会角色的特殊性对社会能力的要求较高，既需要敏锐的社会触角，又需要独特的社会协调与平衡能力。

（1）与人交流的能力。

社会工作者在开展专业服务的过程中，与人交流几乎是工作的绝大部分内容，所以社会工作者需要具备通过现代语言与信息技术，表达观点，获取和分享信息资源的能力。具体来说，需要处理好四个层次的交流。第一，做好援助沟通，获取信息，把握问题所在，建立专业关系。第二，与同事协调沟通，完成项目以及分享体会和经验。第三，与督导汇报、商讨服务对象的困境，接受督导。第四，与机构、社区、政府等沟通，获取支持。

（2）与人合作的能力。

合作能力是一个人生存与发展的必备能力，它包含着为实现目标、相互配合工作，并调整合作方式不断改善合作关系的能力。社会工作者的合作能力主要是指社会工作者与服务对象进行合作的能力。这要求社会工作者需要与不同特长的人配合完成小组、社区工作等大型活动；还需要与社工群体在情感和方法上相互支持。

（3）解决问题的能力。

在社会工作实践过程中，由于资源的有限性、沟通的不畅、个体之间的差异、角色的冲突、目标的不一致等，通常会造成服务对象之间、社会工作者与服务对象之间以及社会服务机构与服务对象之间的冲突。事实上，各种矛盾、冲突在服务的提供过程中不可避免，及时化解矛盾冲突有利于为服务对象提供更好的服务。社会工作者需要理解冲突的特征及其在社会服务提供的过程中的体现，并有能力解决冲突、进行协调，最终达成一致的协议。

（4）角色适应的能力。

社会工作是一项极具挑战性的工作，在为服务对象提供服务的过程中，社会工作者会遇到各种各样的问题、挑战与挫折，社会工作者需要具备调整自己的角色行为使之与角色期望逐渐吻合的能力。需要面对不同的服务对象，扮演不同角色的调适；需要在不同的服务领域中能处理角色冲突的协调能力。

（5）公关能力。

社会工作者的社会服务具有社会公益性，需要经常有目的、有计划地为改善或维持某种公共关系状态而进行实践活动。所以，社会工作者的公关能力主要体现为：向社会宣传，取得认可、获得支持；向社会团体、有关政府部门获取资源。这种公关能力是社会工作者持续、稳定开展社会服务的重要基础。

（二）现阶段社会工作者需要具备的核心能力

我国社会工作职业经历了从无到有并不断发展的过程，职业发展的阶段不同，对社会工作者的职业能力要求的侧重也有所不同。现阶段我国社会工作职业处于逐步形成和发展阶段，制度、政策环境为社会工作职业发展提供了有力保障，社会工作岗位设置的规范和推进，社会服务专业化要求及领域的拓展，政府购买社会服务的推进，为社会工作职业发展提供了空间和平台。同时，也要求社会工作者必须通过专业能力的体现来获得资源、发展空间及社会认同。所以，现阶段社会工作者在具备前面所述各项职业能力的基础上，要突出强调持守专业信念、伦理和价值观的能力，实务能力，反思能力，资源整合能力，写作能力，知识经验总结能力，合作能力，角色适应能力等。

持守专业信念、伦理和价值观的能力，实务能力，反思能力，资源整合能力是体现社会工作专业性的核心能力，也是体现社会工作专业性的核心特征，只有通过这些能力的体现，才能够体现其专业性特征。写作能力是社会工作者争取资源的一项重要手段，特别是项目申报书、项目执行报告、项目总结报告的撰写能力，只有具有较好的写作能力，才能够将专业的服务理念、服务目标、服务方法、服务效果展现出来以获得资源支持，并最终提供专业服务。随着我国社会工作的发展，如何探索、总结和提升出适合我国本土的社会工作知识和经验，也是社会工作者的一项重要任务，这就要求社会工作者要具备较强的知识经验总结能力。合作能力不仅是当今社会各项职业都要求具备的一项基本能力，同时对于社会工作者来说，其服务的开展需要多方协调和合作，合作能力是其必备的一项基本能力。社会工作者不仅在服务过程中扮演着多种角色，同时还需要社会工作者职业角色的扮演以获得社会认知和认同。社会工作者必须具备多种角色的适应能力。

（三）社会工作者职业能力提升的途径

社会工作职业能力的获取和提升主要通过学历教育、在职培训、实践岗位操练、社会交往等方式获得，其过程是一种主观选择与客观塑造相结合的过程。

1. 学历教育

学历教育往往有着符合现代社会需要的专业人才培养规划，社会工作学历教育是基于系统化的社会工作人才培养方案展开的，并且对不同的社会工作者提供不同层次的教育，且理论与实践浑然一体，使被教育者获得系统、全面的社会工作专业修养。目前社会工作专业在高等教育领域已获得重大发展，数百所高校开办了社会工作专业，为培养社会工作领域的专业人才奠定了坚实基础。

2. 在职培训

在职培训是对学历教育的重要补充，许多目前在岗的社会工作者并没有接受过系统的社会工作学历教育，他们需要在掌握社会工作基础知识的情况下通过在职培训不断提升服务水平和专业性。目前，在职参加社会工作专业培训成为重要的专业化渠道。关于社会工作专业培训，目前主要分为社会工作专业知识培训、社会工作机构内参与式培训、社会工作者职业水平考试前的应试培训等。

3. 岗位训练

社会工作专业的岗位训练目前主要适用于社会工作专业的学生，即为培养他们成为专业的社会工作者而进行的实训、实习等岗位练习，此过程往往要基于社会工作专业知识及价值观的前期学习和训练而展开，所以实践岗位操练对于社会工作专业人才的培养不可或缺，而且该操作过程要求也很高，需要专业督导和教师指导相结合。

4. 实践经验

实践经验是在社会生活中自然而然的一种社会工作能力训练，无论是参与公益活动还是日常工作体会，都会不自觉地提升社会工作者的职业能力。此外，社会实践对于培养社会工作者与人合作的能力、解决问题的能力、角色适应的能力以及公关能力有着重要的支撑作用。

（四）社会工作专业学生需要具备的能力

社会工作专业学生需要具备的能力关注的是在上述列举的专业能力、方法能力、社会能力当中，有哪些能力应在学校的教育、教学中得到很好的培养。

通过分析认为，通过学历教育的方式，要重点培养学生具有以下三方面能力。第一，持守专业信念、伦理和价值观的能力，基本的实务能力，反思能力，调查研究能力，理论运用能力，专业沟通等专业能力。第二，学习能力、写作能力、职业生涯规划能力等方法能力。第三，与人交流能力、与人合作能力等社会能力。

上述能力可以通过学历教育有意识、有目标地培养，但需要指出的是，由于研究生、本科生和专科生、中专生等不同学历教育的人才培养目标、方式、重点不同,在上述学生职业能力的培养过程中,职业能力要求、侧重也有所不同。

参考文献

匡瑛:《究竟什么是职业能力——基于比较分析的角度》,《江苏高教》2010 年第 1 期。
林卡、金菊爱:《对社会工作职业化问题的理论探讨》,《浙江树人大学学报》第 3 卷第 2 期,2003 年 3 月。
刘茜:《我国社会工作者胜任素质模型研究》,《山西高等学校社会科学学报》2011 年第 6 期。
史柏年:《体制因素与专业认同——兼谈社会工作职业化策略》,《华东理工大学学报》(社会科学版)2006 年第 4 期。
苏敏、王春:《高职院校社会工作专业学生职业能力培养浅谈》,《当代职业教育》2012 年第 1 期。
王思斌:《社会工作导论》,高等教育出版社,2004。
严中华:《职业教育课程开发与实施》,清华大学出版社,2009。
尹保华:《社会工作职业化概念解读》,《社会工作 下半月》(理论)2008 年第 4 期。
于永华:《培养大学生职业能力的理论与实践探索》,《高校教育管理》2012 年第 1 期。
张昱:《社会工作职业化的困惑及其发展前景》,《社会观察》2008 年第 7 期。
张跃豪、张连民、王晓琳:《初议社会工作者的能力建设》,《长春教育学院学报》2011 年第 9 期。
赵学慧:《社会工作性质反思及其发展脉络分析》,《社科纵横》2010 年第 9 期。
周绍斌:《职业能力取向:地方高校社会工作专业人才培养模式探讨》,《社会工作》2012 年第 3 期。
Educational Policy and Accreditation Standards, Council on Social Work Education, *Inc. All rights reserved*, March 27, 2010.

Research on Social Workers' Vocational Capability under the Background of Professionalism

Abstract Vocational capability is the basic requirement of social workers, and is also the main purpose and content of cultivating social work professionals. Under the background of rapid development of social work specialization and professionalization, the research on social workers' vocational ability is not only the logical starting point of the social work professional education, but also the objective requirement of the social work profession development. In this article, the author deeply analyzes the connotation of social workers vocational ability. Then, the author reorganizes the vocational ability required of social workers. Finally, the author gives analysis of improvement methods on vocational ability and vocational capabilities which need to be cultivated during the professional education.

Keywords　Social Work Profession; Vocational Capability

高职社会工作专业教育定位研究初探

邹学银　陶书毅　王　颖*

【内容摘要】 本研究通过问卷调查和个案研究，从就业现状、人才培养现状和人才培养需求等方面探讨了高职社会工作教育现状，高职社会工作教育的对口就业率偏低，且对口就业集中在社区服务领域；毕业生具有踏实勤奋的优点与技能知识不足的缺陷；高职社会工作教育应加强培养社会工作专业价值伦理，应对学校与用人单位之间的人才供需矛盾，将技能实践与理论知识更好地结合。最后，本文从培养目标、专业方向设置和课程设计等方面对高职社会工作教育定位进行了探索和建议。

【关键词】 高等职业教育　社会工作　定位

社会工作是"以利他主义为指导，以科学的知识为基础，运用科学的方法进行的助人服务活动"。① 从2006年党的十六届六中全会做出建设宏大社会工作人才队伍的重大战略部署，到2011年中央组织部、民政部等18部委联合发布《关于加强社会工作人才队伍建设的意见》，指出"培养造就一支高素质的社会工作专业人才队伍，为加强和创新社会管理、构建社会主义和谐社会以及巩固党的执政基础提供有力的人才支撑"，再到2012年，中组

---

* 邹学银，民政部社会工作研究中心办公室主任，副教授，研究方向为社会工作、社会政策；陶书毅，民政部社会工作研究中心研究人员，助教，研究方向为社会工作行政；王颖，民政部社会工作研究中心研究人员，研究方向为社会工作、社会组织。

① 王思斌：《社会工作概论》，高等教育出版社，2004，第13页。

部、国家发改委、民政部等19部委和社会团体联合发布了我国第一个关于社会工作专业人才队伍建设的中长期规划——《社会工作专业人才队伍建设中长期规划（2011~2020年）》，描绘了今后一段时期我国社会工作专业人才队伍建设的路线图。社会工作特别是社会工作人才队伍建设得到党和政府的高度重视，促进了我国社会工作教育的蓬勃发展。

从20世纪80年代中期开始，社会工作专业在中国内地得以恢复和快速发展，截至2012年底，全国有320多所高校设立社会工作本科和专科专业，61所高校和科研机构设立社会工作专业硕士学位，每年培养2万余名社会工作专业学生。其中开展社会工作专科教育的学校有30多所，既包括高等专科学校（简称"高专"），也有高等职业技术学院（简称"高职"）。高专与高职之间无本质差别，只是侧重点略有不同，高职更加侧重职业技术的传授和训练。开设社会工作专业的高职院校有北京社会管理职业学院、长沙民政职业技术学院、重庆城市管理职业学院、上海科学技术职业学院等。这些高职院校开办社会工作专科教育的时间较早，学生人数规模较大，是我国社会工作专业教育体系中一个重要的组成部分。

相对社会工作硕士、本科层次比较明确的专业教育定位，高职社会工作教育尚没有一个清晰的定位。本研究试图通过抽样调查，总结高职社会工作教育的特征和不足，并结合国内外社会工作专业教育的成熟经验，形成对我国高职社会工作教育定位的思考与建议。

一 基本概念与研究方法

（一）基本概念的界定

1. 定位

"定位"从其本义上讲，是指经仪器测量以确定事物在某一环境中的位置。延伸到高等教育领域，意指高等学校对其自身在社会及教育系统中所处位置的选择与确定。[①]

教育部《关于加强高职高专教育人才培养工作的意见》（高教〔2002

---

① 华灵燕：《民办高等教育定位研究》，《民办教育研究》2009年第3期。

2号)指出,高职院校人才培养模式的基本特征是:"以培养高职高专技术应用性专门人才为根本任务,以适应社会需要为目标,以培养技术应用能力为主线设计学生的知识、能力、品德结构和培养方案。"高职教育的定位是培养生产、建设、管理、服务第一线需要的,德、智、体、美等方面全面发展的高等技术应用性专门人才,同时实务性也是社会工作专业的重要特征。

"高职社会工作教育定位"是指在当前国情下,高职社会工作教育以培养满足社会需要的社会工作专业技术人才为根本任务,运用科学的方法和手段对社会工作专业学生的未来进行职业定位,并按照职业岗位的要求设计学生的知识、能力、品德结构和培养方案。因此,本文将从高职社会工作教育的知识、能力、品德以及社会工作专业价值理论培养四个方面研究其现状,并从培养目标、专业方向设置和课程设计等方面探讨其教育定位。

2. 社会工作的特点

社会工作包括以下六个方面的特点。

(1)职业性助人活动。

社会工作具有职业化的特点,区别于普通的助人活动,如扶老携幼、济贫助弱、救人于水火、助人成好事等,是一种专业助人活动。社会工作以帮助社会上极度困难和比较困难的群体为主,决定了这种助人活动的艰巨性,而国家和社会对这种活动的较高要求使其走向职业化。

(2)注重专业价值。

专业价值是社会工作的灵魂。所谓专业价值是指社会工作者在从事社会服务时所遵循的理念、指导思想和伦理。在现代社会,社会工作是解决社会问题的重要方法,它以解决社会问题、增进人民福利为自己的责任,以追求社会公正和社会进步为自己的理想。社会工作强调平等之爱,要帮助所有有困难、有需要的人。社会工作以帮助人为快乐,以帮助人作为自己的职责,在它的所有活动中充满了对人的尊重、对社会生活的热爱。它有崇高的理念,同时又脚踏实地、忘我地进行工作。这些都是作为一种专门职业的社会工作所必需的。

(3)强调专业方法。

要解决复杂的问题,需要有专业的方法和技巧。社会工作是社会工作者用专业方法去帮助他人的活动。所谓专业方法是指本职业独特的、在许多情况下要经过专业教育和培训才能掌握的方法。帮助人也需要方法和技巧,否则会心有余而力不足，甚至会造成好心办坏事。社会工作者所从事的服务，常常是复杂的助人服务，要解决复杂的问题，这就需要有专门的、训练有素的方法和技巧。经过长期的实践和积累，社会工作形成了个案工作、小组工作、社区工作等一系列独特的工作方法。这是一些经过人们反复实践、行之有效、科学的方法和技术，它通过教育和培训传递给新入这一行的人们，并通过实践不断得到发展。专业方法是社会工作的重要特点。

（4）注重实践。

实践也称实务，它是人们参与改变任何事物的活动。社会工作具有十分明显的实践特征。社会工作从本质上来说是实践的，社会工作要通过对科学方法的运用，与服务对象一起帮助他们改变自己的困境，增进其社会功能。简单地说，社会工作要具体地去做，即在科学的理论指导下采取行动，这是其不同于其他理论性社会科学学科的重要之点。社会工作实践性不但要求社会工作者有很强的实践能力，有根据情况的变化不断改变工作方法与技巧的能力，而且要有理论联系实际的能力。通过复杂的实践活动，社会工作者才能够达到有效助人的目的。

（5）双方合作。

助人者和受助者在互动过程中，需要共同面对困难、分析问题和解决问题。社会工作是社会工作者帮助有困难、有需要的人克服困难的过程。这一过程并不是社会工作者单向地给予服务对象某种服务的过程，而是双方合作、共同面对困难、分析问题成因、寻找解决问题的方法进而解决困难的过程。社会工作是对人的工作，是社会工作者与服务对象互动的过程，从某种意义上来说，它也是社会工作者与服务对象"一同工作"的过程。社会工作者在许多复杂问题上与服务对象形成良好关系、相互配合，对解决问题十分重要。没有社会工作者与服务对象之间的良好配合与合作，就很难有效地实现"助人自助"的目标。

（6）多方协同或支援。

社会工作者介入的大多是比较复杂的问题，在解决这些问题的过程中常常既需要社会工作者之间的分工，也需要他们之间的合作，很多时候社会工作者也要与其他方面的专业人员合作，共同解决服务对象所遇到的比较复杂的问题。这里并不是指在所有工作中这些社会工作者都同时在场，而是说他们形成了良好的合作关系和体系，形成了一个工作团队。多方协同、共同努力解决问题是社会工作的一个特点。比如，要帮助失业人员再就业，社会工作者就要与本机构（组织）中的同事、社区工作者、劳动部门的工作人员等一起工作，解决问题。团队协同解决问题是社会工作的一个重要特点。

3. 高职社会工作教育定位与社会工作特点的关系

社会工作教育的定位需结合社会工作的特点，遵循社会工作职业化发展的规律，强调社会工作的专业理念以及专业方法，重视实践能力的训练以及资源整合能力与协调能力的训练。

社会工作的特点在社会工作教育中是十分重要和必要的考量依据，尤其在高职社会工作教育的定位中应充分考虑社会工作的特点，有针对性地明确定位，厘清高职教育与硕士教育、本科教育的区别。

（二）我国不同层次社会工作教育定位的比较

我国现有社会工作高等教育包括研究生、本科和专科教育三个层次。综观我国现有的不同层次社会工作教育，硕士教育侧重于培养高级人才，本科教育侧重于培养应用型人才，而高职社会工作教育的定位则较不明确。

关于我国社会工作硕士的教育定位最为明确，教育部门统一制订了一套较为详细的培养方案。国务院学术委员会于2008年发布《社会工作硕士专业学位设置方案》，明确社会工作专业硕士培养目标是"具有'以人为本、助人自助、公平公正'的专业价值观，掌握社会工作的理论和方法，熟悉我国社会政策，具备较强的社会服务策划、执行、督导、评估和研究能力，胜任针对不同人群及领域的社会服务与社会管理的应用型高级专业人才"。可见社会工作硕士培养的是能胜任各社会服务领域的通用型高级人才。

按照1989年国家教委发布的《普通高等学校本科专业设置暂行规定》，本科层次办学在专业设置上由高校自主审定，因此社会工作专业的本科教育定位虽然没有统一、明确的国家文件规范，但是高校社会工作专业本科培养方案通常侧重培养掌握社会工作理论基础知识，具备从事社会工作的综合能力和素质，能在民政、劳动、社会保障和卫生部门及工会、青年、妇女等社会组织，以及其他社会福利、社会服务与公益团体和机构，从事社会行政管理、社区发展与管理、社会工作服务、评估与研究等工作的应用型高级专门人才。

高职教育的基本定位就是培养应用型专门人才，但是并没有统一规范，不同院校根据各自需要制订了不同的培养方案。但是整体上讲，高职社会工作教育基本变成本科教育的压缩版，职业培养目标模糊、定位不清。同时社会工作岗位开发刚刚起步，没有成形的职级结构，因此造成高职与本科社会工作专业在制订人才培养目标时不可避免地都指向一线社会工作岗位。

（三）研究方法

本研究采取定性与定量相结合的研究方法。

本研究关于社会工作专业市场需求的测量是以个案研究为主，以3家社会工作机构为研究对象，了解用人单位对高职社会工作专业毕业生的使用体验和用人需求，通过对机构工作人员的访谈了解高职社会工作教育的重点和挑战。

关于当前高职社会工作教育现状的测量主要以问卷调查为主，分为两部分。

第一，通过查阅现存资料与实地调查，收集了北京两所高职院校2010级社会工作专业共126名毕业生在就业方面的统计数据。数据内容包括毕业生的就业单位、工作岗位和薪酬待遇等信息。另外这两所院校自身专业设计有所不同，126人中，51人为社区社会工作方向，另外75人未分方向。

第二，对某高职院校社会工作专业2011级应届毕业生进行了关于社会服务机构对高职社会工作专业毕业生的运用及需求情况的问卷调查。该专业共有141名毕业生，从中随机抽取50名学生发放问卷，收回50份，其中有效问卷48份，有效回收率为96%。这批学生未分专业方向。应届毕业生填答问卷十分认真，对学校教育和顶岗实习的感受也十分深刻，问卷的质量较高。

二　结果与分析

（一）高职社会工作专业往届毕业生就业现状

1. 总体就业率接近高职院校平均水平

在接受调查的126名高职院校往届社会工作专业毕业生中，已就业的占83%，专升本的占13%。根据麦可思研究院发布的《2011年中国大学生就业报告》数据，高职高专院校2010届的平均就业率为88.1%，可见高职社会工作专业就业率接近高职院校的平均水平。这主要是由于社会工作专业毕业生的应聘范围广，除了社会工作岗位外，还可以从事销售、行政和教育等其他工作岗位，就业弹性较大。

2. 六成毕业生进入企业、政府及事业单位，而从事社会工作行业的仅占23%

本次被调查的高职社会工作专业毕业生的就业方向分布如表1所示。

表1 高职社会工作专业2010级毕业生就业方向分布表

就业方向		专业方向(人)		合计（人）	比例（%）
		社区方向	未分方向		
社会工作行业	社区工作者	17	9	26	23
	社区服务机构	0	3	3	
政府及事业单位		5	13	18	14
企业		23	35	58	46
专升本		6	10	16	13
待业		0	5	5	4
合计		51	75	126	100

从表1可以看出，六成社会工作专业毕业生输向了企业和政府部门，从事社会工作行业的仅占23%，专业对口就业率偏低。这一结果反映出社会工作行业大环境还处于发展阶段。当前我国社会工作行业的薪酬待遇、职级结构、员工发展等尚未成熟，与企业、政府和事业单位相比，仍缺乏吸引力。

3. 社会工作行业平均月薪收入偏低，仅为1675元

调查样本的月薪平均为2225元，但从事社会工作行业的毕业生平均月薪仅为1675元，远低于企业、政府及事业单位就业的毕业生，甚至低于北京市人社局网站公布的"2010年北京市劳动力市场工资指导价位"中所提出的应届生平均月薪为1937元这一水平（参见表2）。

表2 高职社会工作专业毕业生平均工资统计表

方向	平均月薪(元)	方向	平均月薪(元)
社会工作行业	1675	政府及事业单位	2150
企业	2392	本次调查平均月薪	2225
北京市应届生平均月薪	1937		

4. 社会工作专业对口岗位均来自北京市政府对社区工作的就业促进政策

从事专业对口岗位的29名被调查者均来自社区服务领域，包括北京市

招考的社区工作者和以社区为对象的社会工作服务机构。这与北京市加强社区专职工作者队伍建设的政策密切相关,北京市政府在近年来出资购买社区工作者岗位,应届生被录取后可在北京落户,此政策极大地鼓励了应届社会工作专业毕业生选择到社区服务领域工作。

(二) 高职社会工作专业应届生人才培养现状

1. 超八成应届生认为所受专业教育适应实际工作需要

被调查的50名高职社会工作专业应届毕业生中,有82%的学生认为在学校所获得的高职社会工作专业教育能够适应实际工作需要,但也有18%的学生认为其能力与实际工作存在一定的差距。

2. 应届生对品德教育评价最高,对技能和知识教育评价最低

本研究请被调查的应届生从知识、技能、品德、专业价值观及伦理四个方面来评价高职社会工作专业教育,将评价结果从高到低排列依次是品德、专业价值观及伦理、技能和知识(参见表3)。

表3 被调查者对高职社会工作教育人才培养的评价比例

单位:%

	品德	专业价值观及伦理	技能	知识
很差				
较差	2.1			2.1
一般	4.2	29.2	35	52.1
较好	70.8	56.3	63	37.5
很好	22.9	14.6	2	8.3
合计	100	100	100	100

一方面,调查对象对品德培养的认可度最高,可见高职教育在德育工作方面取得了较好的成效;另一方面,根据本研究对3家社会服务机构进行个案研究的结果,高职社会工作专业毕业生在刚走出校门时并不具备独立承担工作的能力,在技能和知识方面较为欠缺。被调查者中超过半数的人认为自己对专业知识的掌握程度一般,问题在于3年大专的学习时间较短,理论知识学习不够深入,知识与实践的结合性较差,对其就业造成较大的阻碍。

3. 社会工作专业价值观及伦理教育并不受毕业生的重视

虽然专业价值观和专业伦理教育得到了被调查者的较高认可，但表4却显示，高职社会工作专业毕业生对专业价值观及伦理教育的重视程度最低，56.3%的被调查者认为它不重要。这一结果反映，当前我国本土化的社会工作价值观正在逐步探索完善之中，如何帮助学生认识到专业价值伦理的重要性并将其内化，是包括高职层次在内的所有社会工作教育面临的一大难题。

表4 被调查者对社会工作专业价值观及伦理教育的重视程度

单位：%

	知识	技能	品德	专业价值观及伦理
重 要	72.9	66.7	83.3	43.7
不重要	27.1	33.3	16.7	56.3
合 计	100	100	100	100

（三）从用人单位的视角看高职社会工作人才培养的需求

本研究对北京市3家社会工作服务机构进行了深入的个案研究。从用人单位的视角来看高职社会工作人才培养的需求，主要有如下发现。

1. 高职社会工作毕业生的知识技能与实际的岗位要求存在一定差距

高职社会工作专业教育应当培养一批熟练掌握社会工作专业技能的技术型人才，但是目前高职社会工作专业所培养出来的毕业生，既未达到社会工作岗位所需的基本技能水平，也不具备不同社会服务领域所需的独特能力，其所培养的学生与实际岗位需要还存在一定差距。

从高职社会工作专业毕业生的角度看，他们普遍认为自己无法很好地将社会工作实践与专业的理论知识联系起来。虽然各高职院校社会工作专业普遍重视实践能力的培养，建立了实训基地和实习体系，但如果一味地强调实践而理论知识未能同步补充，学生的技能亦难以得到真正的提高。

2. 高职院校的通才培养模式不适应社会工作不同领域的特殊能力需求

高职社会工作专业教育培养的技术型人才应满足社区、司法、康复和医疗工作等不同领域的特殊能力要求。而不同社会服务领域所需要的专业技能具有较大的差异，如康复、医疗社会工作较为强调工作者具备必要的医学知识和医患纠纷解决能力，司法矫正社会工作更强调对国家各项法律法规的熟练掌握以及运用能力。

而高职院校的通才培养模式与社会工作不同领域的特殊能力培养要求具有较大的差距，这也造成了学校与用人单位之间的人才供需矛盾：一方面是康复、医疗、司法等特殊领域的社会工作人才匮乏，另一方面是社会工作专业毕业生无法找到合适和对口的就业岗位。

3. 高职学习时间短，毕业生的知识和技能缺乏深度和广度

高等职业教育的修业年限较短，而社会工作岗位结构开发尚未完善，造成高职院校不得不为追求知识与能力培养的完备性而加大学生的学习强度。高职社会工作专业的修业年限一般为3年（比本科教育少1年），但目前一般社会工作机构的社会工作者和助理社会工作者岗位都要求具有较高的知识和技能水平，如社区社会工作者既需要掌握个案、小组、社区三大工作方法，还需要掌握康复、救助的知识和相关政策法规，以及一定的行政文书能力和研究能力。为了使学生具备这些岗位工作能力，高职社会工作专业通常是将本科所学的4年课程压缩到3年内学完，学生感到学习强度大，而在实践中又存在知识结构缺乏深度和广度的尴尬局面。

综上所述，在培养需求方面，用人单位重视的是具有针对性的技能的培养，学校与用人单位之间的人才供需矛盾成为目前社会工作就业市场上的一个主要矛盾。毕业生更为关注的是知识与技能的有效结合，学校应将知识进行科学的压缩和灵活的灌输，以应对学生所学知识较多与实践知识不足这一悖论。

三 对高职社会工作专业教育定位的反思

总体而言，高职社会工作教育的对口就业率偏低，毕业生平均月薪收入也偏低，从事社会工作行业的主要来自社区服务领域；高职社会工作专业毕业生的优势在于踏实勤奋的个人品德，劣势在于技能和知识的不足；高职社会工作教育面临着如何加强社会工作专业价值伦理的培养，如何应对学校与用人单位之间的人才供需矛盾，如何将技能与知识更好地结合等问题的挑战。本研究的结果也给高职社会工作教育定位带来了新的思考。

（一）参考社会工作者职业水平评价制度来设置高职教育的培养目标

2006 年颁布的《社会工作者职业水平评价暂行规定》标志着我国建立起社会工作者职业水平评价制度，并纳入全国专业技术人员职业资格证书制度统一规划。根据目前的社会工作者职业水平评价制度，社会工作专业技术人员分为助理社会工作师、社会工作师和高级社会工作师三个级别，高职社会工作专业毕业生最直接的输出方向是助理社会工作师，针对毕业生在技能和知识教育方面的不足，高职社会工作教育应重点参考助理社工师的职业技能标准来制订培养目标。

助理社会工作师应具备以下职业能力：①熟悉与社会工作业务相关的法律、法规、政策和行业管理规定，掌握基本的社会工作专业知识；②能够与各类服务对象建立专业服务关系，对服务对象的问题做出预估，制订服务计划和服务协议，独立接案、结案并提供跟进服务；③能够根据服务计划，运用专业方法和技术协助服务对象解决问题。高职社会工作教育的培养目标应是为掌握满足上述职业能力要求而必需的知识水平、技能和品德素质。

（二）在教学管理上加强社会工作专业价值观和伦理的培养

本研究发现，社会工作专业价值观及伦理教育并不受高职毕业生的重视，因此高职教育培养目标中还应关注对社会工作专业价值伦理的培养。国（境）外院校社会工作专业教育在培养学生的专业价值伦理中积累了许多经验，在教学管理方面可以参考以下做法。

（1）录取时采用面试制度。

欧美国家社会工作专业普遍使用的录取方法是对填报社会工作专业的学生采用面试制度，即在入学时用面试的方式对学生的价值观和人生态度进行考察，我国高职社会工作录取时也可以考虑采用面试制度。

（2）在一年级开设"自我成长小组"课程。

自我成长小组侧重于人生阶段的转变，其成长主要是个人内在能力与人格的转变。此课程宜开在一年级，既可以帮助学生适应由高中生到大学生的角色转变，使其提高自我认识，进行自我调整，也可以使学生对自己和他人有更多的了解和接纳，切身体会到社会工作专业价值观中的同理、接纳、尊重、保密等原则。

(3) 开发社会工作工作坊课程。

这种教学方法能够引导学生形成独立思考的习惯，提高学生解决问题的能力，深化学生对社会工作价值观的理解，在香港高校的社会工作专业教育中得到了大量使用。它的具体做法是："在专职教师督导下，由学生针对社会工作及其相关领域提出某个问题或理论，以小组的形式进行资料收集专家访谈、阅读专业书籍等方式均可，并在小组讲座的基础上提出系统的问题分析和解决的方案，最终形成一个正规报告或在教师组织的报告会上向教师和其他同学陈述本组研究成果，就他们的质疑做出解释。"

(4) 开发研讨类课程。

通过专题研讨班、专项研讨会、讨论课等多种形式鼓励学生参与讨论，促使学生在相互激发中学到新知识，促进专业价值观的理解和内化。

(三) 细化专业培养方向，缓解学校与用人单位间的人才供需矛盾

高职社会工作细分专业方向后，有助于为不同的社会服务领域输送其所需要的专业人才，可以有效缓解学校与用人单位之间的人才供需矛盾。根据高职教育的特征，设置社会工作专业方向时应注意平衡社会需求、专业方向的成熟度和学生接受力三者的关系。一方面是社会工作各领域发展进程并不一致，在现有政策的推动下，社区、医疗、司法、教育和青少年事务等领域率先成立了试点，其人员需求也相对较大；另一方面也要考虑该专业方向是否具备充足的理论和应用技巧支撑，是否具有完善的实践体系。此外，高职学生由于基础知识弱、修业年限短，其接受能力也影响着专业方向的设置。综合上述因素考虑，目前宜将社区社会工作、儿童及青少年社会工作、老年社会工作作为高职教育的社会工作专业方向，此外，社会工作专业还可以与相关的行业协会、服务机构合作开设专业方向，以满足某些特定服务领域的人才需要，形成对口培养机制。

(四) 课程设计应注意避免"假、大、空"，力争做到"少而精"

在设计社会工作专业课程体系时，要结合高职教育的学制年限，避免过于追求知识的完备性而造成实际教学的"假、大、空"局面，应力争做到

高职课程的"少而精"。在借鉴国内外社会工作专业课程体系的建设经验的基础上，本文将高职社会工作专业的课程设置归纳为7个课程模块，分别是人文科学基础、社会工作理论、社会工作方法、对社会工作环境的认识、与专业方向有关的课程、实践培训、整合与反思（参见表5）。

表5 高职社会工作专业课程设置

主要课程模块	建议课程
人文科学基础	社会学概论，心理学导论，人类行为与社会环境
社会工作理论	社会工作导论
社会工作方法	个案工作，小组工作，社区工作，社会调查研究方法，社会工作行政
对社会工作环境的认识	社会保障概论，社会政策概论，现代社会福利思想
与专业方向有关的课程	以儿童社会工作专业方向为例，可开设儿童护理、儿童教育学、儿童游戏等课程
实践培训	实习，研讨班
整合与反思	毕业论文

表5显示的是高职社会工作专业应具备的主要课程模块以及建议开设的主干课程。需要强调的是，由于受学制年限较短的限制，高职社会工作应根据自身专业方向加以调整。

（五）专业教学过程中注重课堂的理论教学与实践教学相结合

由于社会工作是一门实践性很强的专业，非常强调课堂教学与实习训练的结合，高职教育也是以职业技术训练为核心的教育类别，高职社会工作教育更应突出培育技能型人才这一特色，而实践性课堂教学与社会工作专业实习正是促进技能培养的最佳途径。因此，在专业教学过程中应注重课堂的理论教学与实践教学相结合。

（1）在课堂教学中引入实践性手段，有助于帮助学生将书本知识内化与吸收。

实践性教学手段既能够帮助学生提高技能技巧，也能起到观念、理论和知识灌输的作用。社会工作方法课，如个案工作、小组工作、社区工作、社会工作行政、社会调查方法等，必须通过实践性教学即实验实训、社会调查等环节，让学生通过实践将个人经验与社会工作的理论知识相结合，形成专业技能技巧，以应用到以后的专业实习和实际工作中去。

（2）完善的专业实习体系有助于学生适应实际工作，全方位提高技能。

社会工作专业实习是指学生在资深社会工作者督导下的实际工作，国际标准一般为不少于800个小时。国内的社会工作教育普遍未能达到这一要求，究其原因，一方面是缺乏专业实习场所与设施，另一方面是专业督导的质量和数量有待加强。因此，高职社会工作专业教育应当重视完善实习体系，既要加强实训基地及设施建设，也要注重实习督导体系建设。

第一，实训基地及设施建设方面，要求高职社会工作专业建立完善的实训基地并配备相应的设施。

第二，实习督导体系方面，高职社会工作专业应重视督导制度的完善与专业督导的培养。在具体的实习过程中，每位学生应有2名导师负责其实习督导，分别是个人导师和机构督导。二者具有明确的分工和角色定位：个人导师由学校的老师担任，传输理论知识和实践技能，指导学生全面成长；机构督导由实习机构的资深社会工作者担任，负责进行具体工作指导。

只有在科学的实训场境和专业的督导体制下，学生才能获得知识、技能、价值理论以及道德的全面提高，成为符合社会需要的社会工作人才。

参考文献

代娅丽：《香港社会工作教育的启示》，《科技信息》2010年第5期。

方成智：《高职院校社会工作专业课程设置初探》，《怀化学院学报》2006年第1期。

方月娥：《培养体制对社会工作人才职业化影响研究——以长沙民政职业技术学院为例》，湖南师范大学硕士学位论文，2009。

侯国凤、戴香智：《高职社会工作专业人才培养模式的探索和实践》，《天津职业大学学报》2009年第1期。

华灵燕：《民办高等教育定位研究》，《民办教育研究》2009年第3期。

教育部社会工作硕士教学指导委员会：《社会工作硕士专业学位指导性培养方案（修订稿）》，http://rwxy.jxufe.cn/MSWjy/MSWjxgl/2010/08-08/88305.html，2010年4月。

林霞：《高等职业教育社会工作专业办学模式初探》，《海淀走读大学学报》2000年第50期。

刘华丽：《浅议成长小组的社工模式》，《华东理工大学学报》2003年第1期。

刘晓：《服务民政事业培养社会工作应用性人才》，《中国高等教育》2007年第1期。

麦可思研究院：《2011年中国大学生就业报告》，社会科学文献出版社，2011。

〔挪〕欧文·图特维特、劳伦斯·杨：《挪威社会工作》，邹学银等译，中国社会出版社，2009。

《社会工作学位及文凭课程的评核原则、指标与标准》，香港社会工作者注册局网站，http：//www.swrb.org.hk/chiasp/criteria_c.asp。

史柏年：《新世纪：中国社会工作教育面对的选择》，《科技大学学报》（社会科学版）2004年第1期。

王顺明：《"专业"、"专业化"以及"专科社工师"的典范性转移——关于增列专科社会工作师之专业教育与劳动市场衔接的若干思考》，国家政策研究基金会网站，http：//www.npf.org.tw/post/2/5914。

温颖娜：《香港社会工作管窥之一：教育与注册》，《社会工作》（实务版）2011年第2期。

鄢勇兵：《社会工作高等职业教育定位思考》，《社会管理和社会服务高职教育发展论坛会议论文集》，2011年4月。

杨东进：《从高职就业情况反思高职人才培养模式的改革与创新》，《当代教育论坛》2007年第4期。

张瑞凯：《英国社会工作教育对我国高职教育的启示》，《福建广播电视大学学报》2008年第5期。

左鹏：《基督教伦理与社会工作价值观——从中国社会工作教育的现实困境谈起》，《北京科技大学学报》（社会科学版）2007年第3期。

The Positioning Research of Social Work Education of Higher Vocational School

Abstract In this study, through questionnaires and case studies from the employment situation, the status and training of personnel training needs and other aspects of social work explores the status of vocational education, low employment rate of vocational counterparts in social work education, and their counterparts in employment is concentrated in community service area; Graduates with practical knowledge and skills advantages diligence insufficient defects; Vocational training in social work education should strengthen the ethical values of social work professionals to deal with the contradiction between supply and demand of talent between schools and employers, practical skills and theoretical knowledge will be a better combination. Finally, from the training objective, professional direction and course design and other aspects of social work education in vocational orientation are explored and suggestions.

Keywords　Higher Vocational Education; Social Work; Positioning

我国社区体育服务人才队伍建设研究

刘永强*

【内容摘要】 本文利用文献综述法，探讨了社区体育服务概念、内容、分类、供给方式、组织人员等相关要素及问题，提出社区体育服务人才队伍的组成和分类。通过调查北京部分街道社区体育人才队伍发展现状，总结得出社区体育服务人才队伍在"工作认识""工作内容、方法与理念""组织人员""交流与互动"四个方面的具体情况。最后，从"思想教育""制度建设""工作机制创新""人才培养"四个方面，提出了社区体育服务人才队伍建设意见。

【关键词】 社区服务　社区体育服务　社区体育服务人才队伍

一　我国社区体育服务相关要素研究

（一）我国社区体育服务概念、内容和内涵分析

1. 从社区体育角度理解社区体育服务的定义和内涵

关于社区体育的定义，现在比较一致的观点是："在人们共同生活的一定区域内（相当于街道、乡镇和居、村委会辖区范围），以辖区的自然环境和体育设施为物质基础，以全体社区成员为主体，以满足社区成员的体育需

---

* 刘永强，北京社会管理职业学院讲师，研究方向为社区体育。

求、增进社区成员的身心健康、巩固和发展社区感情为主要目的,就近、就便开展的区域性体育。"① 在社区体育的相关研究中,有关社区体育服务的解释主要如下。李静认为,"社区体育是实施全民健身计划的主要基地和坚实基础,而社区体育服务则是落实全民健身计划的具体工作和内容"。② 陈旸认为:"社区体育服务是指专门为居民的资助体育活动创造条件、提供帮助的各种活动的总称。"③ 霍军认为,"社区体育服务体系是指针对社区居民不同的体育价值取向,通过政府支持,各种社团、机构、志愿者提供,最终形成的由多层次、多种类具有社会福利和公益性的社会体育服务的整体组织架构"。④

社区体育服务突出体育独特属性和活动属性。在评价服务质量方面,突出体育类活动的数量和质量、参与体育活动的人数和次数,以及体育人口等专业指标;在社区体育服务提供人员方面,主要体现为各级各类社会体育指导员;在社区体育服务对象方面,主要指社区居民锻炼者;在服务内容的设定方面,主要考虑纯体育类项目(如球类、跑步、踢毽子、太极拳等);在社区体育服务的主要管理方式方面,主要由活动者自己负责,而不是社区体育管理机构或社区居委会。可见,从社区体育研究角度,社区体育服务规定的内容和理解的内涵,在大的社区服务背景下,表现出了更多的独立性和封闭性。

2. 从社区服务角度解释社区体育服务的内容和含义

我国的社区体育服务被归类于社区服务八大类别中的"社区文化、教育和体育服务"项目中,社区体育、教育或文化活动项目、设施设备和组织人员在现实服务层面很难区分。例如,社区组织的交谊舞培训和演出,既可以归为社区文化服务或社区教育服务,也可以属于社区体育服务。在此范围内的社区体育服务主要包括:社区健身或技能学习教育、比赛活动,社区文化、体育类民间组织的自发活动,社区广场、公园的个人体育活动,以及

---

① 王凯珍:《对北京市城市社区体育现状的研究》,《北京:体育科学》1994年第4期,第17~24页。
② 王凯珍:《对北京市城市社区体育现状的研究》,《北京:体育科学》1994年第4期,第17~24页。
③ 陈旸、马葛生:《社区体育服务居民满意度指数模型实证研究》,《中国体育科技》2009年第4期,第133~137页。
④ 霍军:《河南省城市社区体育服务体系调查研究》,《河南师范大学学报》(自然科学版)2011年第11期,第6~7页。

社区大型文体类演出或竞赛等。

由于体育的内容包罗万象，体育的民生服务作用十分广泛，在社区服务的其他领域，也有体育服务的形态存在，如"社区卫生服务"项目中，在社区居民健康照护、康复训练、健康生活习惯养成和增强体质等服务内容中，都有体育运动的原理和操作。

从社区服务内容的"四个面向"来分析，社区体育服务的范围更加宽广。在社区老年人、残疾人、儿童、孕妇等健身照顾上，需要体育服务的科学实施；在社区便民利民服务方面，体育及相关商品、信息、教育或技能指导服务等内容，逐渐成为居民的生活需求。随着体育生活化和民生化的普及，社区每个年龄段的居民都需要体育服务来提升自我生存和生活质量，实现自己更高的人生价值，所有的体育服务应该是全民化和终身化的。

可见，从社区服务的角度总结出的社区体育服务的内涵，远远超出了体育自身的范围，是一种大体育观下的社区服务，它的内容延伸到社区服务的众多领域和社区居民的个人或家庭生活，它的服务对象拓展到社区全体居民，它的作用涵盖体育与运动的全部生理、心理和社会促进功能。在社区服务理念下，体育自身的内容、形式、功能和作用得到了无限放大，并与文化、教育、卫生和民政有机结合，通过为各类居民提供多样性、专业性的社区服务，不但提升了自身的社会价值和认可度，更提高了社区服务的整体质量和层次。

（二）我国社区体育服务内容与分类

社区体育服务内容根据服务人群不同，可分为老年人健身康复、成人余暇体育活动、少年儿童体育教育、残疾人运动康复、孕妇体育保健等；根据服务区域不同，可分为家庭体育指导、楼宇体育活动、社区广场群体体育活动、健身俱乐部体育指导等；根据组织形式不同，可分为社区文体类社会组织（体育协会、体育社团和体育俱乐部等）、临时性体育组织、各类文体培训组织等；根据服务目标不同，可分为康复保健类、技能培训类、娱乐交友类、社区矫正类等。

根据社区服务内容的分类，社区体育服务主要分为社区公共体育服务、社区商业性体育服务和社区民间体育互助服务。

社区公共体育服务主要指，能满足专门为体育类活动设置的社区公共场地设施和设备；居委会开展的各类文化艺术或体育类服务活动（包括行政事业类和福利类）；各行政机关（主要是体育、卫生、文化、教育或残联系统）无偿为居民提供的体育健身、残疾人康复、文化教育或娱乐类社区服务，以及政府购买社会组织的公共体育服务内容。其中，以第二种服务为主。

社区商业性体育服务主要指，供社区居民方便购买的各类体育娱乐、健身和收藏商品，以及供体育休闲之用的生活用品；提供专业健身、技能学习、塑体和休闲的社区俱乐部或会馆。

社区民间体育互助服务是居民通过自发组织各种体育类活动，包括跟体育有关的讲座或讨论等，共享体育资源或信息，互相进行体育讲解或指导的服务过程。这种服务体现一种互帮互助的沟通，居民在交流的过程中提供了无偿体育服务，它与个人体育锻炼有很大区别，前者强调交流，以及交流过程中的信息提供和技术帮助，后者是个人行为，不存在人与人之间的相互影响。

（三）我国社区体育服务供给途径与方式

社区体育服务属于社区服务的一种类型，主要来自"政府提供、社会组织提供、居民自主互助和商业性社区体育服务"等方式。

政府提供社区体育公共服务，主要依托体育、文化、教育、卫生和民政等部门，以及体育彩票公益金等形式，对社区公共服务场地、器材等设施进行投入；通过街道和服务中心，以行政指派或工作部署的形式，开展各类社区体育文化比赛或活动；在社区卫生服务中心（站）的基础上，建立社区康复中心，为残疾人身心疾病康复提供公益服务；通过政府购买社会组织社区体育相关服务的形式，开展社区服务。

除此之外，"政府购买社会组织社区服务"是最近几年发展起来的一种服务形式。民政部在 2012～2013 年连续印发《中央财政支持社会组织参与社会服务项目实施方案的通知》（简称《民政部通知》），每年拿出 2 个亿，资助社会组织开展社会服务；[1] 地方政府也有配套措施，比如，北京市民政局于 2012 年发布了《关于 2012 年利用福利彩票公益金购买社会组织公益服

---

[1] http://www.chinanpo.gov.cn.

务项目的通知》(简称《北京市通知》),对全市社会组织实施的公益服务项目经遴选择优进行政府购买。① 社区体育类社会组织是社区体育、文化服务主要的承接组织。

从各级政府公布的、可供社会组织购买的服务项目范围来看,社区服务是重点服务领域,同时,很多条款中都有社区体育服务的相关内容。例如,《民政部通知》公布资助社区服务领域内的社区文化、社区卫生或社区帮教;养老服务领域内的康复护理、医疗保健或社会参与等项目;《北京市通知》目录里面,将"文体科普"作为服务项目之一,"体育健身服务"成为其中一个子项目。在具体执行过程中,也有社会组织购买了与体育相关的社区服务项目,如"2012年上海静安区政府购买社会组织公共服务评审通过项目"共179项,其中社区服务类共84项,由街道承担的社区服务项目共59项,其中与社区"体育、文化、健康"服务有关的项目共20项;在其他类项目中,也有7个左右的与社区体育服务相关的项目;如果将老年人服务、家政服务、心理减压服务等这些存在体育服务内容的项目也算上,社区体育类服务项目占社会组织购买公共服务项目总数的比例会更高。② 近些年,我国社区体育类社会组织正朝着"社会化""实体化""专业化"方向不断进步。③ 这些变化也为新型社区服务方式的推广和深入奠定了良好基础。

居民自主互助的社区体育服务方式体现出了更加灵活、自由和个性化的特点。它完全属于居民之间主动纯洁交流的过程,对营造和谐社区、建立互助互信良好氛围起到推动作用。

社区商业性体育服务方式,主要利用市场化的平等性、竞争性、法制性和开放性特点,可以更好地为居民提供全面性、高效率和个性化的体育服务,优化社区资源配置,弥补社区公共体育服务的不足。

(四) 我国社区体育服务组织与人员

根据社区服务组织和社区体育服务内容与方法的分类,在我国提供城市

---

① http://bjmjzz.bjmzj.gov.cn/wssb/wssb/xxfb/showBulltetin.do? id = 33601&dictionid = 8101&websitId = 100&netTypeId = 2.
② http://www.jingan.gov.cn/newscenter/bmdt/qsjb/201202/t20120202_100028.htm.
③ 刘永强、庞立国:《我国社区体育类社会组织政策法规现状研究》,《运动》2012年第3期,第149~150页。

社区体育服务的组织机构主要包括：市或区政府行政机关中的体育局，以及文化、教育、卫生、民政等部门（这些部门提供的部分社区服务内容，附带体育形式或内容）；街道办中的文体工作负责部门；居委会；社区康复中心；社区各类民间组织和商业机构等。

根据社区服务人员的定义、范围和社区体育组织的分类，社区体育服务人员基本由负责社区体育及相关服务工作的公务人员、社区居委会文体干部、社区体育指导员、社区健身俱乐部教练员、社区体育类社会组织负责人、社区工作者中负责体育类服务相关工作人员、社区康复中心工作人员、社区体育运动和体育宣传爱好者，以及社区附近从事体育服务的商户等组成。除此之外，一些临时性或志愿性参与社区体育服务的人士，如参与社区体育健康服务的体育专家、教师或学生，在志愿者协会登记注册的体育志愿者等，也属于社区体育服务人员。

（五）从社区体育理论角度解读社区体育服务人才队伍

体育系统参与社区体育服务的抓手主要在培训、管理和调动社会体育指导员开展全民健身运动。社会体育指导员分两种，一种是我国《社会体育指导员技术等级制度》（体育总局颁布，以下简称《制度》）中定义的，在竞技体育、学校体育、部队体育以外的群众体育活动中从事技能传授、锻炼指导和组织管理工作的人员；另一种是《国家职业标准制度技术规程》（劳动和社会保障部颁布，以下简称《规程》）中定义的，在群众性体育活动中从事运动技能传授、健身指导和组织管理工作的人员。两者从定义上几乎没有区别，但在主要性质上区别很大。

《制度》中的社会体育指导员主要从事社会体育活动的公益事业，其性质主要是义务从事社会体育的指导工作，不进入国家系列的劳动管理体系。《规程》中的社会体育指导员主要从事社会体育的有偿指导工作，其性质是纳入国家劳动服务管理体系，进入社会体育产业市场，主要从事社会体育和全民健身的经营和指导服务。[①]《制度》中的社会体育指导员属于社区体育公共服务的提供者，是社区体育服务最主要的提供者；《规程》中社会体育

---

① 李相如、刘国永：《关于我国两种社会体育指导员制度的比较研究——兼论构建中国社会体育指导员制度体系的设想》，《体育科学》2005年第3期，第78~80页。

指导员属于商业性体育服务人员。

到"十一五"末,我国社会体育指导员人数已经超过 65 万人。[①] 最新的《全面健身计划纲要》指出:"到 2015 年,获得社会体育指导员技术等级证书的人数达到 100 万人以上,获得社会体育指导员国家职业资格证书的人数达到 10 万人以上。社会体育指导员综合素质和服务水平显著提高。广泛组织优秀运动员、教练员、学校体育教师开展义务健身辅导,培育全民健身骨干,形成组织落实、结构合理、覆盖城乡、服务到位的全民健身志愿服务队伍。"

社会体育指导员在社区体育服务过程中发挥了重要的作用,同时也暴露出以下不足:社会体育指导员城乡分布不均衡,总体数量偏低,年龄结构不合理,文化层次偏低;[②] 社会体育指导员管理不到位,实际发挥作用不足,不能满足健身指导需求;[③] 社会体育指导员为公益性岗位,指导员在工作时间、工作内容和工作规范方面缺乏必要的要求和监管,工作随意性较大;社会体育指导员未纳入社区体育服务人才队伍建设序列,与社区专职服务与管理组织和人员缺乏必要的联系。

(六) 从社区服务理论角度分析社区体育服务人才队伍

从社区服务角度总结得出,社区体育服务人员组成众多,工作内容交叉复杂,组织管理涉及层面广,服务过程牵涉部门众多。而社区居民在享受体育服务的时候,并不在乎提供方是体育部门还是文化部门,也不关心提供体育服务资源或活动项目的是社会体育指导员还是居委会工作人员,甚至不会考虑自己享受的社区服务是体育服务还是其他类型的服务。从居民的角度来看,社区服务尤其是社区公共服务是一个整体,它的提供主体是政府,不需要对服务内容和服务人员作更加细致的划分,这一点与居委会服务人员面临"上面千条线,下面一根针"的现实状况十分一致。

这种情况要求社区服务与管理相关行政部门,在明确划分本部门职

---

① 国家体育总局:《体育事业发展"十二五"规划》,2011 年 4 月 1 日。
② 刘雪松:《北京奥运会后我国群众体育发展研究——兼谈日韩经验对中国的启示》,国家体育总局体育社会科学研究项目(1218SS08036),2009。
③ 北京市第二次群众体育现状调查课题组:《北京市第二次群众体育现状调查报告》,北京市体育局,2010。

能范围的同时，对提供社区体育服务内容要体现出更多的合作、交叉与共融，这些内容和要求传递到社区服务人员层面时，社区体育服务的提供者不得不扩大范围，拓展到更大范围的人群，整合更多的体育相关资源。所以，社区体育服务人才队伍必须由多层面、多渠道、多业务种类和多性质的人群组成。

根据所提供的社区体育服务的重要程度和服务质量，以及服务提供主体的性质，可将社区体育服务人才队伍（人员队伍）划分为三部分。

一是核心部分，指在服务过程中起最主要作用的人员，由社区工作者、社区康复中心工作人员、街道或社区文体干部和市、区相关行政机关公务人员组成。核心部分人员对社区体育服务起全面协调与指挥和实际指导与执行的作用，具有职业化特征。

二是基础部分，指在服务过程中起基础作用的人员，由公益社会体育指导员和社区民间组织负责人及骨干成员组成。基础部分人员承担社区体育的主要服务任务，具有非职业化的特征。

三是外围部分，指在服务过程中起提升服务质量、拓宽服务范围、满足更多服务要求的人员，由专业社会体育指导员（包括体育俱乐部教练、体育教师或学生等）、体育志愿者、社区体育运动和体育宣传爱好者，以及社区从事体育商品服务的商户等组成。外围部分人员性质较复杂，来源渠道众多，与社区关系较松散，但对社区体育服务却能起到很好的补充和提升的作用。

比起单一的社会体育指导员，社区体育服务人员的这种分类和解释，更能贴近居民的实际生活，提供全方位的社区体育服务，满足更多居民对体育的不同需求。

二 我国社区体育服务人才队伍现状研究
——以北京市为例

（一）研究我国社区体育服务人才队伍现状的必要性

人才是制约经济发展和社会进步的最重要因素之一，人才建设是实现科教兴国战略、人才强国战略、可持续发展战略的重要方面。党的十八大报告指出,"加快确立人才优先发展战略布局,造就规模宏大、素质优良的人才队伍,推动我国由人才大国迈向人才强国"。人才更是当今社区建设和服务的重要基础,在社区体育服务居民生活过程中,起着至关重要的作用。

1. 人才是保障社区体育科学服务民生的关键

社区体育服务需要科学化做保障,1.85亿老年人拥有体育运动热情和需要,很多人在选择体育服务项目时,比较盲目,不懂科学锻炼的方式方法,此外,社会上一些利欲熏心的商家或个人,经常利用老年人对体育健身或养生的强烈愿望和非科学认知,引诱老年人"花钱买健康",上当受骗。所以,社区体育专业化服务人才是体育服务原理和技能科学化的传播者,是提高老年人体育科学化和自我锻炼正规化水平的关键。

2. 人才是保障社区体育拓展服务范围和种类的关键

随着生活水平的提升,居民不再满足社区基本的体育服务项目,对新兴体育服务内容和方式有了更多的需求;随着体育逐渐走入居民生活和生产,体育所服务的人群范围和功能范围都有很大提升;在社区服务不断细化和拓展的基础上,居民对社区体育服务的范围和种类也产生了更高的要求。这些情况刺激社区体育服务人员增强服务意识,加强对体育服务需求的研究,推出更多更好的服务项目,满足居民广泛的体育要求。

3. 人才是提升社区体育服务质量和标准的关键

服务质量和标准是检验服务人员水平和能力的重要条件,提高服务质量和标准,也是体现人才价值的重要方面。社区体育服务质量和标准随着社区居民生活水平和休闲观念的提升,不断提高。比如,在一些高端社区,已经出现私人健身教练走入家庭和小区;社区运动会由专业的体育老师和裁判员来组织等。社区体育服务质量的提升必须以社区体育服务人员专业化水平和意识的提高为保障。

4. 人才是保障社区体育服务维护社区稳定和谐的关键

社区体育服务是一项长期而艰巨的任务,长时间保持稳定的服务质量和服务特色,必须依靠人才的持续投入与科学管理。社区体育服务是社区保持长期稳定的抓手,体育服务除了能满足居民身体需求外,还可以提高心理健康和社会适应水平,这些都需要社区体育服务人员深入社区,长期开展丰富多彩的体育文化活动,并根据社区特点和居民心理需求,开展有针对性的体育服务项目。比如，居民邻里关系紧张，社区体育服务人员可在居民之间开展身体接触和交流频繁、需要共同克服困难、精诚团结才能完成任务的活动，化解他们之间的心理隔阂。所以，社区的长期稳定发展与和谐建设，需要体育服务人才的参与与支持。

5. 研究意义

搜集和整理有关社区体育服务和社区服务的文献资料后，没有找到有关社区体育服务人才队伍的相关研究，而从体育的角度研究社区体育服务人才仅仅关注了社会体育指导员一个系列，不具有代表性。研究我国城市社区体育服务人才队伍，除了能系统准确地掌握体育服务人才队伍在概念界定、人员组织、工作内容、工作状况等方面的内容，更能发现人才队伍在实际工作过程中的状态、困惑、经验、问题和不足，找出制约社区体育服务人才队伍发展的关键因素，提出相关改进意见，并以此为突破，为社区服务人才队伍的整体建设，以及社区服务质量的综合提升提供参考。

（二）北京市社区体育服务人才队伍现状调查报告

本课题组利用寒、暑假时间，先后调查了北京市东城区、朝阳区和通州区部分街道和社区，通过现场访谈法、电话访谈法、微博访谈法、问卷调查法和观察法等，对东城区建国门街道大雅宝社区、朝阳区潘家园街道华威西里社区、朝阳区垡头街道办及管辖的翠城盛园社区、通州梨园街道大方居社区（筹）、通州新华街道办和通州中仓街道办的负责人或文体工作负责人进行调查；对大方居社区杨氏太极拳健身队员和领队、广场舞健身人群进行了深度访谈和长期观察，走访了大方居社区（筹）周围30余户商铺，涉及餐饮、服装、小商品、烟酒、健身中心等；通过微博访谈了两位社区体育方面的专家。调查的内容主要围绕"对社区体育服务及人才队伍的认识""社区体育服务人员和岗位的基本情况""社区体育服务工作开展情况""参与社区体育服务的情况"和"有关社区体育服务人才队伍建设的意见和建议"等。

通过以上调查结果，总结北京市社区体育服务人才队伍状况如下。

1. 组织人员基本情况

在社区体育服务人才队伍的"核心部门"层面，年龄结构趋于年轻化，学历以专科及以上为主；街道层面相关负责人学历和职称结构更高。在"基础部分"层面，由于社区体育活动的参与者主要是中老年人，这部分人才队伍的年龄偏高，主要由离退休人员组成。

每个社区均有负责文化、体育和艺术方面工作的专职工作者，除一名工作人员有艺术特长外，其他均没有相关专业背景或特长，相关的培训机会也较少；而文体活动骨干或社区文体类社会组织负责人或是热心文体教育活动，或是具有一项文体特长（如，大方居社区太极拳领队为杨澄浦第六代传人），或者不愿意参加社区体育指导员培训和考证，或者没有机会参加（如，某社区居委会书记反映，本社区两位长期参与文体活动组织和教学的退休教师，都具有很高的教学水平，十分迫切参加社区体育指导员培训，但总是没有机会），造成社区体育活动骨干或组织负责人大多数没有归为政府管理序列。

社区体育服务人才队伍普遍存在专业化水平低，工作待遇低，工作强度大，外出培训或学习机会较少的现象，工作过程中感觉自己的能力和水平与当前社区居民旺盛的文体服务需求相比有很多不足，亟须提高。

2. 工作认识方面

多数组织或个人认为，社区体育服务人才队伍主要指传统意义上的"社区文体干部、社会体育指导员和体育系统的工作人员"，而"基础部分和外围部分"的服务队伍并没有列入社区体育服务的人才队伍里面。街道的负责人认为社区体育服务人才队伍范围较广，基本涵盖了核心层全部和基础层个别对象；一些健身活动的骨干，即便在从事社区体育服务时，也没有认识到自己工作的性质和重要意义；社区商铺更是对社区服务没有任何兴趣，即使健身中心也没有主动参与社区体育服务的意愿和想法。

在对社区体育服务日常工作重要性和重要意义方面，多数组织或个人给予了充分的肯定。尤其是岁数较大的访谈对象和自身喜欢体育活动的负责人（如中仓街道办书记、大方居社区太极拳健身队领队和全部队员、参与广场舞的骨干等）都对社区体育，尤其是社区体育服务工作的重要性和深远意义，给予了高度评价，有的延伸到社会老龄化和终身教育层面；即使一些中青年访谈对象，或与社区行政关系不强的商铺负责人也认为社区体育服务人才队伍对社区服务具有不可替代的作用；社区居委会负责人或文体工作负责人也对自己的工作有比较深刻的认识。

3. 工作内容、方法与理念方面

调研发现，社区体育工作内容很难独立出来，无论从社区居民的体育活动内容与方式、活动认知和活动需求来看，从街道、社区或居委会岗位设置、人员安排或工作内容来看，从各层面社区体育服务人才队伍提供的服务内容属性来看，还是从国家对社区服务的分类来看，体育与文化、艺术和教育紧紧联系在一起。社区体育也没有必要独立出来，体育自身的很多特性、功能或表现方式都与文化、艺术或教育密不可分，但这些并不影响体育在社区服务过程中发挥自身的优势，相反，还会扩大体育在社区的服务功能范围和影响，最终受益的是广大社区居民。在这些服务工作的内容上，很难用一个名词概括文化、教育、体育和艺术，因此才会出现"服务中心"前面名词的不一致。由于本文重点突出社区体育服务，暂且用"体育"来指代这一工作内容。

在社区体育服务工作方法和理念方面，"核心部分"人员依然沿用旧有的行政手段，通过"由上到下、由官到民"的工作顺序，以任务派发的形式，完成服务工作。由于社区文体负责组织资金缺乏、人员数量和专业能力有限，以及服务理念不足，社区居民内生的群体性体育服务需求很难得到有效解决。"基础部分"人员工作过程比较活跃，积极性和主动性比较强（体育骨干或社区社会组织负责人在帮助社区居民学习运动健身技术，提供健身条件时，重新体验了自我的社会实现），但由于健身知识和技能大多来自自我体验，因而缺乏一定的科学性和合理性。"外围部分"人员，由于缺乏与社区居民交流和互动的平台和机制，加之自身本职工作占用了大量时间和精力，虽然部分人员有社区服务的能力和意愿，但也很难实现。

4. 交流与互动方面

通过访谈得知，各类社区体育服务人才队伍之间交流与互动的机会很少。"核心部分"之间，街道办与社区居委会基本保持着上下级之间的关系，居委会承接街道办下发的各类行政任务，其中包括各种文体类竞赛或表演的活动；街道文体工作是在区文化委、区体育局的指导下开展，动员居民开展各类文体活动，并设有专人管理，有的街道还设有"文化中心""文体中心"或"体育中心"，聘用专人负责中心的服务工作。"核心部分"层面的人才队伍之间沟通比较顺畅，但社区文体工作基本没有形成系统的工作理念和完备的计划，以及执行方法和程序，很多工作都是临时应付，与其他组织之间的业务交流较少。

"基础部分"中的体育骨干或体育组织的负责人由于组织的正规性和系统性较差，与居委会互动较少，个别松散、临时组织还有可能与社区民众之间发生矛盾纠纷（大方居社区篮球场上的老年人健身舞组织，经常与相邻居民楼个别住户因为舞曲噪音扰民发生矛盾，甚至演变成暴力争斗）；其中，不排除居委会为了应付上级检查，或参加上级组织举办的文体类竞赛，会对社区个别体育社会组织进行支持和培训。社会体育指导员受体育局培养和管理，一般活动站点在社区之外的公园或街景，与居委会几乎没有联系。社区康复中心自身业务开展情况也不乐观，与居委会联系也不多。

从社区周围情况来看，"外围部分"与"基础部分"几乎没有联系。除东城区大雅宝社区每年召开社区运动会时，会请周围学校的体育老师参与组织编排和现场指挥与裁判外，其他社区与周围学校没有文体工作方面的联系；健身俱乐部或会所的教练与社区文体活动也没有交集。但是，当调研人员讲到，如果社区搭建一个活动平台，通过举办一系列文体活动或比赛吸引大批社区居民现场参与，同时，商家以赞助商的形式参与到活动中来，或者宣传自己的商品，或者提供力所能及的服务时，很多商户表示愿意参加，即使付出金钱或实物作为赞助也觉得十分值得。

三 我国社区体育服务人才队伍建设指导意见

（一）在思想教育方面，加大宣传和教育，提高社区体育服务意识和认识程度

一是加大宣传力度，通过集中宣讲和分类指导相结合的方式，以社区体育服务的内容、方式、作用与意义为宣讲内容，重点体现建立社区体育服务与各类人才队伍之间联系的重要性和必要性，提高各类服务队伍的认知程度和服务意识。二是注重改进教育方法，以各级队伍本职工作培训过程为依托，将社区体育服务的内容有机融合；通过举办社区体育及相关活动，拉近各层人才队伍与社区体育服务工作的距离，增强他们的理论认知程度，提高自我服务和互助服务的意识与能力。比如，举办社区商铺运动会，加强商家与社区居民的情感沟通与业务联系，宣传社区体育服务的作用和意义，让众多商家认识到参与社区体育服务与扩大自我品牌知名度、提高品牌社区影响力之间的必然联系。

（二）在制度建设方面，建立各项保障措施，确保社区体育服务的质量和标准

由于我国社区体育服务的概念和范围在社区服务实际工作层面并未得到有效的划分和独立，在体育服务内容、人员、制度和措施等方面的规定尚不健全，社区体育服务并未真正剥离开社区服务的主体，但社区体育服务的内容和作用已经在实际操作层面得到快速发展和有效呈现，社区体育服务高标准、系统化的现实需求已经非常迫切。制度建设是保障社区服务规范化、系统化和现代化的基础，是确立和保障社区体育服务工作的前提，有关社区体育服务内容和主体的相关制度建设尤为重要。

一是规定社区体育服务在社区服务过程中的地位、作用和意义，以及社区体育服务的内容、要求和标准，这是保障社区体育服务工作良性运行的前提。二是确立社区体育服务人才管理系统的组织机构、运行模式、联动机制和保障措施，这是社区体育服务工作合理运行的支撑。三是规定各层各类社区体育服务人才队伍的组织关系、服务范围、工作职责、劳动保障和评价监督，这是社区体育服务工作顺利运行的条件保障。四是建立有关社区体育服务人才队伍在理论提升、技能培训和专业培养等方面的长效机制，提高社区体育服务人才的技能水平和服务标准，增强服务的有效性，这是社区体育服务工作长期运行的重要基础。

（三）在工作机制创新方面，整合各方人力资源，形成组织有序、运行合理的管理和服务体系

社区体育服务人才队伍存在多样性和差异性，队伍之间的行政关系和业务联系较弱，怎样将隶属不同组织，负责不同服务任务的众多队伍整合在一起，分工合理、配合默契、协调有序地全面开展社区体育服务工作，是考验社区服务人才队伍建设的关键。

建立反应灵敏、运行快捷的社区体育服务人才队伍管理和服务体系，明确各级各类服务组织或个人在管理结构中的位置、职责和作用。根据人才队伍分层标准，确立社区在管理体系中的核心地位，以及社区文体干部或相关负责人为核心领导和责任主体。同时，扩大社区在社区服务和建设中的权利和资源支配范围，提高社区的自治性和民主性。在坚持党的正确领导下，调整社区与其他组织或个人的关系，主要内容如下。

一是不断弱化市、区、街道体育行政机构及其他力量对社区体育事务的直接行政管理和干预，加强对社区体育服务工作的评价监督、技术指导和资金项目支持等环节，充分释放社区的内生动力与活力，全面保障和指导社区体育的自主运行。

二是有效分配核心层体育服务工作人员的职责，建立紧凑、稳定的服务核心结构。以社区文体干部为核心或中枢，根据其他成员的工作性质，有效划分各自任务，以及与社区文体干部的工作关系。例如，街道文体干部负责解决社区文体干部提出的体育服务技术性难题，社区工作者负责完成社区文体干部交代的日常体育服务任务等。

三是充分调动基础层服务的积极性和主动性，通过制度性、公益性和主体性的有效运用与充分体现，确立他们与社区文体干部的良好关系，有效发挥他们在社区体育服务过程中的基础作用。例如，通过相关制度，规定民间体育组织负责人的活动权限，以及相关组织的备案与审批程序和要求，同时，提供相关体育活动基本场地器材、技术支撑和资金保障；通过重点突出社区体育健身活动的公益性，引导社区体育指导员热情投入和科学指导；通过赋予基础层服务人员对相关活动内容与形式、设施设备和资金项目的主导权与支配权，充分实现他们在体育服务过程中的主体性。

四是大力引导外围层积极参与社区体育服务，通过半公益性或市场化运作方式，弥补社区体育服务不足，提升社区体育服务的质量。充分挖掘内容具体、操作可行的社区体育服务项目的公益性，通过社区志愿者服务体系，引导更多的专业性体育工作者开展社区体育服务；通过市场化运作方式和正规程序，引入社会体育服务机构，开展营利性便民体育服务和个性化体育供给，并配以公益性活动要求，实现机构盈利和社区体育服务提升的共赢。

（四）在人才培养方面，坚持专业教育与业务培训相结合，创新人才培养模式

1. 业务培训

社区体育服务人才队伍的业务培训必须纳入社区服务人才培训的大系统中，体育有关行政机构或协会对社区体育人才队伍的建设，以及在政策制定、技术指导、项目安排和奖励表彰等方面对社区体育的服务工作，要在社区整体发展规划与建设目标下，与其他社区服务内容协调发展，共同进步。

同时，多方筹措资金，多渠道争取支持，保障社区体育服务人才队伍业务培训的系统性、整体性和长期性。扩大培训人员范围，将所有社区体育服务人才队伍纳入培训计划。根据人才队伍的层级和种类，以及服务工作的内容与性质，分类指导，分级培训。根据社区体育服务的需求变化，扩充社区体育培训内容，创新培训手段与方法，如加强对核心层服务人员，尤其是社区文体干部和社区工作者，在体育、文艺或文化类社区活动的设计、组织和实施方面的知识与技能培训；转换培训方式，在实际社区体育服务的活动情境中，对社区体育指导员或民间体育组织负责人进行技术或教学方法指导。

2. 专业培养

虽然我国尚未实现社区体育服务的职业化，但我国现有高校或中职院校中，相关人才的专业化培养已经有较长的历史，其中以社会体育专业为主要代表，而一些新兴专业，如社区康复、社区工作等，为社区体育服务的专业化发展提供了大量人才保障。怎样提高专业化人才培养质量，加快专业化人才培养目标与社区体育服务实际工作需求之间的对接，是解决社区体育服务人才队伍专业化不足的关键。具体措施主要有以下两方面。

一是从社会体育专业的改革入手，加快教学内容和方法的更新。将实际社区体育服务场景作为课堂环境，根据社区体育服务的特点和注意事项，针对社区主要人群的体育需求，以及接受体育教育和健康教育的条件和能力，设计教学内容，改良教学方法。

二是将社区体育服务的理念、内容与方法有机融入社区工作、社区康复、老年服务、家政服务或物业服务等专业教育的课程体系，扩充各专业人才培养目标范围，增加社区服务人才必备技能的种类，提高人才培养质量和标准，满足社区对各类专业性服务人才职业技能的需求。充分实现"校企合作"和"工学结合"的办学模式与人才培养模式；加强社区与高校在专业建设和课程改革方面的无缝对接，在学生实训基地建设、师资互访、教学内容模块开发和教学方法试验等方面进行充分合作，最终实现高校人才培养与就业同社区岗位和任务需求的长期互补与共赢。[①]

[①] 在调研过程中，通州区中仓街道负责人提出了邀请高校体育教师进入街道为文体工作者授课的想法，对于吸纳学生到社区进行文体服务工作实习也非常赞赏。

参考文献

北京市第二次群众体育现状调查课题组:《北京市第二次群众体育现状调查报告》,北京市体育局,2010。

陈旸、马葛生:《社区体育服务居民满意度指数模型实证研究》,《中国体育科技》2009年第4期。

国家体育总局:《体育事业发展"十二五"规划》,2011年4月1日。

霍军:《河南省城市社区体育服务体系调查研究》,《河南师范大学学报》(自然科学版)2011年第11期。

李静、陈嵘:《浙江省社区体育公共服务体系的现状与对策研究——以杭州市为例》,《成都体育学院学报》2009年第12期。

李相如、刘国永:《关于我国两种社会体育指导员制度的比较研究——兼论构建中国社会体育指导员制度体系的设想》,《体育科学》2005年第3期。

刘雪松:《北京奥运会后我国群众体育发展研究——兼谈日韩经验对中国的启示》,国家体育总局体育社会科学研究项目(1218SS08036),2009。

刘永强、庞立国:《我国社区体育类社会组织政策法规现状研究》,《运动》2012年第3期。

王凯珍:《对北京市城市社区体育现状的研究》,《北京:体育科学》1994年第4期。

http://www.jingan.gov.cn/newscenter/bmdt/qsjb/201202/t20120202_100028.htm.

http://bjmjzz.bjmzj.gov.cn/wssb/wssb/xxfb/showBulltetin.do?id=33601&dictionid=8101&websitId=100&netTypeId=2.

http://www.chinanpo.gov.cn.

The Research on the Construction of Community Sports Service Talent Team in China

Abstract By use of the method of literature review, the Chinese community sports service elements, such as "concept, content, classification, support mode and organization stuff", are reviewed and the composition and classification of community sports service talent team are brought forward. According to investigating some streets and communities in Beijing, the concrete conditions of community sports service talent team are concluded. In the end, from "ideological education, system construction, the innovation of working mechanism and personnel training", some suggestions on the construction of community sports service talent team are brought forward.

Keywords　Community Service; Community Sports Service; Community Sports Service Talent Team

我国婚姻登记服务规范化建设研究

王晓玫 等*

【内容摘要】自 2005 年起,民政部提出在全国开展婚姻登记规范化建设的活动,拉开了婚姻登记规范化建设的序幕,历时 7 年多的婚姻登记规范化建设取得了令人瞩目的成绩,我们有必要对其进行总结和评估,为今后的婚姻登记工作提出政策建议,这是我们进行该课题研究的出发点和目的。本课题试图从研究规范化建设的内涵、特点和要求以及我国婚姻登记推行规范化建设的目的和主要内容出发,梳理我国婚姻登记服务规范化建设的历史发展进程及制度化建设取得的成果,对我国婚姻登记服务的场所、工作程序、CI 规范、信息网络平台、职业道德与礼仪等规范化建设进行研究,最后提出了我国婚姻登记服务工作规范化建设的发展趋势和建设重点。

【关键词】 婚姻登记　规范化建设　标准化建设

2003 年 8 月 8 日,国务院颁布了新修订的《婚姻登记条例》,并于 10 月 1 日起实施。这次《婚姻登记条例》改革的内容之多、力度之大是以往条例修

---

* 具体如下:王晓玫,北京社会管理职业学院教授,民政管理系主任,研究方向为民政管理、婚姻登记、法学;崔杰,北京社会管理职业学院讲师,民政管理系副主任,研究方向为民政管理、行政管理;李倩一,北京社会管理职业学院讲师,教研室主任,研究方向为艺术学、婚礼文化、平面设计;章林,北京社会管理职业学院副教授,研究方向为法学、社会学、婚姻法学;万俊杰,北京社会管理职业学院讲师,研究方向为艺术学、传媒学;王楠,北京社会管理职业学院讲师,研究方向为艺术学、美术学;赵莲,北京社会管理职业学院讲师,研究方向为教育学、民俗学、心理学;宋川,北京社会管理职业学院讲师,研究方向为体育教育学、教育学。

订所不能比及的。2005年4月14日，民政部发布《关于开展婚姻登记工作规范化建设活动的通知》，拉开了婚姻登记制度规范化建设的序幕。

一 规范化建设的内涵、要求和特点

（一）规范化建设的内涵和要求

规范化建设又称规范化管理，来源于企业的规范化管理。企业规范化管理在20世纪初成为一个最时髦的概念。规范化管理是与泰罗的科学管理相对立的概念，强调的是在管理的过程中，要充分体现人的价值，而不是把人当作一个机器上的螺丝钉和齿轮，是在对人的本质特性准确把握的基础上，通过确立一套价值观念体系来引导下属员工的意志行为选择。

规范化管理意义主要有四个方面：一是逐步将单位的管理工作纳入"法制"管理的轨道，减少工作中的"盲目性""随意性"；二是明确界定各管理层上下之间、横向之间的责权关系，减少摩擦，提高工作效率；三是系统地开发和建立单位的"管理软件"，使单位管理水平的提高和管理经验的积累有一个基本生长点；四是为全面实施电脑化管理奠定基础。

规范化管理主要包括两个方面的内容。一是制定各类规范管理文件，包括：基本制度；作业程序；图表报表；CI规范。二是将上述规范管理文件付诸实施并定期修改完善。

规范化管理的措施要求达到"十化"，即系统化、常态化、流程化、标准化、专业化、数据化、表单化、信息化。

（二）规范化建设的特点

制度化管理、标准化管理都不等于规范化管理或规范化建设，规范化建设必须具备以下四个特征。

（1）系统思考。贯彻整体统一、普遍联系、发展变化、相互制衡、和谐有序、中正有矩六大观念。

（2）全员参与。让每一个成员都参与到规范化建设规则的制定过程中，以保证其理解、认同和支持。

（3）体系完整。有完整的思想理论，对管理的方法和服务的标准要进行整合和协调。

（4）制度健全。有能构成规范化运行的各类制度和标准，有健全的组织成员行为激励诱导机制和管理制度。

二 我国婚姻登记服务规范化建设的内涵、主要内容及要求

（一）我国婚姻登记服务规范化建设的内涵

我国婚姻登记服务的规范化建设从内涵来看，包括规范登记、规范管理和规范服务三个方面。

（1）规范登记。规范登记是规范化建设的核心，重点是规范婚姻登记工作程序，要做到公开、透明，便于当事人监督。

（2）规范管理。规范管理主要包括规范三个方面的管理：一是对婚姻登记员队伍的管理，加强婚姻登记员队伍的自身建设，培养一批熟悉业务、热爱工作并能从事理论研究的登记员队伍；二是对婚姻登记档案的管理，配置相关设备，投入必要的人力、物力，保证婚姻登记档案的妥善保管；三是信息化的管理，不断更新婚姻登记工作手段，推动婚姻登记的网络化建设，顺应信息化建设的要求。

（3）规范服务。规范服务要掌握三个原则，第一，要严格区分服务与执法的界限，不能混为一谈；第二，服务要坚持当事人自愿的原则，不得强行搭售；第三，要用市场的规则来引导婚姻登记服务，不断拓宽服务领域，使婚姻登记服务逐步形成规模，取得良好的社会效益和经济效益。

（二）我国婚姻登记服务规范化建设的主要内容和要求

婚姻登记服务规范化建设的内容和要求在 2005 年 4 月 14 日民政部发布的《关于开展婚姻登记工作规范化建设活动的通知》中和 2007 年 4 月 18 日民政部发布的《关于"十一五"期间深入推进婚姻登记规范化建设的意见》中都有提及，现归纳如下。①

---

① 《关于"十一五"期间深入推进婚姻登记规范化建设的意见》（民发〔2007〕56 号），2007 年 4 月 18 日，民政部网站，www.mca.gov.cn/－2013－1－31。

（1）规范婚姻登记机关建设和管理。主要包括：一是依法设置婚姻登记机关，二是规范婚姻登记机关名称和印章，三是加强婚姻登记机关内部管理，四是科学布置婚姻登记机关内部环境，五是规范婚姻登记证件，六是协调解决人员编制及行政经费，七是积极推动婚姻登记工作的信息化。

（2）积极推行婚姻登记政务公开。按照《婚姻登记工作暂行规范》第11条和第16条的要求，把婚姻登记的办事程序公开，方便群众办事，接受群众监督，使婚姻登记机关成为宣传法律、文明执法的模范。

（3）认真执行婚姻登记程序。婚姻登记机关要严格按照规定的程序、步骤和要求办理结婚登记、离婚登记、撤销婚姻和补发婚姻登记证。

（4）制定婚姻登记员行为礼仪规范。婚姻登记员服务礼仪规范主要以婚姻登记员的仪容规范、举止规范、服饰规范、语言规范和岗位规范为基本内容。

三 我国婚姻登记服务规范化建设的历史发展进程及制度化建设过程

自2005年民政部开展婚姻登记规范化建设活动以来，婚姻登记的制度化文件就开始同步建设，可以说，婚姻登记规范化建设的每一个步骤和发展都离不开法规政策制度的开路和规范。

婚姻登记规范化建设历程及法规制度建设可以分为以下五个阶段。

（一）我国婚姻登记服务规范化建设与法规制度建设的前提、基础阶段（2001年4月至2006年1月）

在规范化建设中，制度建设是前提，而法律法规则是制度建设的前提和基础。自2001年《婚姻法》修订后，国务院于2003年颁布了与之配套的《婚姻登记条例》，民政部也于同年颁布《婚姻登记工作暂行规范》，同时，民政部门依据上述法律法规对婚姻登记机关进行了改革，将原设在街道办事处和乡镇政府的婚姻登记机关收归民政系统直接管理，这些法律法规的颁布以及婚姻登记机关的改革为今后婚姻登记的规范化建设奠定了基础。这期间颁布的法律法规如下。

（1）2001年4月28日，第九届全国人民代表大会常务委员会修订后的

《中华人民共和国婚姻法》颁布实施。①

（2）国务院于 2003 年 8 月 8 日颁布《婚姻登记条例》，2003 年 10 月 1 日起施行。②

（3）民政部于 2003 年 9 月 25 日颁布《婚姻登记工作暂行规范》，2003 年 10 月 1 日起正式实施。③

（4）民政部、国家档案馆于 2006 年 1 月 23 日颁布了《婚姻登记档案管理办法》。④

上述法律法规中，《婚姻登记工作暂行规范》规定了规范的婚姻登记程序和规范婚姻登记各类标准表格，同时统一了婚姻登记证书的式样印制标准，《婚姻登记档案管理办法》统一了婚姻登记档案管理的建档、存档、保管、使用等标准格式和标准工作规范，这些都为推行婚姻登记规范化建设奠定了法律规制基础。

（二）我国婚姻登记服务规范化建设与法规制度建设的提出、推进阶段（2005 年 4 月至 2006 年 10 月）

自 2003 年 10 月 1 日《婚姻登记条例》（以下简称《条例》）实施以来，全国各地认真贯彻《条例》，严格执行《民政部婚姻登记工作暂行规范》（以下简称《规范》），婚姻登记工作服务水平有了新的提高。但是，有的地方仍存在对《条例》和《规范》理解不深入，执行不到位的现象。民政部为进一步贯彻执行《婚姻法》和《条例》，提高婚姻登记工作水平，根据 2005 年全国民政工作会议精神，决定从 2005 年 4 月至 2006 年 10 月，用一年半的时间，在全国婚姻登记机关开展以严格执行《条例》和《规范》为主要内容的婚姻登记工作规范化建设活动。这期间主要发布了以下几个规范性文件。

（1）2005 年 4 月 14 日，民政部发布《关于开展婚姻登记工作规范化建

---

① 2001 年 4 月 28 日第九届全国人民代表大会常务委员会颁布修订后的《中华人民共和国婚姻法》，民政部网站，www.mca.gov.cn/－2013－1－31。
② 国务院于 2003 年 8 月 8 日颁布《婚姻登记条例》，民政部网站，www.mca.gov.cn/－2013－1－31。
③ 民政部于 2003 年 9 月 25 日颁布《婚姻登记工作暂行规范》，民政部网站，www.mca.gov.cn/－2013－1－31。
④ 民政部、国家档案馆于 2006 年 1 月 23 日颁布《婚姻登记档案管理办法》，民政部网站，www.mca.gov.cn/－2013－1－31。

设活动的通知》（民函〔2005〕70号）。①

（2）2005年8月6日，民政部基层政权司印发关于《婚姻登记规范化建设座谈会会议纪要的通知》。②

（3）2006年5月31日，民政部发布《关于评选全国婚姻登记机关规范化建设窗口单位的通知》（民函〔2006〕156号）。③

（三）我国婚姻登记服务规范化建设与法规制度建设的促进、规范阶段（2007年4月至2009年11月）

为提高婚姻登记机关依法行政水平，提供良好的服务条件和环境，2005年4月至2006年10月，民政部在全国集中开展婚姻登记规范化建设活动，取得了显著成效。原来设想是用一年半时间进行婚姻登记规范化建设，但是，到2007年达到规范化建设要求的婚姻登记机关比例不足总数的10%，这使民政部认识到，规范化建设不是一年或两年就能完成的任务，而是一个需要一定时间建设的系统工程，也认识到开展婚姻登记规范化建设的任务仍然十分繁重。

为了进一步规范和促进婚姻登记规范化建设，民政部又对婚姻登记规范化建设进行了顶层设计，发布了《"十一五"期间深入推进婚姻登记规范化建设意见》，成为婚姻登记规范化建设的又一个标志性文件。这期间发布的主要文件如下。

（1）2007年4月18日，民政部发布《关于"十一五"期间深入推进婚姻登记规范化建设的意见》（以下简称《意见》）（民发〔2007〕56号）。④

（2）2008年5月21日，民政部下发《关于评审"全国婚姻登记规范化建设合格单位"的通知》（民函〔2008〕137号）。⑤

---

① 《关于开展婚姻登记工作规范化建设活动的通知》（民函〔2005〕70号），2005年4月14日，民政部网站，www.mca.gov.cn/ －2013－1－31。
② 民政部基层政权司2005年8月6日印发《关于婚姻登记规范化建设座谈会会议纪要的通知》，民政部网站，www.mca.gov.cn/ －2013－1－31。
③ 《关于评选全国婚姻登记机关规范化建设窗口单位的通知》（民函〔2006〕156号），2006年5月31日，民政部网站，www.mca.gov.cn/ －2013－1－31。
④ 《关于"十一五"期间深入推进婚姻登记规范化建设的意见》（民发〔2007〕56号），2007年4月18日，民政部网站，www.mca.gov.cn/ －2013－1－31。
⑤ 《关于评审"全国婚姻登记规范化建设合格单位"的通知》（民函〔2008〕137号），2008年5月21日，民政部网站，www.mca.gov.cn/ －2013－1－31。

(3) 2009年4月28日，民政部发布《关于进一步做好婚姻登记规范化建设工作的通知》（民函〔2009〕113号）。①

(4) 2009年11月23日，民政部办公厅发布《关于婚姻登记字号启用新填写方法的通知》（民办发〔2009〕29号）。②

（四）我国婚姻登记服务规范化建设与法规制度建设的评估、总结阶段（2010年3月至2011年3月）

自2005年民政部组织开展婚姻登记规范化建设活动以来，各级民政部门以规范化建设为主要任务，积极推进婚姻登记规范化建设，《民政部关于"十一五"期间深入推进婚姻登记规范化建设的意见》提出了在2010年全国县级民政部门婚姻登记机关规范化建设的目标。至2010年初，北京、天津、上海、江苏、浙江、湖北等省（直辖市）已提前实现或基本实现"十一五"婚姻登记规范化建设目标，部分省、自治区、直辖市按工作进度将于2010年底前完成建设目标。但是，仍然有一些省份婚姻登记规范化建设工作进展缓慢，甚至半数左右的婚姻登记机关未能实现规范化建设的目标。因此，民政部为进一步推动"十一五"期间婚姻登记规范化建设工作，下发了评比、总结的通知，以期推动相关省市的婚姻登记规范化建设。这期间主要颁布了三个重要文件。

(1) 2010年3月26日，民政部下发《关于进一步推动"十一五"期间婚姻登记规范化建设并做好总结工作的通知》（民函〔2010〕76号）。③

(2) 2010年11月12日，民政部下发《关于授予全国婚姻登记规范化建设"十一五"贡献突出单位、个人荣誉称号及2010年全国婚姻登记规范化单位称号的决定》（民发〔2010〕154号）。④

---

① 《关于进一步做好婚姻登记规范化建设工作的通知》（民函〔2009〕113号），2009年4月28日，民政部网站，www.mca.gov.cn/-2013-1-31。
② 《关于婚姻登记字号启用新填写方法的通知》（民办发〔2009〕29号），2009年11月23日，民政部网站，www.mca.gov.cn/-2013-1-31。
③ 《关于进一步推动"十一五"期间婚姻登记规范化建设并做好总结工作的通知》（民函〔2010〕76号），2010年3月26日，民政部网站，www.mca.gov.cn/-2013-1-31。
④ 《关于授予全国婚姻登记规范化建设"十一五"贡献突出单位、个人荣誉称号及2010年全国婚姻登记规范化单位称号的决定》（民发〔2010〕154号），2010年11月12日，民政部网站，www.mca.gov.cn/-2013-1-31。

(3) 民政部于 2011 年 3 月 9 日发布《关于加快推进全国婚姻登记信息联网工作的通知》(民函〔2011〕63 号)。①

(五) 我国婚姻登记服务规范化建设与法规制度建设的深化、发展阶段 (2011 年 7 月至今)

2012 年 7 月 24 日,民政部召开婚姻登记信息全国联网新闻发布会,正式宣布经过全国各级民政部门多年以来的共同努力,截至 2012 年 6 月底,已实现婚姻登记信息全国联网目标,民政部已初步建立中央级婚姻登记数据中心,全国 31 个省(自治区、直辖市)均已建立省级婚姻登记工作网络平台和数据中心,实现了在线婚姻登记和婚姻登记信息全国联网审查。民政部又提出了"十二五"期间婚姻登记工作由规范化建设向标准化建设的总目标,即"十二五"时期,婚姻工作要以标准化等级评定促进婚姻登记机关建设,以依法行政保障婚姻权利,以婚姻信息化建设提升服务水平,以婚姻文化促进家庭和谐,以拓展婚姻公共服务践行民本理念,着力构建以现代机关、法治机关、数字机关、人文机关、真情机关为核心内涵的现代服务型登记机关。这期间主要下发了三个重要文件。

(1) 2011 年 7 月 8 日,民政部下发《开展婚姻登记机关等级评定工作通知》(民发〔2011〕100 号)。② 根据《民政部关于印发〈关于在民政范围内推进管理标准化建设的方案(试行)〉的通知》(民发〔2010〕86 号),民政部发布实施《婚姻登记机关等级评定标准》(MZ/T 024 - 2011)。该通知首次提出了婚姻登记机关国家 3A 级、4A 级、5A 级的等级评定要求,该规定的发布表明婚姻登记从规范化建设阶段转向了标准化建设阶段。

(2) 民政部于 2012 年 4 月 5 日发布《关于启用全国婚姻登记工作标识的通知》(民发〔2012〕63 号)。③

---

① 《关于加快推进全国婚姻登记信息联网工作的通知》(民函〔2011〕63 号),2011 年 3 月 9 日,民政部网站,www.mca.gov.cn/-2013-1-31。
② 《开展婚姻登记机关等级评定工作通知》(民发〔2011〕100 号),2011 年 7 月 8 日,民政部网站,www.mca.gov.cn/-2013-1-31。
③ 《关于启用全国婚姻登记工作标识的通知》(民发〔2012〕63 号),2012 年 4 月 5 日,民政部网站,www.mca.gov.cn/-2013-1-3。

（3）民政部于2012年6月18日发布《关于做好出具（无）婚姻登记记录证明服务工作的指导意见》（民发〔2012〕99号）。①

四 我国婚姻登记服务规范化建设所取得的成绩

自2005年民政部开展婚姻登记服务规范化建设活动以来，婚姻登记工作在各级党委和政府的大力支持下，在各级民政部门的正确领导下，至今历经了7年多不平凡的发展历程，取得了令人瞩目的成绩。②

（1）婚姻登记服务规范化建设使婚姻登记机关设施建设完成跨越式发展。

（2）婚姻登记服务规范化建设使婚姻登记队伍建设得到不断加强。

（3）婚姻登记服务规范化建设使婚姻登记机关的依法行政水平得到显著提升。

（4）婚姻登记服务规范化建设实现了婚姻登记信息全国联网。

（5）婚姻登记服务规范化建设使婚俗改革得到扎实推进。

五 我国婚姻登记服务的场所规范化建设

（一）婚姻登记服务场所的含义

婚姻登记服务场所即婚姻登记处。婚姻登记处是具体办理婚姻登记事务的职能机构，它是指县级以上的人民政府民政部门和乡（镇）人民政府设置的专门行使婚姻登记职责的婚姻登记部门。婚姻登记场所规范化建设主要是指婚姻登记办公场所的规范化建设，主要包括：等候室（区）、结婚登记室（区）、离婚登记室（区）、档案室和颁证厅等硬件规范化建设和人性化服务、环境布置等软件规范化建设。

---

① 《关于做好出具（无）婚姻登记记录证明服务工作的指导意见》（民发〔2012〕99号），2012年6月18日，民政部网站，www.mca.gov.cn/–2013–1–31。

② 《2010年12月28日窦玉沛副部长在全国婚姻登记规范化建设"十一五"总结视频会议上的讲话》，民政部网站，www.mca.gov.cn/–2013–1–31。

(二) 我国婚姻登记机关场所规范化建设标准及检查标准

1. 我国婚姻登记机关场所规范化建设标准

根据民政部2005年颁布的《关于开展婚姻登记工作规范化建设活动的通知》、2006年《关于评选全国婚姻登记机关规范化建设窗口单位的通知》、2007年4月18日《关于"十一五"期间深入推进婚姻登记规范化建设的意见》、2008年5月21日《关于评审"全国婚姻登记规范化建设合格单位"的通知》和《婚姻登记机关等级评定标准》（MZ/T 024－2011）的相关规定，我国婚姻登记机关场所规范化建设的具体要求如下：①要有固定场所和标识；②场所内部分区合理；③候登室（区）符合标准；④排队有明确指示或叫号；⑤婚姻登记场所内要宽敞、明亮、庄重、整洁；⑥登记区（室）符合布局要求；⑦确保当事人的私密空间；⑧各区域面积分配合理；⑨档案室要符合规定；⑩设有独立的颁证厅，设有亲友观礼席位。

2. 我国婚姻登记机关场所规范化建设检查标准和等级评定标准

根据民政部2008年5月21日颁布的《关于评审"全国婚姻登记规范化建设合格单位"的通知》，民政部决定开展"全国婚姻登记规范化建设合格单位"（以下简称"合格单位"）评审工作，表1是关于婚姻登记机关场所标准化建设检查表。

表1 婚姻登记机关场所标准化建设检查表

分类	检查项目	检查方式
办公场所	登记机关有独立的办公场所	实地查看
	登记机关分设候登室(区)、婚姻登记室(区)、档案室,各室(区)设有指示牌	实地查看
	候登室(区)、婚姻登记室(区)宽敞、明亮、庄严、整洁,面积分配合理	实地查看
	候登室(区)不拥挤,配有桌、椅、笔和表格式样	实地查看
	候登室(区)排队有明确指示或叫号	实地查看
	婚姻登记室(区)登记桌面宽敞,当事人和登记员相对平坐	实地查看
	结婚登记区域有相对独立的私密空间	实地查看
	离婚登记区域有独立的私密空间	实地查看
	候登室(区)、婚姻登记室(区)面积符合要求(登记量低于1000对的,不少于30平方米;1000~3000对的,不少于50平方米;3000~6000对的,不少于80平方米;6000~9000对的,不少于100平方米;高于9000对的,不少于120平方米)	实地查看
	档案室配有足够的档案柜,防潮、防火、防虫、防盗	实地查看

按照民政部 2011 年发布实施的《婚姻登记机关等级评定标准》(MZ/T 024-2011),① 规定了国家 3A、4A、5A 级婚姻登记机关等级评定要求。婚姻登记机关评定等级由低到高分为国家 3A 级、国家 4A 级和国家 5A 级三个等级。等级评定中不设国家 1A 级、国家 2A 级婚姻登记机关。每个等级都对婚姻登记场所,包括环境布局、候登大厅、结婚登记区、离婚登记室、婚姻家庭辅导室、颁证大厅、档案室、卫生间、设施配备作了明确细致的规定。

(三) 目前婚姻登记机关在场所规范化建设中存在的主要问题与改进建议

目前,在全国各级婚姻登记机关的场所规范化建设工作中,因条件所限并且在短期内一时还难以得到有效解决的常见问题有以下三个方面:部分登记机关办公场地紧张,登记场地狭小拥挤;登记场所布局不合理;登记场所基础设施相对薄弱,设施简陋,与婚姻登记工作对环境的要求相差甚远。针对这一系列问题,民政部在《开展婚姻登记机关等级评定工作通知》中也提出了实事求是的原则,根据当地情况,制订切合实际、符合需求的发展目标。婚姻登记机关要以等级评定工作为抓手,积极创造条件,争创符合自身条件的等级,推动工作在现有基础上实现新的发展。

六 我国婚姻登记服务的工作程序规范化建设

所谓工作程序,是指对婚姻登记的工作流程所做的基本描述和规定,如:结婚登记程序、离婚登记程序、补办结婚登记程序、复婚登记程序、撤销婚姻登记程序、补领婚姻登记证程序、开具婚姻登记记录证明程序等。所谓婚姻登记服务工作程序的规范化建设指的就是婚姻登记机关在办理结婚登记、离婚登记、补办结婚登记、复婚登记、撤销婚姻登记、补领婚姻登记证、开具婚姻登记记录证明时,要认真执行婚姻登记程序,

---

① 《中华人民共和国民政行业标准 MZ/T 024-2011 婚姻登记机关等级评定标准》,百度文库,wenku.baidu.com/view/c6dc1a... -2011-11-25。

其工作流程要符合《婚姻登记条例》和《婚姻登记工作暂行规范》等相关规章制度的规定。与此同时，要把婚姻登记的办事程序公开，方便群众办事，接受群众监督。在此基础上，加强婚姻登记机关内部管理，完善首问责任制、一次性告知制、限时办结制等一系列与工作流程相关的办事制度。

（一）结婚登记、离婚登记工作程序规范化

结婚登记程序和离婚登记程序在《婚姻登记工作暂行规范》中已经作了明确的规定。按照《婚姻登记工作暂行规范》的规定，结婚登记和离婚登记都应当按照初审—受理—审查—登记（发证）的程序办理。

（二）撤销婚姻登记程序、补领婚姻登记证程序规范化

撤销婚姻的登记程序是指受胁迫的婚姻当事人，向原办理该结婚登记的机关请求撤销其婚姻的行政程序。根据《婚姻登记工作暂行规范》第42条规定，撤销婚姻应当按照初审—受理—审查—报批—公告的程序进行。与结婚登记程序和离婚登记程序相比，撤销婚姻登记程序多了报批程序和公告程序。根据《婚姻登记工作暂行规范》第42条规定，补领婚姻登记证的程序，是指已经办理过结婚登记或离婚登记手续，但因结婚证或离婚证书丢失或损毁，要求登记机关根据婚姻登记档案为其补发结婚证或离婚证的程序。当事人婚姻登记档案的查证与核实是补领婚姻登记证工作程序规范化建设的重点。

（三）出具（无）婚姻登记记录证明工作程序规范化

出具（无）婚姻登记记录证明程序指的是当事人出于各种原因的需要，要求登记机关根据婚姻登记档案为其出具婚姻登记证明的工作程序。其中，申请条件与证明材料的审查是出具婚姻登记记录证明工作程序规范化建设的重点。民政部于2012年出台的《关于做好出具（无）婚姻登记记录证明服务工作的指导意见》（民发〔2012〕99号），为出具（无）婚姻登记记录证明的工作程序规范化提供了政策依赖和程序依据。

（四）婚姻登记程序规范化存在的问题及改进建议

尽管目前我国在婚姻登记程序的规范化建设方面取得了很大成绩，大部

分地区的婚姻登记机关都能够认真严格地执行规范的婚姻登记程序，但是仍然还有一些地方在开展婚姻登记服务中未尽告知义务，未切实履行询问职责，将本应自愿选择的服务项目强制或变相摊派给当事人。

除此之外，婚姻登记机关还应该着力于改进工作方式，提高登记效率，创新登记流程，从而进一步推进婚姻登记程序的规范化建设。例如，河南省郑州市金水区民政局就把建立科学登记程序作为规范化建设的一项重要内容，使过去的单人登记变为流水登记，将婚姻登记分为初审—受理审查—颁发证件三个流程。初审主要是对登记申请进行初步审理，并进行分类处置；受理审查主要是接受申请，审查材料的合法性并制作证件材料；颁发证件主要是免费为当事人举办颁证仪式。如此一来，既提升了婚姻登记员办事的熟练程度，又节省了当事人的时间，提高了登记效率，完善了婚姻登记服务的规范化程度。

同时，在规范婚姻登记程序过程中，应当细化并明确规定每一个步骤、每一个流程以及婚姻登记员在每个流程中必须履行告知的事项。比如，在结婚登记初审程序就涉及以下几个步骤，婚姻登记员必须履行告知义务：当事人是否符合结婚年龄（男方年满22周岁，女方年满20周岁）；当事人双方是否均无配偶（未婚、离婚、丧偶）；当事人双方是否没有直系血亲和三代以内旁系血亲关系；当事人双方是否自愿结婚等。另外，应当将颁证程序规定为法定程序，以增强结婚登记的庄严性、神圣性，这也是婚姻登记程序规范化建设的重要内容。

七　我国婚姻登记服务CI规范的规范化建设

婚姻登记机关是民政社会事务工作的最大窗口，是民政为民服务的品牌，理应规范婚姻登记行业形象，建立婚姻登记服务形象识别系统，即CI规范系统。因此，《婚姻登记工作暂行规范》第8条规定："婚姻登记处应当在门外醒目处悬挂'婚姻登记处'标识牌。标识牌尺寸不得小于1500mm×300mm或550mm×450mm。"这也是婚姻登记机关形象识别系统的相关规定。

（一）CI的含义及组成部分

所谓CI是指形象识别系统，英文全称为Corporate Identity System，故简称 CI，意思是"企业的统一化系统""企业的自我同一化系统""企业识别系统"。CI 理论把企业形象作为一个整体进行建设和发展，这正与婚姻登记服务规范化建设所追求的目标一致。

形象识别系统由企业的理念识别（Mind Identity，简称 MI）、企业的行为识别（Behavior Identity，简称 BI）和企业的视觉识别（Visual Identity，简称 VI）组成。

（1）理念识别。理念识别一般包括企业的经营信条、企业精神、座右铭、企业风格、经营战略策略、厂歌、员工的价值观等。婚姻登记服务的规范化建设，以为民服务为宗旨，以依法行政为前提，以规范管理为手段，以信息化建设为载体，按照场所环境设置合理化、登记流程规范化、内部管理制度化、工作队伍专业化、服务手段信息化的总要求，努力提高婚姻登记管理和服务水平，使婚姻登记机关成为广大人民群众满意的文明服务窗口，为促进婚姻和谐、家庭和谐、社会和谐做出积极贡献为理念识别。①

（2）行为识别。行为识别包括对内和对外两部分。对内包括对干部的教育、员工的教育（如服务态度、接待技巧、服务水准、工作精神等）、生产福利、工作环境、生产效益、废弃物处理、公害对策、研究发展等；对外包括市场调查、产品开发公共关系、促销活动、流通政策、银行关系、股市对策、公益性、文化性活动等。在婚姻登记服务的规范化建设中，包括：场所环境设置合理化、登记流程规范化、内部管理制度化、工作队伍专业化、服务手段信息化等行为识别。

（3）视觉识别。视觉识别一般包括基本设计、关系应用、辅助应用三个部分。基本设计包括企业名称、品牌标志、标准字、标准色、企业造型、企业象征图案、企业宣传标语、口号、吉祥物等；关系应用包括办公器具、设备、招牌、标识牌、旗帜、建筑外观、橱窗、衣着制服、交通工具、包装用品、广告传播、展示、陈列等；辅助应用包括样本使用法、使用规格及其他附加使用等。在目前的婚姻登记服务的规范化建设中，已经确定了全国婚姻登记工作标识，并出台了《全国婚姻登记工作标识使用管理规定》，属于视觉识别。

---

① 《关于"十一五"期间深入推进婚姻登记规范化建设的意见》（民发〔2007〕56 号），2007 年 4 月 18 日，民政部网站，www.mca.gov.cn/－2013－1－31。

（二）我国婚姻登记服务 CI 规范建设存在的问题

2012 年 4 月 5 日，民政部下发《关于启用全国婚姻登记工作标识的通知》后，全国婚姻登记工作标识的确立是我国婚姻登记服务 CI 规范建设的里程碑，但是该工作标识只是搭建了最基础的视觉识别系统（VI），完成了婚姻登记服务的标识、标准中文字、标准英文字，尚未确定标准色、象征图案等其他视觉识别系统的基本组成设计。

以标准色为例，在婚姻登记工作的宣传网页或宣传册的设计与使用中，没有详细、明确的标准色系统设计，这样就会导致出现一个地方机构一个设计主色，一年一个宣传主色的现象，看似五彩缤纷、喜气热烈，却不会形成自上而下统一的婚姻登记服务系统的形象，这种形象的树立正是品牌建设的重要内容之一。

正如提到中国建设银行，就会想到蓝色，提到中国人民大学就会想到"人大红"，这正是 CI 规范化建设的体现，也正是婚姻登记服务 CI 规范建设中最缺少的典型性的品牌形象。

八　我国婚姻登记服务的信息网络平台规范化建设

（一）我国婚姻登记服务信息网络平台规范化建设历程

（1）1996 年，民政部社会事务司印发了《关于推动婚姻管理工作办公自动化的通知》（民事字〔1996〕第 92 号），提出要求将婚姻登记管理办公自动化建设提到议事日程。[①]

（2）民政部开发婚姻登记管理系统 1.0 版和 2.0 版（1.0 版的升级版）并向全国推广。民政部办公厅印发了《关于进一步加快婚姻登记管理系统软件应用的通知》（民办函〔2001〕34 号）。[②]

（3）民政部开发"国内婚姻登记信息系统"软件，并于 2004 年发布《民政部办公厅关于启用新版国内婚姻登记信息系统的通知》（民办函

---

① 《关于推动婚姻管理工作办公自动化的通知》（民事字〔1996〕第 92 号）。
② 《关于进一步加快婚姻登记管理系统软件应用的通知》（民办函〔2001〕34 号）。

〔2004〕148号）。①

（4）2007年，民政部发布的《关于"十一五"期间深入推进婚姻登记规范化建设的意见》（民发〔2007〕56号），要求各省建成或初步建成婚姻登记数据库和工作平台，县级以上（含）民政部门婚姻登记机关计算机数量应不少于婚姻登记员人数的70%。②

（5）2009年，民政部发布《关于进一步做好婚姻登记规范化建设工作的通知》（民办函〔2009〕113号），要求各省力争在"十一五"期间完成省级婚姻登记信息联网工作。

（6）2010年3月，民政部开发完成全国婚姻登记信息系统，免费提供给各地使用，同时提供系统安装部署和培训服务。

（7）民政部于2011年发布《关于加快推进全国婚姻登记信息联网工作的通知》（民函〔2011〕63号），提出要逐步建立全国婚姻登记数据中心。截至2010年3月，陕西、北京、上海三个试点省市已实现与全国婚姻登记数据中心的数据交换和共享，试点省市间已实现婚姻登记信息联网。

（8）2012年7月24日，民政部召开婚姻登记信息全国联网新闻发布会，正式宣布经过全国各级民政部门多年以来的共同努力，截至2012年6月底，已实现婚姻登记信息全国联网目标。民政部已初步建立中央级婚姻登记数据中心，全国31个省（自治区、直辖市）均已建立省级婚姻登记工作网络平台和数据中心，实现了在线婚姻登记和婚姻登记信息全国联网审查。

（二）婚姻登记服务信息网络平台规范化建设改进建议

（1）补充完善婚姻登记历史数据。如，北京市民政局与档案局已签订信息共享协议，取得婚姻登记历史档案电子目录377.8万条，完成新中国成立以来所有婚姻登记历史档案补录任务。上海市民政局在市档案局的支持下，已将新中国成立以来的573万条婚姻登记档案目录信息转入婚姻登记管理信息系统中。杭州市民政局组织专业力量，已集中精力完成新中国成立以来的235万条历史数据的补录工作。

---

① 《民政部办公厅关于启用新版国内婚姻登记信息系统的通知》（民办函〔2004〕148号）。
② 《关于"十一五"期间深入推进婚姻登记规范化建设的意见》（民发〔2007〕56号）。

（2）建立相关部门信息共享机制。建立居民信息在相关部门的共享机制，实现婚姻登记信息与民政财务统计信息系统的数据接口对接，自动生成婚姻登记统计台账数据，可直接将数据导入全国统一的民政财务统计台账系统，无需人工统计、录入，自动生成人口与计划生育部门需要的婚姻当事人信息表和婚姻档案目录等，极大地减轻了婚姻登记人员的劳动强度。实现公民信息数据库的数据接口对接并实现信息共享，也可实现把人文关怀渗透到登记工作的每一道流程，每一个规定，每一个细节。同时加强研究论证，探索制定《婚姻信息查询使用管理办法》。

（3）确保系统稳定运行。实现全国联网后，民政部门应当全力做好系统的技术支持和系统运行维护工作，确保系统稳定运行。民政部门还应当继续推进婚姻登记数据库建设，逐步提升数据完备性，不断完善系统功能，深度挖掘数据应用、统计分析等功能，为社会管理决策提供支持。以信息化为依托，继续推动开展网络预约登记服务，探索优化结婚登记、离婚登记工作流程，以进一步提高当事人婚姻质量。

（4）实施科学合理的婚姻登记信息化管理系统。参考西方发达国家"公民社会安全系统"的做法，进一步完善丰富居民身份证的内容项目，婚姻登记机关只需在婚姻登记信息系统中输入当事人身份证号码，系统就能自动将该身份证信息发送到公民信息管理系统进行比对，公民信息管理系统及时将该身份证对应的、婚姻登记所需的相关信息，如姓名、性别、民族、身份证号码、出生日期、常住户口地址、照片等反馈到婚姻登记信息系统，婚姻登记员根据当事人提供的证件资料与之核对检查，确认无误后直接添加到审查处理表中。一是可减少登记员的手工信息录入量和录入差错率，加快了办证速度。二是解决了登记员对当事人所提供的证件资料（身份证、户籍资料等）的真伪识别、审查难点（公民信息系统反馈的信息直接来源于公安户籍管理部门），能有效杜绝使用假身份证及户籍资料、重（错）号身份证办理婚姻登记的问题。三是较使用身份证识读器查验更为先进。身份证识读器只能识读第二代身份证，而该系统对第一代、第二代身份证均可自动查验，且信息自动添加，无需手工录入。四是户籍管理部门可直接采集婚姻登记信息修改当事人户籍信息中的婚姻状况。同时，要像西方一些国家的居民信誉证一样，及时丰富更新居民身份证内涵，如某居民的违法事项、婚姻状况等信息，能及时自动联网录入。

九 我国婚姻登记员职业道德与礼仪规范化建设

(一) 我国婚姻登记员职业道德与礼仪规范化建设的内涵

一般来讲，婚姻登记员的职业道德主要包括：爱岗敬业，诚实守信，办事公道，服务群众，奉献社会。职业道德的内涵可以概括为八个方面：①职业道德是一种职业规范，受到社会普遍的认可；②职业道德是长期以来自然形成的；③职业道德没有确定形式，通常体现为观念、习惯、信念等；④职业道德依靠文化、内心信念和习惯，通过职工（员工）的自律实现；⑤职业道德大多没有实质的约束力和强制力；⑥职业道德的主要内容是对职工（员工）义务的要求；⑦职业道德标准多元化，代表了不同行业（企业）具有的不同价值观；⑧职业道德承载着行业（企业）文化和凝聚力，影响深远。

职业礼仪所包括的内涵，主要是静态的礼仪和动态的礼仪两方面。静态礼仪主要是指仪容仪表、服饰礼仪留给他人的影响，而动态的礼仪则更侧重面部的表情、微笑、仪态、行为举止等动态的礼仪规范的体现。当前国际上流行的 SDR 原则，亦即在正式的商务社交场合，应充分利用自身的形象资源。无论是动态的还是静态的礼仪，一般都应特别注意做到：第一，要让自己时时都有尊严；第二，要处处给他人留以尊严；第三，要让自己的职业形象给人留下合理高效的印象。而所谓"个人形象资源"主要是指容貌、魅力、风度、气质、化妆、服饰等直观的，包括天生的外表感觉的东西，这是一种值得开发、利用的资源，它将直接影响到职业形象的设计和塑造，现代社会更是必不可少。作为从事婚姻登记服务行业的人员，尤其应该引起重视和充分加以开发利用。

民政部 2004 年开始推行婚姻登记规范化建设之初就提出了婚姻登记员的职业道德和行为礼仪方面的规定。2006 年，青岛市开始举办婚姻登记员礼仪培训，2008 年，青岛市民政局在全国率先出台了《青岛市婚姻登记员行为礼仪规范》，2009 年《湖北省婚姻登记员行为礼仪规范（试行）》之后，全国很多省市都出台了相关的礼仪规范，比如 2010 年《南通市婚姻登记员文明服务礼仪规范》《济宁市婚姻登记员文明礼仪规范（试行）》，2011

年民政部专门制作了《婚姻登记员行为礼仪规范》教学片。

但遗憾的是,2011年民政部发布实施的《婚姻登记机关等级评定标准》(MZ/T 024-2011)中,没有具体规定婚姻登记员职业道德和礼仪的要求。

(二) 我国婚姻登记员的礼仪规范

婚姻登记员服务礼仪主要以婚姻登记员的仪容规范、举止规范、服饰规范、语言规范和岗位规范为基本内容。①

婚姻登记机关是服务窗口单位,必须把优质服务放在行动上。尽管民政部门规定了详尽的职业道德和职业礼仪,尽管各级民政部门也在对婚姻登记员进行礼仪培训,但是如何将这些内容落实到婚姻登记员的具体行动中还是一个必须认真研究的课题。有的婚姻登记处在场地面积、硬件设施上已达到《婚姻登记机关等级评定标准》的3A级或4A级标准,但是婚姻登记员的服务态度和服务水平并不尽如人意。这说明仅靠民政系统内部监督提高婚姻登记员的服务质量是不够的,必须引入日常督导和社会监督机制,要像银行等窗口服务单位一样,每次服务结束后由被服务者给服务者打分。还要在婚姻登记机关建立日常的督导机制,随时监督检查登记人员的服务态度和方式,达到推动婚姻登记员提高服务质量的效果。

十 我国婚姻登记服务工作规范化建设的发展趋势和建设重点

民政部提出了"十二五"时期总体目标,婚姻工作要以标准化等级评定促进婚姻登记机关建设,以依法行政保障婚姻权利,以婚姻信息化建设提升服务水平,以婚姻文化促进家庭和谐,以拓展婚姻公共服务践行民本理念,着力构建以现代机关、法治机关、数字机关、人文机关、真情机关为核心内涵的现代服务型登记机关,这些目标的规定,为婚姻登记工作今后的发展趋势和建设重点都指明了方向。

但是,随着婚姻登记规范化建设向标准化建设的推进,我们要避免以下误区。

---

① 王晓玫:《婚姻登记服务与管理》,中国社会出版社,2010,第64页。

误区一：很多人把规范化管理理解为制度化管理，或等同于标准化管理，认为建立了一套完善的管理制度，规范化管理就达到了一定的水平。这种理解是有失偏颇的。有的单位虽然建立了完善的管理制度，但管理还是一团糟，就说明了这一点。

误区二：把规范化等同于精细化。而精细化往往演变成烦琐化，盲目的精细化不是规范化，而是人为复杂化。

误区三：标杆误区。向同行中的佼佼者学习，这本无可厚非，但如果不切实际，盲目生搬硬套，结果只能是东施效颦。

以上三个误区都忽略了在管理过程中最关键的因素即人的因素。因此，在规范化建设中，要善于运用管理科学，学习运用人本原理，强化"首要标准"观念，用好责任原则、动力原则、能级原则。

在深入进行婚姻登记规范化、标准化建设中还要注意以下三点。

一是规范化、标准化管理是建立在科学的人性理论基础之上，在实施科学管理过程中，要充分强调体现人的价值。

二是规范化、标准化管理的决策层、管理层、执行层之间是相互理解，密切配合，相互支持，能够换位思考，达到和谐共处的一个整体，因此，必须处理好三者之间的关系。

三是不应只是建立起孤立的规章制度，还要在科学的人性理论基础上，形成一套适合本单位实际的、系统的、上下认同、行之有效的，能促进登记机关又好、又快、又省地实现发展目标的管理体系。

笔者建议，今后婚姻登记规范化、标准化建设的重点应做好以下三个方面的工作。

（一）加强软件建设，提高婚姻登记机关工作人员的服务能力

建设现代化婚姻登记机关，从总体上讲包括两个方面，即以登记机关场所、设施、技术装备、管理设施、服务设施等的硬件建设（物质文明），以及以婚姻登记机关工作人员的素质、执法水平、管理制度、服务方法、服务能力为内容的软件建设（精神文明），二者缺一不可。必须认识到硬件与软件是辩证统一的，硬件建设搞好了，有利于软件建设；软件建设搞好了可以促进硬件建设，二者相辅相成。只抓硬件的物质文明建设显然不是现代化婚姻登记机关，而只抓软件的精神文明建设也达不到现代化婚姻登记

机关的要求。

通过7年多的婚姻登记规范化建设，目前来看，全国大部分婚姻登记机关的场所、设备、设施等硬件建设已经取得了不小的成绩，很多机关都达到了规定的标准，但是，在软件建设即婚姻登记人员的服务水平、服务能力方面，还有待于提高。

软件建设，主要强调婚姻登记机关工作人员的素质、服务能力、执法能力、科学管理能力、服务措施和方法等。婚姻登记工作是面向社会全体公众，窗口最大、社会影响最大，对塑造民政部门形象作用也最大的工作，婚姻登记员的服务能力和服务素质关系到社会公众对民政部门的认识，因此，仅仅强调服务场地设施等的硬件建设，忽视了登记人员的服务能力建设，是无法达到婚姻登记规范化建设的目标的。

从某种意义上讲，软件建设比硬件建设更重要，但难度更大。因此，民政部应该尽快出台《婚姻登记标准服务流程》《婚姻登记员职业标准》《婚姻登记员职业道德与礼仪规范》《婚姻登记员业务培训大纲》等提高婚姻登记员素质和服务能力的规范性文件，以促进婚姻登记机关的软件建设。

（二）强化婚姻登记的神圣感、仪式感，提高公民对婚姻登记的尊崇

在关注婚姻登记机关工作人员的素质和能力提高的同时，也不可忽视公民对婚姻登记的神圣感和仪式感。例如，对到婚姻登记机关进行婚姻登记的当事人服装穿着的要求；对当事人的婚姻登记向社会的公示程序、结婚登记的颁证程序等，这些都能让当事人在庄重神圣的婚姻登记过程中感悟婚姻家庭所蕴含的责任与担当，营造和谐婚姻，减少闪婚、冲动型婚姻的发生。同时，这些程序和仪式的推行也可以提高婚姻登记员的服务品质和服务能力。

（三）探索拓展婚姻公共服务，彰显婚姻登记是为民服务的真情机关

婚姻登记机关要立足时代发展，逐步探索婚姻基本公共服务内容，推行婚姻政策咨询、婚姻知识宣传、婚姻情感疏导等婚姻服务项目。吸纳社会力量，采取包括政府购买服务在内的多种方式，引导婚姻家庭领域心理咨询

师、律师、社工等专业人员以及其他力量共同参与婚姻服务，使婚姻公共服务成为促进婚姻和谐的重要保障。

参考文献

《关于"十一五"期间深入推进婚姻登记规范化建设的意见》（民发〔2007〕56号），2007年4月18日，民政部网站，www.mca.gov.cn/-2013-1-31。

陈光耀、周吉祥：《日本婚介机构考察及我国婚介机构管理工作的思考》，《中国民政》2005年第2期。

丁峰：《婚姻登记条例问答》，中国法制出版社，2003。

〔英〕海兰德、金：《艺术的视觉形象与品牌》，张书鸿、张京晶译，机械工业出版社，2009。

李鹏程：《VI品牌形象设计》，人民美术出版社，2010。

民政部基层政权司：《基层政权和社区建设司试论香港婚姻法与大陆婚姻法之异同》，http://sws.mca.gov.cn/article/hydj/llyj/200711/20071110003487.shtml。

民政部基层政权司：《日本、韩国婚姻管理模式给我国婚姻登记工作的启示》，http://sws.mca.gov.cn/article/hydj/llyj/200711/20071110003491.shtml。

王维平、何欣：《现代企业形象识别系统》，中国社会科学出版社，2010。

王晓玫：《婚姻登记服务与管理》，中国社会出版社，2009。

王晓玫：《婚姻登记制度》，中国当代出版社，2006。

Study on the Standardization Construction of Marriage Registration Service in China

Abstract Since 2005, the activity of standardization construction for marriage registration was launched by Ministry of Civil Affairs, which kicked off the curtain of standardization construction for marriage registration. During the past seven years, the standardization construction of marriage construction has made remarkable achievements, and it is necessary to conclude and evaluate it, thus to propose policy suggestions for the marriage registration in the future. It is the start point and destination point of our research project. In this project, historical development process and achievements of institutionalized construction were combed for the standardization construction of marriage registration in China by starting from the connotation, characteristic, requirements of standardization construction, as well as the purpose, significance and major contents of standardization construction for the marriage registration in China. And then the standardization construction for place of marriage registration service, forms and certificates, working procedure, CI specification, information network platform, professional ethics and etiquettes, occupational standard, service concept and service ability was studied. Finally, the development trend and construction emphasis were proposed for the standardization construction for marriage registration service in China.

Keywords　Marriage Registration; Standardization Construction; Normalization Construction

社区养老：应对中国人口老龄化的制度基础

张雅桦[*]

【内容摘要】"健康老龄化"和"积极老龄化"是国际社会普遍认同的行动目标。在我国，社区养老可以满足老年人最重要的"老有所养"和"老有所医"的需求，符合老年人怀旧的心理和家庭照料的传统观念，符合积极老龄化的行动目标；社区养老还通过整合社会养老资源，实现养老资源的共享和合理规划，符合我国"健康老龄化"的理念。为了促进社区养老的发展，应当结合老龄化发展趋势，构建老龄化社区；制订合理的长期照料标准和居家养老服务标准。

【关键词】社区养老　人口老龄化　养老服务体系　健康老龄化　积极老龄化

一　引语

2012年9月2日，中央电视台二套对话栏目播出主题为"明天我们如何养老"的节目，84岁的空巢老人王奶奶成为我国空巢老年人养老问题的典型代表个案。那么，究竟何种养老模式适合我国的老年人群体呢？

---

[*] 张雅桦，北京社会管理职业学院民政管理系副教授，研究方向为社会福利与社会政策、社会保障。

中国自 1999 年开始步入老龄化社会。2010 年第六次人口普查结果显示：[①] 60 岁及以上人口为 177648705 人，占总人口的 13.26%，其中 65 岁及以上人口为 118831709 人，占 8.87%，已远高于国际上关于人口老龄化的最低标准。国务院印发的《中国老龄事业发展"十二五规划"》指出，2011~2015年，全国 60 岁以上老年人人数年均增长 800 万人以上，将由 1.78 亿人增加到 2.21 亿人。[②] 随着人均寿命的不断增加，人口老龄化的加速发展，中国老年群体日益呈现高龄化、空巢化趋势，需要照料的失能、半失能老人数量剧增。养老问题开始成为我国社会建设过程中亟须应对的一大难题。2002年联合国第二届世界老龄大会提出了"健康老龄化"和"积极老龄化"的发展战略，要求在"健康、保障、参与"这三个方面采取行动，促进老年人不仅要保持身心健康，还要积极面对晚年生活，继续为社会做出有益的贡献，强调老年人不只是被关怀照顾的对象，也是社会发展的参与者和创造者。我国要实现"健康老龄化"和"积极老龄化"战略，有必要借鉴发达国家的社区养老经验，围绕"健康、保障、参与"的目标，积极应对人口老龄化的挑战。

二 社区养老的国际经验

（一）社区养老的概念界定

社区是社会的细胞，是城市的基本单元。社区是指居住在共同的地域空间，成员间有共同的情感联系，具有共同的利益，由一定的人群所组成的社会生活共同体。社区是老年人的聚居地，是除了家庭之外，老年人生活和养老最主要的活动场所和生活空间，具有独特的优势。

社区养老是指以社区为主体，以社区服务为保障，以家庭和机构养老为载体，整合社会养老资源，由家庭、社区、养老机构和社会组成多层次的养

[①] 中华人民共和国国家统计局：《2010 年第六次全国人口普查主要数据公报（第 1 号）》，http://www.stats.gov.cn/tjgb/rkpcgb/qgrkpcgb/t20110428_402722232.htm，2011 年 4 月 28 日。

[②] 王薇：《老龄产业市场前景广阔 发展还需政策扶持》，全国老龄工作委员会办公室中国老龄门户，http://www.cncaprc.gov.cn/info/17881.html，2011 年 4 月 13 日。

老服务体系，为老年人提供有偿、无偿或低偿服务的养老模式。社区养老服务就是通过政府扶持、社会参与、市场运作，逐步建立以社区养老为核心，社区养老服务为依托，向居家老人提供生活照料、医疗保健、精神慰藉、文化娱乐等为主要内容的服务。① 国务院办公厅 2012 年印发的《社会养老服务体系建设规划（2011～2015 年）》指出，"社区养老服务是居家养老服务的重要支撑，具有社区日间照料和居家养老支持两类功能，主要面向家庭日间暂时无人或者无力照护的社区老年人提供服务"。

社区养老是不同于家庭养老、机构养老的另外一种养老服务模式，其养老服务的提供者不再是家庭成员或家庭亲属成员，也不是专业养老机构，而是家庭、社区和社会相结合的多层次、宽领域养老服务。社区养老不是家庭养老，而是社区中的在家养老；社区养老不是社会养老，而是将机构养老中的服务引入社区，实行社区的在家养老。它不仅能够减轻国家和家庭经济压力，符合老年人社会心理和传统的养老文化，符合养老由家庭转向社会的必然趋势，也有利于老年人身心健康发展。

（二）社区养老的国际经验

1. 社区养老的历史发展

社区养老照顾产生的初衷是由政府及非政府组织在社区内建立小型化、专业化的服务机构，发展以社区为基础的服务设施，提供更贴近人们正常生活的养老服务。② 在社会经济发展的初期阶段，由政府出面，大量改建、新建的大型老年福利机构在解决老年人日常生活照顾方面发挥了重要作用。但随着社会经济的发展和人们生活质量的提高，老年人对养老的需求也发生了相应的改变，对日常生活的照料有了更多及更高的需求。在此背景下，大型的、以集中供养为主的正规机构照顾的弊端逐渐显现，以社区为中心的社区照顾模式由此应运而生。

社区居家养老概念首先是由英国等西方发达国家率先提出来的，称为老年人社区照顾。产生的时代背景是这些经济发达国家由于物质基础比较雄厚，

---

① 杜鹏：《人口老龄化与老龄问题》，中国人口出版社，2006，第 50～60 页。
② 仝利民：《社区照顾：西方国家老年福利服务的选择》，《华东理工大学学报》（社会科学版）2004 年第 4 期。

先期解决人口老龄化问题通常采取建立了敬老院、老年公寓、护理院和托老所的方式，对老年人进行集中供养。20世纪60年代，为了应对集中机构养老危机，提出了在合适环境中养老，这就是社区居家养老服务产生的雏形。

英国首先推行社区老年照护服务，通过动员社区内的财力、物力和人力，在保持家庭正常照顾功能的基础上，使正规系统介入家庭，提供专业技术支援。① 英国社区照顾运行模式的主要特点是依托社区，官办民助或民办官助，政府在其中发挥主导作用。②

此后，西方发达国家纷纷效仿，"社区照顾"以其"人性化""人本化"的服务理念以及鼓励社区居民积极参与的意识，得到了人们的普遍赞同，进一步为世界其他各国所推行，到20世纪80年代，社区居家养老服务在这些国家更趋成熟。法国设立了老年人专业社区。美国、德国、荷兰等国居家养老的老年人比例都超过90%。瑞典的社区服务方案鼓励老人在家生活。澳大利亚目前有提供居家养老照料的服务机构3000多个，接受服务老人50多万人，而住在养老院的老人不足老年人口的5%。③

2. 日本社区养老照料模式

随着日本社会的变化，④家庭总趋势在规模上由大到小，在结构上由紧到松，在功能上由多到少，在家庭观念上由浓到淡，在现代化因素的影响下，家庭养老的内容和形式出现了分离。2000年4月起，日本开始实施护理保险制度，其口号是"由全社会支撑老年人"，它提供服务保健、医疗、福利在内的综合服务，主要包括两个方面的内容，即居家服务和设施服务。目前，日本典型的养老模式——"在宅服务"已经形成了一定的规模，其综合公营、民营、非营利团体的力量，为老年人提供福利、保健和医疗这三个领域的服务。日本针对不同的人群提供不同内容的服务，主要包括访问指导工作、访问护理服务、技能训练等。居家养老照护根据不同需求层次，提

---

① 丁美方：《社区照顾——城市老年人的赡养方式新选择》，《安徽农业大学学报》（社会科学版）2003年第6期，第67~70页。
② 赵迎旭：《城市社区养老的需求与供给现状调查——以北京市西城区为例》，厦门大学硕士学位论文，2007。
③ 罗晓蓉：《社会建设的实践：社区—居家养老服务的探索及启示》，http://www.sociology.cass.cn/shxw/xstl/xstl49/P020081105467215933296.pdf，2012。
④ 赵迎旭：《城市社区养老的需求与供给现状调查——以北京市西城区为例》，厦门大学硕士学位论文，2007。

供以下几方面的服务内容:由专业的医生提供直接的医疗服务,由护士提供长期的"养病"服务,由专业护理人员或护士提供生活照料,由家政服务人员提供基本的生活照料。①

服务内容的多样化是各国居家型社区养老的共同点,要针对不同类型的老年人提供针对性、人性化的服务。服务人员多样化,涵盖医生、护士、家政服务人员、志愿者、其他老年人和老人的家人。资金来源多元化,资金主要来源于政府拨款,同时吸收非营利组织、慈善机构、私营企业的资助。②分析国外社区养老的模式可以发现,社区养老已经成为各国养老保障制度中的重要组成部分和主要模式。我国应根据高龄老人身体状况差、自理能力差、寡居率和空巢率高的现实状况,在服务内容、服务质量、服务购买等方面借鉴国外的经验,完善我国社区养老服务体系。

三 社区养老是满足健康养老的环境基础

(一) 社区养老可满足老年人的多方位需求

社区养老可以满足老年人最重要的"老有所养"和"老有所医"的需求。

1. 从老有所养方面而言,社区养老可以满足老年人对物质经济上的供养需求、生活照料和精神支持上的需求

在物质经济上的供养需求和生活照料层面,老年群体是对社区服务要求最多、需求最迫切、最实际的居民群体,社区因而成为最重要的养老环境和条件。我国九大城市老年人生活状况调查显示,城市老年人一年中经常在住地附近活动的占50.1%,在市内活动的占15.6%,去外地活动的占1.4%。③这说明,绝大多数老年人日常生活的空间除了家庭就是社区。从这个层面也说明,家庭养老是我国养老的最基本形式,也是社区养老发展的核心和基

---

① 倪婷婷:《构建我国高龄老人居家型社区养老模式》,《长沙民政职业技术学院学报》2011年第12期。
② 倪婷婷:《构建我国高龄老人居家型社区养老模式》,《长沙民政职业技术学院学报》2011年第12期。
③ 罗晓蓉:《社会建设的实践:社区—居家养老服务的探索及启示》,http://www.sociology.cass.cn/shxw/xstl/xstl49/P020081105467215933296.pdf,2012。

础。老人在社区内养老，既可以享受家庭内的照顾，同时还可以享受到社区内专业的养老服务。这种养老形式更贴近老人生活，也能够降低老年人的养老成本，使老年人更容易产生服务认同感。

有关资料显示，我国城市地区的空巢老人家庭已达到老年人家庭总数的49.7%，农村地区空巢老人家庭已达到老年人家庭总数的38.3%。① 全国完全失能的老年人已由2000年的799万人增加到2009年的940万人，部分失能老年人同期由1461万人增加到1894万人。随着人口预期寿命的延长和生育率的下降，"空巢"现象将日益突出。依托社区实现这一部分空巢老人的老有所养成为最优选择。

从精神层面看，老人在熟悉的环境中接受照顾，可以获得精神上的慰藉。随着社会的发展进步，老年人需要的照顾不再仅仅局限于吃饱穿暖等生活照料的层面，照顾需求扩展到精神慰藉、文化娱乐、社会交往、旅游出行等方面。同事、朋友、邻里是老年人实现社会交往的重要社会网络，在社区养老可以实现老年人的文化娱乐和社会交往的需求，排解老年人的孤独感和无助感。

2. 从老有所医方面，社区养老可以满足老人在生活基本护理上及医疗保健层次上的需求

我国自1999年在《关于发展城市社区卫生服务的若干意见》中就提出了发展社区卫生服务的总体目标。2006年2月，国务院发布的《关于发展城市社区卫生服务的指导意见》中指出，到2010年，全国地级以上城市和有条件的县级市，基本建立起机构设置合理、服务功能健全、人员素质较高、运行机制科学、监督管理规范的城市社区卫生服务体系，居民在社区可以享受疾病预防控制等公共卫生服务和一般常见病、多发病的基本医疗服务。截至2010年，我国已经建立社区卫生服务中心（站）合计32739个，床位168814张；村卫生室648424个。② 社区养老依托社区卫生服务中心可以很好地为老年人提供医疗保健及日常疾病的诊治并提供专业的卫生护理，这是家庭养老、机构养老模式不可能提供的。

---

① 郑功成主编《中国社会保障改革与发展战略（救助与福利卷）》，人民出版社，2011，第155~196页。
② 中华人民共和国卫生部：《2010年我国卫生事业发展统计公报》，http://www.moh.gov.cn/publicfiles/business/htmlfiles/mohwsbwstjxxzx/s7967/201104/51512.htm，2011年4月。

(二) 社区养老符合老年人心理与传统观念

1. 社区养老符合老年人的心理，有利于老年人安度晚年

从心理学角度来看，人到老年都很怀旧，他们希望居住在自己熟悉的环境里，看到熟悉的邻居和街坊，喜欢自由自在。社区居家养老则正好符合老年人这一心理需求。社区是老年人生活和活动的主要场所，在提供养老服务方面具有天然的地缘和亲缘优势。社区养老既能满足老年人的亲情需要，又能满足老年人接触社会、融入社会的需要。社区能向老年人提供经常、就近、方便和及时的服务。社区养老服务是家庭养老功能弱化对社会养老照料压力的减压器，同时，它能够充分调动和有效利用个人、家庭、社区和社会的力量和资源，使老年人的养老服务需求得到保障。

2. 社区养老符合老年人的传统观念，是家庭照料的延伸

历史上，我国的老年赡养是以孝文化为基础，"养老敬老""养儿防老""百善孝为先"等观念深入人心。传统的"养儿防老"思想使得家庭养老一直以来都是中国社会首选的养老模式。由家庭养老转向社会养老是社会经济发展的必然趋势，实行社会养老还需要长时间的发展。再加上我国素有家庭养老的传统，这就使得社会的养老机构普遍不为人们所认同。据 2010 年中国青年报社调查中心通过民意中国网和互动百科网对 1612 人（其中独生子女占 40.1%）进行的一项调查，① 58.3% 的人选择让父母住在同一个小区或者附近，就近照顾；43.5% 的人愿意跟父母住在一起，亲自照顾；24.8% 的人表示父母在异地居住，定期去探望；7% 的人选择由社区配备生活指导员，定期照顾老人；仅有 6.9% 的人愿意把父母送到养老院等机构，如贵州省遵义市两城区有三家老年公寓，平均入住率只有 30% ~ 50%。② 而且从世界范围看，90% 以上的老人最终都是在家中安度晚年；日本的调查也表明，在福利（养老）设施中养老的老年人因心情忧郁而死亡的比率高于居家老人。③

---

① 刘文海：《人口老龄化条件下老年经济供养体系构建研究》，价值中国网，http://www.chinavalue.net/General/Blog/2010 - 10 - 26/501804.aspx，2010 年 10 月。
② 袁霞：《以社区为依托 创建新型的养老模式》，中国论文下载中心，http://www.studa.net/shehuiqita/090609/10201593.html，2009 年 6 月。
③ 王桂新：《变化中的中国养老模式——我国应建立以"居家养老模式"为主、以"社会养老"模式为辅的"双轨"、"多元"养老体系》，《人民论坛双周刊》2008 年第 4 期。

而以社区为依托，老年人在社区养老，以老人最熟悉的居住环境为其被照顾的环境，可以实现其依托家庭照顾的观念，从机构照顾对老人心理上的不良影响中超脱出来，以非常灵活自主的方式由老人自己选择被照顾的方式，不仅可以使子女尽自己的赡养、照料义务，同时又减轻了家庭成员的负担，还可以享受社区有关机构和人士提供上门服务或托老服务等。这既有助于家庭养老向社会养老过渡，推动社会养老化进程，减轻家庭中子女和其他人员的养老负担，也能使老年人充分享受儿女亲情的温暖，这显然是有利于其身心健康的。

上海的社区居家养老是我国社区养老可借鉴的成功模式。自2003年起，上海市开始全面推进社区居家养老服务。截至2011年末，上海市共有233家社区助老服务社，326家社区老年人日间服务中心，450家社区老年人助餐服务店，3.3万人的助老服务员队伍；社区居家养老服务惠及26.2万名老人，占60岁及以上户籍老年人口的7.5%，其中约13.3万名老人经评估得到服务补贴。"十二五"期间，上海市社区居家养老服务人数将扩大到30万。①

四 社区养老是实现多层次养老保障制度的制度基础

（一）社区养老是构建多支柱老年经济供养体系的重要基础

我国学者提出，要解决老年人的养老问题，需要构建多支柱的老年经济供养体系。② 第零层次是指非缴费性的社会救助和社会福利制度。这是"兜底性"、基础性的层次，也是老年经济供养的最后一道防线。第一层次是普适性的、城乡一体化的国民养老金制度。这是政府举办的基础性养老保障制度，是老年经济供养体系的第一支柱。通过立法强制建立覆盖城乡全体居民的国民养老金制度。第二层次为城市实行强制性的职业年金制度，农村继续维持土地保障的功能。第三层次则是各种补充性的养老保障项目，主要包括家庭

---

① 《上海社区居家养老惠及26.2万人》，《新民晚报》2012年7月26日，第1版。
② 刘文海：《人口老龄化条件下老年经济供养体系构建研究》，价值中国网，http://www.chinavalue.net/General/Blog/2010-10-26/501804.aspx，2010年10月。

赡养、个人财产性收入,以及自愿性的商业保险和个人储蓄性养老计划等。

从老年供养的角度看,社会福利的对象则主要是孤老、残老等,一般通过各级各类社会福利院以集中安置为主。但目前国际国内的发展趋势是通过家庭或社区来安置和照料。社会福利服务在社区养老服务中不但提供经济支持,也提供相关的劳务和服务。可见,社区养老福利服务正好处于多层次老年经济供养体系的最底层即第零层次,成为构建中国多支柱养老经济供养体系的重要基础。

从我国养老服务制度体系发展来看,国务院印发的《中国老龄事业发展"十二五规划"》指出,要加强老年社会管理工作,将80%以上退休人员纳入社区管理服务对象,基层老龄协会覆盖面达到80%以上,老年志愿者数量达到老年人口的10%以上。① 可见,社区养老符合中国养老制度发展的趋势。

(二) 社区养老是实现多层次老年医疗保障体系的重要组成部分

根据我国目前的社会经济发展水平,老年医疗保障体系主要是以基本医疗保险为基本保证,社会医疗救助为托底,退休职工大病医疗保险、互助医疗基金、老人医疗专项基金为补充的五位一体的医疗保障体系。②

相关已有调查发现,高龄老人经常去医院的比例为23.3%,几乎不去医院的比例为29%。③ 高龄老人身体不适或生病时,78.4%的人由子女或孙辈来照料,其他照料者依次为配偶及其他家庭成员(13.2%)、社会服务人员(5.6%)、其他(2.8%)。高龄老人低就医率的最主要原因是高昂的医疗费用,同时,由于患病导致的行动不便也影响了老人生病期间的就医率。

解决老年人医疗服务问题,根本之道在于减少医疗服务需求,为此需要树立提前预防、源头干预的理念,实施健康老龄化战略,提高全体公民的健康素质,最大限度地降低人口失能发生率,延长老年人的健康预期寿命。

---

① 《中国老龄事业发展"十二五"规划发布(全文)》,中国新闻网,http://www.chinanews.com/gn/2011/09-23/3349429.shtml,2011年9月。

② 何筠:《构建多层次的老年人口医疗保障体系》,豆丁网,http://www.docin.com/p-277761232.html,2012年5月。

③ 倪婷婷:《构建我国高龄老人居家型社区养老模式》,《长沙民政职业技术学院学报》2011年12期。

从社区养老层面而言，社区养老可以依托医疗社区卫生服务中心、社区养老机构、社区内医疗保险定点医院，分级分层向老年人提供医疗服务。例如，社区卫生服务中心可以为老年人提供基本的护理，主要是日常生活的料理；针对身体较差的老年人，社区养老机构内的专业养老护理员及医疗护理员通过锻炼和药物等多种形式给予其多方的养护；针对患有比较严重疾病的老年人需要进行基础治疗，社区养老服务机构不仅能够对其进行日常生活的料理，而且能配合医院对其疾病进行配合性治疗，如设立家庭病房，即医院、社区医务人员深入到家庭中去为患者提供医疗服务。这样，老年人的医疗资金可以在不同层面上合理分配与使用，还方便老年患者尤其是行动不便的老人就地就医，解决了往返医院不便的困难，节省了医药费和其他开支，减轻了老年人的经济负担，充分保障了老年人"病有所医"。同时国家层面的医疗保障资金分配体系也更加合理。因此，社区养老是实现多层次老年医疗保障体系的重要组成部分，是实现我国"健康老龄化"的重要措施。

（三）社区养老是提供多元化养老照护服务体系的重要支柱之一

《社会养老服务体系建设规划（2011~2015 年）》提出，社会养老服务体系建设应以居家为基础、社区为依托、机构为支撑，着眼于老年人的实际需求，优先保障孤老优抚对象及低收入的高龄、独居、失能等困难老年人的服务需求，兼顾全体老年人改善和提高养老服务条件的要求。我国目前也已初步建立了以居家养老为基础、社区服务为依托、机构养老为补充的中国特色社会养老服务体系。

但我国目前却面临养老服务体系不全，养老机构严重不足，养老服务设施严重落后的现状。一方面，政府办的公益性养老机构设施发展比较滞后，现有的养老机构的数量和规模远远不能满足当前老龄人口的需要，存在较为严重的供需矛盾。据统计，截至 2011 年底，我国各类养老机构的床位为 315 万张，占老人总数比例仅为 1.77%。北京一所公办养老院的情况是，目前想入住该院的人数多达 7000 多人，老人要住进去，至少要等 10 年。社会上虽有一些民办的奢华养老机构，但高收费导致中低收入的老年人住不起；[①] 另一方

---

① 《老龄化社会应如何养老 社会呼唤多元化服务体系》，人民网，http://sh.people.com.cn/GB/n/2012/0427/c338301 - 16986824.html，2012 年 4 月。

面，民办的养老机构多数都是中小型规模的，100张床位或者以下，条件普遍都比较差，大部分的民办养老机构是靠租房来营业的，条件功能很有限。①

而老人在入住养老院后又存在着"混住""生活习惯不同""孤独""缺乏医疗条件""护理不规范"等问题，使一些老人不愿意去养老院，导致养老日益成为个人或家庭的沉重负担。而目前"421"型的家庭结构，又凸显出了居家养老存在很多障碍。

自2001年起，我国民政部就连续3年组织实施全国"社区老年福利服务星光计划"。2006年，会同国家发改委启动实施"十一五"社区服务体系发展规划，在街道和社区建立和完善社区服务设施。目前，全国共有各类社区服务中心17.5万个，城市便民、利民服务网点69.3万个，因地制宜地开展了老年人入户服务、紧急援助、日间照料、保健康复、文体娱乐等服务，提升了社区养老服务能力。可见，社区养老已经成为我国养老体系中的重要组成部分。

五 社区养老是整合全社会养老资源的重要依托

（一）社区养老能充分实现社区资源共享

从长远来看，我国应按照社会化、产业化的要求，积极培育多元化的养老服务供给主体，采取公建民营、民办公助、委托管理、合资合作、政府购买服务等多种模式构建多元化的养老照护服务体系。

社区养老则能有效促进社区内资源整合，更好地利用家庭、政府、社会三方面资源，实现多赢。

第一，社区养老较之机构养老，具有投资少、成本低、服务广、收益大、收费低、见效快的特点，能减轻机构服务养老的压力，又能满足老人对熟悉环境的情感需求。因此，社区居家养老服务应发挥独特优势，建立多层次的服务网络、纯福利型社区服务、邻里互助的社区服务和有偿社区服务。②

---

① 《民办养老机构发展步履维艰 亟待扶持政策落实》，中国广播网，http：//www.cnr.cn/china/news/201110/t20111006_508579936.shtml，2011年10月。
② 罗晓蓉：《社会建设的实践：社区—居家养老服务的探索及启示》，http：//www.sociology.cass.cn/shxw/xstl/xstl49/P020081105467215933296.pdf，2012。

第二，社区养老可将社区内的各种类型服务机构，如敬老院、老年公寓、托老所、老年护理院等养老机构进行资源整理，针对不同类型的老年人，即失能及半失能、孤寡、独居、困难、空巢、残疾和高龄等老人群体，通过委托管理或购买服务的形式，有针对性地开展老人服务项目，向其提供满足其需求的养老服务。

第三，社区养老服务通过社区内资源的整合，可以向老年人提供包括衣食住行、医疗保健、学习教育、健身娱乐、心理疏导、法律咨询、生活援助、参与社会等养老服务的职能，而不是单一的养老。社区资源和设施能够得到充分利用，在满足老人需求的同时也使社区服务得到发展，社区工作的集体行动能力得到加强，从根本上改善社区的状况。

第四，目前在中国各个城市社区中，存在大量的下岗工人和低龄老人，通过专业性的培训，他们能够成为开展社区老年工作的主力军。充分调动这些人力资源，采取有偿服务方式，并引进社会上的志愿者，可以提高社区养老服务的辐射范围，使社区养老进入持续良好的运转状态。

（二）社区养老可以解决养老市场紊乱问题

为发展我国的养老服务，各地从政策扶持入手，以社会需求为导向，按照投资主体多元化的要求，打破政府直办、直管的传统做法，积极鼓励和引导民间资本参与兴办老年公寓、福利院、敬老院等养老机构。目前，我国社会力量兴办的养老机构快速增加，有些地区民办养老机构的数量已超过政府办养老机构，成为我国养老服务体系的重要力量。我国目前共有各类养老机构38060个，床位266.2万张，收容各类人员210.9万人，多种所有制成分兴办养老机构的实践取得了一定的成效。① 一些地区还大力探索实施公建民营，激发了社会力量参与养老服务体系建设的热情。

但事实上，我国目前各种类型的养老机构尚存在着不同的问题。①机构养老群体覆盖面窄。专业化养老机构的职能是提供专业化的老年人生活照顾服务，其服务对象包括完全能够自理的老人，特别是半自理和完全不

---

① 窦玉沛:《加快建立健全社会养老服务体系》,中国社会福利网,http://shfl.mca.gov.cn/article/ldjh/201011/20101100113189.shtml,2010年11月。

能自理的老人。① 所覆盖的老年服务对象以失能及半失能老年人为主，而对于孤寡、独居、困难、残疾和高龄五类老人则考虑较少，一般的老年人甚至空巢老人几乎不在养老护理服务的体系当中，覆盖面不广。②地产养老：以养老之名行牟利之实。中国人口红利消退预期的背面，是老龄化日趋严重背景下隐现的商机。养老地产即是其中之一。一位国企开发商称，不少房企在打着养老的旗号圈地，很多项目只是装一个养老概念进去，这只是开发商的拿地策略。② ③民办养老机构数量少、规模小。民办的养老机构多数都是中小型规模的，100张床位或者以下，条件普遍都比较差，大部分的民办养老机构是靠租房来营业的，条件功能还很有限。③ 同时，民办养老机构面临着发展政策难以落实的现状，阻碍其发展。④高端养老，重硬件轻软件。社会上确实有一些由民间投资、实行市场化运作的养老机构，硬件设施设备非常奢华，其目标群体瞄准高收入家庭的老人，目的是赚钱。存在固有其合理性，但是一些高档养老机构，打着公益事业的旗号，享受公益事业的优惠，专门为某些特权阶层服务，甚至搞变相的商业开发。这其实已经与养老服务的公益性无关，而属于侵占公共利益的行为。④

而社区养老以社区的地域为界，在社区内或社区附近通过社区途径和社区引入社会力量与社会资本筹建配套养老院，根据老年人与社区内家庭的实际需求建设不同档次的养老院，全方位地提供不同层次的养老助老服务。逐步形成多方参与兴办、运行机制完善、政策法规配套、管理规范有序、专业化程度较高的社区养老助老服务体系，建成集"养老、康复、护理、休闲、娱乐"为一体的社区养老模式。这样，能够规范与制约高端养老与民营机构养老的不足，又同时满足了老年人家庭养老的需求，合理规范了养老资源，有利于我国形成合理的社会养老体系。

---

① 于潇：《公共机构养老发展分析》，《人口学刊》2001年第6期，第28~31页。
② 王齐：《养老地产市场调查开发商大多以养老名义圈地》，腾讯财经，http://finance.qq.com/a/20120321/004421.htm，2012年3月21日。
③ 《民办养老机构发展步履维艰 亟待扶持政策落实》，中国广播网，http://www.cnr.cn/china/news/201110/t20111006_508579936.shtml，2011年10月。
④ 《社会组织办养老有助避免高档化》，上海社会组织网，http://stj.sh.gov.cn/Info.aspx?ReportId=ebecfaef-826a-4470-83d1-3d8e2e033cc4，2012年4月。

六 发展我国社区养老的重要举措

《社会养老服务体系建设规划（2011～2015年）》中指出，在城乡社区养老层面，重点建设老年人日间照料中心、托老所、老年人活动中心、互助式养老服务中心等社区养老设施，推进社区综合服务设施增强养老服务功能，使日间照料服务基本覆盖城市社区和半数以上的农村社区。

社区养老是我国应对老龄化发展的重要保障制度的基础。因此，完善我国社区养老措施应当重点做好以下四个方面的工作。

第一，加快社区养老产业化。社区养老服务业是中国社会保障体系内不可或缺的一项重要内容，同时也是适应社会发展和市场经济体制而发展起来的一项新兴产业。目前我国社区养老服务还没有进入一种市场化和专业化的状态，因此必须坚持对社区养老服务的规划，与市场导向相结合，建立科学、规范的服务管理体制，推进社区服务产业化的发展。健全社区产业化体系，可以发展以老人为目标群体的医疗保健业、家庭服务业、教育娱乐业，将多种经营性实体与社区老年服务相结合，可以加快和壮大社区养老服务规模。在保证社区养老社会效益的同时，兼顾经济效益，促进社区养老的可持续发展，逐步形成自我服务、自我管理和自我发展的动力机制。

第二，推动社区养老专业化。社区养老服务工作是一项长期而又具有丰富内涵的工作，应当强化社区养老的专业化服务功能。采取有效措施提高服务专业化技能，并制订专业化服务标准，是推动社区养老向专业化方向发展的必经之路。首先，要提高养老服务人员的专业素质。对从业人员进行专业化的培训和教育，提高职业知识和技能，提供高品质的服务。其次，建立评估考核体系。一方面对社区服务人员的资格进行考评，另一方面设立监督机制。用经营企业的理念经营管理社区，注重社区养老服务的质量和发展水平。对考核成绩优秀的工作人员给予奖励，对考核成绩一般的工作人员进行再培训，规范社区服务工作队伍的职业技能，从而提高社区服务工作的职业声望，树立社区服务工作的专业权威。

第三，推动养老服务设施社区化。①筹建社区居家养老服务站。完善社区养老服务，可以在社区养老服务站中引入市场机制，社区给予一些优惠政策和适当补贴，同时以竞争方式激发养老产业的活力。对于社区养老服务站的各种软硬件设施,除了依靠政府拨款,社区可以自己多渠道的获取并及时更新,如社区自有的养老设备,可以在资金充裕时及时更新,设备不齐全时,可以用优惠政策的方式募集资金,也可以招商引资,由社会解决这些软硬件设施来源问题。②建立老年人综合型社区服务中心。除一般性小组及社区活动外,中心可以提供多样化的辅助服务。在社区服务中,大多数社区都建立了老年娱乐活动中心,组织了老年活动文体队伍,也有一些医疗保健服务等。但实际上有些社区老年娱乐活动中心只有一间麻将室,老人读报、聊天的项目基本上没有,同时家庭护理、心理咨询、精神慰藉服务也很缺乏。③建立社区活动中心。为在本社区内居住的老年人提供一个集娱乐、社交为一体的场所。政府对居住在家、接受亲属照顾的老年人群体发给与院舍同样的津贴。④建立托老所。为解决家庭成员长年累月因护理被照顾老人,或因工作为解决家庭成员因护理被照顾老人或因工作需要无法照顾老人,身心交瘁、不堪重负的群体问题,而设置的一种短期护理服务机构。⑤开展居家服务。对居住在家、尚有部分生活能力但又不能完全自理的老人提供的一种上门服务。⑥建设老人公寓。政府为社区内有生活自理能力但身边无人照料的老年人夫妇或单身老人,即空巢老人提供的服务设施。⑦建立养老院或敬老院。为集中收养照料生活不能自理、无家庭照顾的老年人而建的院舍。此类院舍可将已经设立的老年福利院或养老院划入社区,实现资源共享。

此种社区养老服务以社区为依托,为独居、空巢、病残、高龄老年人购买以护理为主的"家庭式"养老服务。既可以满足老年人物质、文化、情感和精神慰藉的需求,又可以使老人享受到家庭照顾。

第四,推行社区养老服务标准化。社区为老年养老提供的资金薄弱,老年养老的设施严重不足,服务的内容和项目很少,管理人员和服务人员素质较低,服务人员大多没有经过专业培训,服务意识差,服务技术不规范。相关研究指出,我国目前至少需要专业养老护理人员1000万人,但真正从事养老护理员职业的只有22万人,其中正式持证上岗的只有2万人。社区养老服务要获得长足的发展应当建立合理的长期照料标准和居家养老服务标准。只有有了可供测量服务水平的指标和专业化的服务技能与水平,社区照顾工作的开展才有对照的标准,才能更加客观地评价社区照顾的水平,了解社区照顾的现状,从而制定进一步的完善措施、确定下一步的工作目标,不断提高社区照顾的质量和老年人对社区照顾的满意度。

七 结束语

发展社区服务是实现我国养老社会保障制度的重要基础，是实现我国"健康老龄化"和"积极老龄化"的重要保障。社区养老模式既有利于减少养老成本，有效利用社区闲置资源，提供就业岗位，缓解人口老龄化、高龄化冲击，又符合老人居家养老价值观念和心理需求，同时也切合我国社会经济发展的国情。社区养老符合我国人口老龄化的发展趋势，是中国特色养老模式历史与未来发展的必然选择。

参考文献

《老龄化社会应如何养老 社会呼唤多元化服务体系》，人民网，http：//sh. people. com. cn/GB/n/2012/0427/c338301 – 16986824. html，2012 年 4 月。

《民办养老机构发展步履维艰 亟待扶持政策落实》，中国广播网，http：//www. cnr. cn/china/news/201110/t20111006_ 508579936. shtml，2011 年 10 月。

《民办养老机构发展步履维艰 亟待扶持政策落实》，中国广播网，http：//www. cnr. cn/china/news/201110/t20111006_ 508579936. shtml，2011 年 10 月。

《上海社区居家养老惠及 26.2 万人》，《新民晚报》2012 年 7 月 26 日，第 1 版。

《社会组织办养老有助避免高档化》，上海社会组织网，http：//stj. sh. gov. cn/Info. aspx？ReportId = ebecfaef – 826a – 4470 – 83d1 – 3d8e2e033cc4，2012 年 4 月。

《中国老龄事业发展"十二五"规划发布（全文）》，中国新闻网，http：//www. chinanews. com/gn/2011/09 – 23/3349429. shtml，2011 年 9 月。

陈晖：《论政府购买社区公共服务》，《云南行政学院学报》2009 年第 2 期。

邓广良主编《需要、互惠和责任分担——中国城市老人照顾的政策与实践》，上海人民出版社，2008。

丁美方：《社区照顾——城市老年人的赡养方式新选择》，《安徽农业大学学报》（社会科学版）2003 年第 6 期。

窦玉沛：《加快建立健全社会养老服务体系》，中国社会福利网，http：//shfl. mca. gov. cn/article/ldjh/201011/20101100113189. shtml，2010 年 11 月。

杜鹏：《人口老龄化与老龄问题》，中国人口出版社，2006。

何筠：《构建多层次的老年人口医疗保障体系》，豆丁网，http：//www. docin. com/p – 277761232. html，2012 年 5 月。

李艳梅：《我国家政服务业的现状分析与规范化建设》，《社会科学家》2008 年第 7 期。

刘文海：《人口老龄化条件下老年经济供养体系构建研究》，价值中国网，http://www.chinavalue.net/General/Blog/2010-10-26/501804.aspx，2010年10月。

罗晓蓉：《社会建设的实践：社区—居家养老服务的探索及启示》，http://www.sociology.cass.cn/shxw/xstl/xstl49/P020081105467215933296.pdf，2012。

穆光宗：《独生子女家庭非经济养老风险及其保障》，《社会保障制度》2007年第9期。

倪婷婷：《构建我国高龄老人居家型社区养老模式》，《长沙民政职业技术学院学报》2011年第12期。

仝利民：《社区照顾：西方国家老年福利服务的选择》，《华东理工大学学报》（社会科学版）2004年第4期。

王桂新：《变化中的中国养老模式——我国应建立以"居家养老模式"为主、以"社会养老"模式为辅的"双轨"、"多元"养老体系》，《人民论坛双周刊》2008年第4期。

王齐：《养老地产市场调查开发商大多以养老名义圈地》，腾讯财经，http://finance.qq.com/a/20120321/004421.htm，2012年3月21日。

王薇：《老龄产业市场前景广阔　发展还需政策扶持》，全国老龄工作委员会办公室中国老龄门户，http://www.cncaprc.gov.cn/info/17881.html，2011年4月13日。

于潇：《公共机构养老发展分析》，《人口学刊》2001年第6期。

袁霞：《以社区为依托　创建新型的养老模式》，中国论文下载中心，http://www.studa.net/shehuiqita/090609/10201593.html，2009年6月。

曾昱：《社区养老服务的发展方向：专业化、产业化和规模化》，《西北人口》2008年第3期。

张恺悌、潘金洪主编《政府养老定位研究》，中国社会出版社，2009。

赵迎旭：《城市社区养老的需求与供给现状调查——以北京市西城区为例》，厦门大学硕士学位论文，2007。

郑功成主篇《中国社会保障改革与发展战略（救助与福利卷）》，人民出版社，2011。

中华人民共和国国家统计局：《2010年第六次全国人口普查主要数据公报（第1号）》，http://www.stats.gov.cn/tjgb/rkpcgb/qgrkpcgb/t20110428_402722232.htm，2011年4月28日。

中华人民共和国卫生部：《2010年我国卫生事业发展统计公报》，http://www.moh.gov.cn/publicfiles/business/htmlfiles/mohwsbwstjxxzx/s7967/201104/51512.htm，2011年4月。

Community Endowment: The Base of System to Deal with the Aging of Population in China

Abstract　"Healthy aging" and "Active aging" are the action goal recognized commonly by international community. In our country, Community Endowment can meet the elderly people's most important needs of "elderly will be looked after properly" and "elderly will be cared medically", in accordance with the nostalgia and traditional concept of family care hold by elderly people, as well as the action goal of active aging. Community endowment can also realize the sharing of endowment resources and reasonable planning by integrating social endowment resources, meeting the concepts of "healthy aging" in China. In order to promote the development of Community endowment, we should formulate the aging community by combining the aging development trend, and try to establish the reasonable long term care standards and family endowment service standards.

Keywords Community Endowment; Aging of Population; Endowment Service System; Healthy Aging; Active Aging

社会弱势群体住房权的保障

——以法定居住权为视角

王 红[*]

【内容摘要】民法上的居住权在本质上是一种用益物权,它是实现宪法层面上的居住权的主要方式之一。法定居住权是保障社会弱势群体的住房权的权利,我国民法上应当承认继承法上的法定居住权、离婚无法居住者的法定居住权、老年人的法定居住权、城市低收入者以及未成年子女的法定居住权。法定居住权人有权携家庭共同居住,但因该权利具有人身属性,它不得转让、继承,也不能成为强制执行的对象。法定居住权将因权利人具有购房能力、死亡等多种原因消灭。

【关键词】法定居住权 适用范围 效力 消灭

对于什么是居住权,不同的学者有不同的认识。有学者总结了国内外关于居住权研究的成果,认为居住权分为三个层面:其一,国际法层面上的居住权;其二,宪法意义上的居住权;其三,民法上的居住权。[①] 的确如此。居住权这一概念源自罗马法,罗马法中的居住权是一种人役权。罗马法中的居住权就是指为特定的人与其家庭居住所需而在他人的房屋上设定可以居住的权利。居住权就是特定人因居住而使用他人房屋的权利。[②] 这一概念被

---

[*] 王红,北京社会管理职业学院人文科学系讲师,研究方向为人力资源管理。
[①] 廖丹:《居住权概念辨析》,《岭南学刊》2011年第3期。
[②] 钱明星:《关于在我国物权法中设置居住权的几个问题》,《中国法学》2001年第5期。

《法国民法典》《德国民法典》《意大利民法典》等大陆法系民法所继受。英美法系国家也有关于居住权的相关法律制度。但这一概念并没有被东亚国家如日本、韩国以及我国所接受。近现代以来，国际社会对人权普遍关注。《世界人权宣言》第13条第1款规定"人人在各国境内有权自由迁徙和居住"；第25条规定"人人有权享受其本人及其家属康乐所需之生活水准，举凡衣、食、住、医药及必要措施之社会服务均包括在内"。1981年，在伦敦召开的国际住宅和城市问题研讨会通过了《住宅人权宣言》，"具有良好环境并适宜人类居住的住所"被确认为"是所有居民的基本人权"。《经济、社会和文化权利国际公约》第11条规定，各国政府对公民的住房权利的保证是法定而不可推卸的责任。从相关国际公约的规定来看，居住权是人权的组成部分，人权是一项宪法上的权利，我国应当遵守公约的规定，担负起国家的法律义务，积极采取措施，保障公民居住权的实现。① 所以，从国际法、宪法层面看，所谓"居住权就是公民有权获得可负担得起的适宜人类居住的，有良好的物质设备和基础服务设施的，具有安全、健康、尊严，并不受歧视的住房权利"。② 可见，居住权有两层含义：其一，作为人权组成部分的居住权，即属于宪法层面上的居住权，这种居住权需要国家通过采取各种措施得以实现，这些措施可以是民事的，也可以是行政的，甚至可以是刑事的；其二，作为民法中《物权法》上的居住权，即私法层面上的居住权，是现行宪法层面上的居住权的母体，也是现行宪法层面上的居住权实现的主要手段。本文所要探讨的居住权限于民法上的居住权。笔者对学术界研究民法上居住权的所有论文进行检索、研读后发现，我国学术界对民法上的居住权问题进行了深入的研究，但研究的内容主要立足于我国在《物权法》中是否应当规定居住权，这一争论在《物权法》制定过程中相当激烈，甚至一直持续到《物权法》通过实施6年后的现在，学者对是否要在《物权法》中规定居住权进行了激烈的争论，形成了以江平教授为代表的肯定论与以梁慧星教授为代表的否定论。③ 江平教授举例说：民国时期下南洋的一位老先生，花甲之年归国并在深圳买了一套别墅居住，儿子对自己不好，而

---

① 于兆波、连昱超：《保障公民居住权的国家法治对策》，《法学杂志》2011年第4期。
② 金俭：《中国住宅法研究》，法律出版社，2004，第59页。
③ 最近两年，学术界主要是从保障社会弱势群体的居住权的角度研究居住权问题，但这种研究已经超越了民法而上升到宪法层面或人权层面，与《物权法》上的居住权相去甚远。

自己的晚年都是由女儿照顾，老先生去世之前唯一放不下的人就是自己的女儿，但老先生又深受"嫁出去的闺女泼出去的水"这种传统观念的影响，自己的别墅想让自己的儿子继承，但由其女儿居住，这位老先生应该怎么办呢？这就是居住权问题。为了解决离婚、养老、保姆等的居住权，我国《物权法》应当规定这一权利。而梁慧星教授则认为，居住权与中国的国情和实际是违背的，属于无的放矢、闭门造车、邯郸学步。[1] 笔者认为，从现有的文献以及社会实践情况看，居住权作为一项重要的民事权利，应该在民法上加以规定，它是落实宪法层面作为基本人权内容的居住权的具体措施。在将居住权作为人权组成部分的今天，国家负有保障社会弱势群体居住权利的责任。因此，为社会弱势群体以法定方式设定居住权的情形不在少数。那么哪些情形下可以依法设定居住权，即居住权的适用范围是什么？法定居住权的效力如何？消灭的原因是什么？这是一个崭新的问题，需要在理论上进行认真分析。

一 法定居住权的适用范围

法定居住权是不需要当事人的意思而直接依照法律规定取得的在他人房屋中居住的权利。法律给予特定的人居住他人房屋的权利之目的在于保障这些人的宪法层面上的居住权的实现，也就是说这些人有法律特殊保护的需要。否则，就不得享有法定居住权。所以，居住权的主要功能是满足基于生活需要而对他人房屋使用价值的利用，其主体往往是妇女、老人、未成年人等社会弱势群体。笔者认为，法定居住权的适用范围主要有以下五个方面。

（一）《继承法》上的法定居住权

从我国实际情况来看，《继承法》上的法定居住权主要包括配偶一方死亡时，生存一方的法定居住权和死者之被抚养人的法定居住权两种。

1. 配偶一方死亡时，生存一方的法定居住权

确实，不论在何种社会制度下，配偶一方死亡，夫妻共同共有之房屋或死亡一方所有但双方共同居住的房屋都有作为遗产被分配到的可能，这使生

---

[1] 梁慧星：《我为什么反对居住权》，梁慧星主编《民商法论丛》（第32卷），法律出版社，2005，第572页。

存一方之住房权将难以得到保证,因此,不论是罗马法还是法国法上的居住权都有保障丧偶一方居住权的规定。王利明教授就曾正确地指出:"法国民法典之所以创设居住权,是为了解决寡居的母亲的居住问题。"① 此外,《俄罗斯民法典》《阿根廷民法典》《意大利民法典》《瑞士民法典》等多国民法典都对丧偶一方的居住权进行了规定。② 那么,我国是否有保护丧偶一方之住房权的必要呢?按照《继承法》第10条和第13条的规定,配偶、子女、父母作为第一顺位的继承人均分被继承人的财产,也就是说配偶一方死亡的,其生前共同居住的房屋作为遗产,③ 由其继承人按照平等份额继承,房屋一旦被继承,生存一方的居住权将难以得到有效保障。更何况现代社会老年人再婚的现象(夕阳恋)比较普遍,拥有房屋所有权的一方死亡的,另一方通过继承取得房屋所有权的可能性比较小,死者子女将另一方直接撵出房屋的现象也不少见,这些老人的住房问题将更难得到保障。特别是老夫少妻或者老妻少夫的情况,要考虑如何做到既能让子女继承家产,又能让活着的人利益得到保护。④ 因此,为了保护生存一方的居住,应赋予生存一方对其与配偶共同居住之房屋拥有继续居住的权利。我国立法机关一直以来致力于民法典的制定工作,在《合同法》《物权法》等法律相继通过之后,《继承法》的修订工作提上了议事日程。针对《继承法》的修订,学术界形成了几个版本。梁慧星教授主持编写的民法典草案建议稿继承编对这一问题未作规定,王利明教授、徐国栋教授、张玉敏教授、陈苇教授、何丽新教授的继承法建议稿则对此予以了规定。王稿第580条规定:"被继承人的配偶尚生存而没有自己的住房的,如果没有继承继承人遗产中的房屋,则对于遗产中的房屋享有法定的用益物权。生存配偶为此需支付取得房屋所有权的继承人不超过市价的租金。具体租金数额及期限由配偶与房屋所有权人协商。协商不成的,双方均可以提起诉讼。"第581条规定:"如果被继承人死亡时,因为

---

① 梁慧星:《我为什么反对居住权》,梁慧星主编《民商法论丛》(第32卷),法律出版社,2005,第570页。
② 申建平:《继承法上配偶法定居住权立法研究》,《求是学刊》2012年第4期。
③ 在房屋属于夫妻共有的情形下,先分割该共有的房屋一般归生存的一方,另一半属于死者的遗产由其继承人继承;在房屋属于死者一方的个人财产的情形下,房屋将在继承人之间进行分配。
④ 阮传宝:《从居住权制度的源流看我国设立居住权制度的必要性》,《商丘师范学院学报》2011年第4期。

尚生存的配偶一方的过错致使被继承人生前已经提出离婚请求的，则被继承人的配偶不享有上述权利。"徐稿第289条规定："如果用作居所的房屋和家具的所有权属于被继承人或属于配偶双方，则房屋的居住权以及使用家具的权利属于配偶。"张稿第32条规定："配偶对遗产中供自己使用的住房和日常生活用品有先取特权。此先取特权不受清偿遗产债务的影响。如果配偶的先取特权超过其应继份，则以先取特权作为应继份。"第33条规定："父母因顺序在后未参加继承时，对遗产中供个人日常生活使用的住房和其他物品有终身使用权。"陈稿则认为："生存配偶对遗产中婚姻住宅享有优先扣除其继承遗产份额的权利。如其继承的遗产份额小于该婚姻住宅的价值时，其也可以选择对婚姻住宅享有终身居住权。"何稿第16条规定："配偶对遗产中供家庭日常生活使用的物品享有先取权，对遗产中使用的生活用房有用益权直至死亡。"这几稿虽然对生存一方法定居住权称谓的规定不尽一致，但内容并无本质差别。可见，我国多数学者主张《继承法》中应当确立配偶法定居住权。① 当然，在生存一方有房屋居住的情形下，则无为其设定法定居住权的必要。

2. 死者被抚养人的居住权

死者生前抚养的人包括四类：其一，死者年迈的父母；其二，死者的未成年子女；其三，没有劳动能力且没有其他生活来源的成年子女；其四，死者生前抚养的其他人。对于这四类被抚养人，我国《继承法》应该赋予其对死者遗留之房屋拥有法定居住权，以达到保护这些社会弱势群体的住房权利的目的。

（二）离婚时非房屋所有权一方的法定居住权

梁慧星教授认为，在公房私有化后，尤其是随着商品房的推行，在离婚诉讼中，离婚女方的居住问题已经不再是困扰法院的难题。② 不知道梁先生是通过什么样的途径得到了什么样的证据而得出了这个结论。其实，公房私有化或者商品房的推行，通常使一部分人或者一大部分人获得了房屋所有权，这些私房所有者居住问题确实能够解决。但房价高企的今天，夫妻只有一套房的应该不在少数，一旦夫妻离婚，不论法院将房屋判归哪一方，另一

---

① 申建平：《继承法上配偶法定居住权立法研究》，《求是学刊》2012年第4期。
② 梁慧星：《我为什么反对居住权》，梁慧星主编《民商法论丛》（第32卷），法律出版社，2005，第570页。

方将面临居住的难题,这是一个不争的事实。针对这种情况,最高人民法院的李凡法官说:"《婚姻法》上有规定,离婚后,给一方居住权。"① 我国在《最高人民法院关于适用中华人民共和国婚姻法若干问题的解释(一)》第27条中规定:"离婚时,一方以个人财产中的住房对生活困难者进行帮助的形式,可以是房屋的居住权或者房屋的所有权。"可见,我国《婚姻法》中已经明确规定了离婚一方的居住权。

(三) 老年人的法定居住权

1. 有房老人"以房养老"的制度设计

我国逐步迈入老龄化社会,养老金缺口较大,养老越来越成为社会的一项负担。为了解决"以房养老"问题,2013年国务院发布了《关于加快发展养老服务业的若干意见》(以下简称《意见》),提出:"开展老年人住房反向抵押养老保险试点。"《意见》以试点形式规定了"以房养老",应该讲这对于老年人、对于保险公司都是利好消息,如果试点成功的话,对于解决老年人的养老资金问题,盘活已有房屋资源,扩大保险公司业务都有积极意义。② 笔者认为,"以房养老"是一个非常理性的选择,但按照现有的政策要求,"以房养老"的核心内容是老年人将房屋抵押给金融机构,金融机构则向老年人以定期金的方式发放贷款,在老年人离世之后,金融机构处置反向抵押房产,在弥补处理费用和贷款本息后的剩余现金可由老人的合法继承人来继承。房屋虽然具有保值增值的功能,但我国现阶段的房价或高或低,金融机构对"以房养老"非常谨慎。可见,我国目前推行的"以房养老"在制度设计上非常单一,因对金融机构不利,推行起来非常困难。笔者认为,我国应该借鉴国外的做法,设计更多元的"以房养老"制度供老年人选择,而居住权就是其中非常重要的一种方式。

罗马法设定居住权的目的之一在于实现养老功能。房屋的养老功能主要通过两种途径实现:其一,子女、国家或社会将其房屋给予老年人居住,老年人对该房屋取得居住权;其二,老年人享有房屋所有权,但除此之外无其

---

① 梁慧星:《我为什么反对居住权》,梁慧星主编《民商法论丛》(第32卷),法律出版社,2005,第569页。
② 《两部门解读〈关于加快发展养老服务业的若干意见〉》,http://www.gov.cn/gzdt/2013-09/16/content_2489466.htm。

他财产和生活来源，该老人可以先在自己的房屋上为自己设定一个居住权，然后再将所有权转让给第三人，第三人支付一笔房款给老人，老人的居住权一直持续至死亡。这样的安排一方面既能够保障出卖者的居住需求，又可满足其对资金的需要；另一方面，买受人取得房屋所有权，无须担心房价上涨或者下降。如果不承认居住权，势必要求当事人转而采取抵押贷款或先出卖自己的房屋的所有权，然后以承租人的身份回租该房屋的方式，这些安排对存在不可替代的住房需求的人来说存在重大不利。① 因此，我国在现有的以房抵押贷款养老的基础上，可以增设"居住权"制度，借此进一步推动我国"以房养老"业务的开展。

"以房养老"的制度设计，通常是以老年人拥有房屋所有权为前提的，是基于他们本人的意思设立居住权或抵押权，并非法定居住权。

2. 无房老人的法定居住权

社会之大，鳏寡孤独者有之。虽然并非所有鳏寡孤独者都无房屋居住，但因各种原因无房居住的情形也不鲜见。在农村，他们通常居住在村集体组织提供的房屋之中；在城市，他们通常居住在养老院。为了保障这些老年人对其居住的房屋享有持续居住的权利，法律需要赋予其居住权。法定居住权是一种用益物权，具有对世效力，能够对抗集体组织房屋所有权或国家房屋所有权，从而最大限度地保护他们的利益。

（四）城市低收入人群的法定居住权

城市低收入人群的住房问题一直以来就是我国政府关注的重点，也是重要的民生工程之一。针对国有企业改制后低收入人群的住房问题，法院有判例认为："国有企业在企业改制后，有关下岗、失业人员租赁居住原单位公有房屋，应依约交纳租金，出租人以承租人违约为由主张解除房屋租赁合同的，如查实承租人别无房屋，应允许其继续租用房屋，保障承租人的居住权。"② 除此之外，住建部也采取措施解决城市低收入人群的住房问题。曾经红火的"经济适用房"使一部分人通过非常低廉的价格取得了国有房屋所有权，这

---

① 薛军：《地役权与居住权问题》，《中外法学》2006年第1期。
② 刘子平、张雪洁：《保障下岗职工的公房租赁居住权——佛山中院判决石湾糖烟酒公司诉丁镜全租赁合同纠纷案》，《人民法院报》2006年11月27日，第6版。

其中有一部分人在经济状况好转并有能力购买第二套或第三套住房的情况下，国家也不能再收回房屋所有权，"经济适用房"真的使一部分人通过政策先富起来了。经济适用房的制度设计出了问题，这已经成为社会的普遍共识。最近住建部拟取消经济适用房，推行"公租房并轨"。所谓"公租房并轨"是指公租房与廉租房并轨运行，然后通过财政发放房租补贴的方式，区别对"城市低保人群""城市中低收入人群"等进行住房保障的手段，对于"低保人群"提供大比例租金补贴，并逐级根据保障对象收入水平，制定与之对等的租金补贴政策，从而完成对应人群的住房保障。其实，政府通过公租房方式解决城市中低收入人群的居住问题远比通过经济适用房有优势：公租房的居住人没有取得所有权，在不具备承租条件时，政府可以依法收回房屋，然后将其租赁给其他城市低收入人群，而政府在经济适用房购买者成为富豪的情况下也不能收回，造成了社会分配的不公平。

公租房确实能够保障城市低收入人群的居住，保护这些人宪法层面上的居住权（或者人权层面上的居住权）的实现。但是，租赁权是通过租赁合同实现的，毕竟是一种债权，通常不能对抗所有权，国家作为公租房的所有者可能随时收回房屋，这极易侵害承租人的权利。且在我国租赁合同的最长期限不能超过20年，超过20年的，得缩短为20年，城市中的低收入者可能一生都没有"咸鱼翻身"的机会，需要承租国家的公房超过20年，这时就存在法律上的障碍。而居住权是一种用益物权，它可以对抗所有权人，它也没有一个固定的存续期限。因此，赋予城市低收入人群对国有房屋法定居住权更有利于保护他们的住房权。

（五）农民工住房权的实现方式

大量农民工进入城市生活、居住已是一个不争的事实，他们"定居城市"的意愿和趋势也愈渐明显，而从目前的情况来看，他们的居住状况不容乐观，特别是在城市改造过程中受到驱赶和边缘化，使得他们在城市中居无定所，成了被城市社会忽视的一个边缘化群体。[1] 而居住权[2]的有效保

---

[1] 赵晔琴：《"居住权"与市民待遇：城市改造中的"第四方群体"》，《社会学研究》2008年第2期。

[2] 这里的"居住权"是宪法层面的居住权。

证是其他各种市民权利（就业、医疗、教育、社会保障等相关权益）获得的基础和前提条件。① 北京等大城市出现的"用工荒"也与这些城市的住房成本存在直接的联系。那么，如何留下"农民工"是城市管理者不得不面对的重要课题。其中，保障农民工居住权则是一个非常重要的方面。笔者认为，宪法层面上的农民工居住权的实现不能通过赋予民法上的居住权的方式来解决，主要理由是居住权作为一种用益物权，除非出现法定消灭事由，否则将长期存在，而农民工并没有彻底转化为市民，他们在遥远的老家有房子有地，有老婆有孩子，他们在大城市生活的时间非常短，无须赋予居住权这种用益物权。另外，农民工多没有携妻带子，而常一人飘荡在外，虽有居住的需要，但需要的空间无须太大，也没有赋予其居住权的必要。否认给予农民工居住权并非意味着我们就不再关心农民工的居住问题。笔者认为，农民工的居住问题应该通过租赁的方式解决，政府可通过建设大量公租房的方式解决这部分人的居住问题。当然，如果农民工携妻带子生活在一个城市很多年，完全融入了城市社会，如果他们属于低收入群体，他们就可以依法取得居住权。

除了上述情形外，国外还规定了未成年人的法定居住权，即未成年人得对其抚养人之房屋拥有法定居住权。

二 法定居住权的效力

法定居住权作为一种特殊设立方式的居住权，其效力主要有以下几个方面。

（一）携家庭成员共同居住的权利

依法取得房屋居住权的人对该房屋不但自己可以居住，还可以与其家庭成员共同居住。例如，《法国民法典》第632条规定："对住房享有居住权的人，得偕同其家庭在该房屋内居住，即使在给予居住权利时，其本人尚未结婚，亦同。"家庭成员不但包括配偶、子女、父母等，还包括法定居住权人抚养的人。

---

① 赵晔琴：《"居住权"与市民待遇：城市改造中的"第四方群体"》，《社会学研究》2008年第2期。

(二) 不得转让或继承

在《法学阶梯》中,对居住权有如下记载:"居住权是受遗赠人终身享有的权利:不能将居住权赠予或者转让给他人,居住权不因未行使或者人格减等而消灭。对享有居住权的人,为了事务的功利,根据马尔切勒的意见发布朕的决定,朕允许他们不仅自己可以于其中过活,而且还可以将之租于他人。"① 可见,在罗马法中,居住权人不得转让居住权,但可以出租居住的房屋。从法国、德国等国关于居住权的规定来看,也禁止居住权的流转。2005 年之《物权法(草案)》第 183 条规定:"居住权人不得将居住的房屋出租,但遗嘱、遗赠另有表示或者合同另有约定的除外。"居住权具有属人性质和家庭性质,这就意味着,只要权利人离开所涉及的场所,即告丧失权利。② 笔者认为,法定居住权是为了保护社会弱势群体而依法特别赋予的用益物权,如果法定居住权人欲转让或出租居住的房屋,说明其已经没有继续居住的需要,其依法丧失居住权。因此,法定居住权人不得转让或出租房屋。

法定居住权具有人身性,当权利人死亡的,通常不得继承。但法定居住权人的继承人如果与其共同居住且生活困难,有继续居住的必要的,可以继续居住该房屋。

(三) 法定居住权不得成为强制执行的对象

法定居住权重在保护社会弱势群体的住房权利,它虽然属于财产权的范畴,且其居之房屋所有权属于国家、集体或第三人,在居住权人因诉讼等成为强制执行的债务人时,人民法院不得执行其居住权,否则将导致居住权人失去住房而流落街头。

(四) 要求国家或集体维修所住房屋的权利

法定居住权人通常是社会的弱势群体,可能没有足够的金钱来维护和保养房屋。这对房屋的保持不利,而法定居住权则多具有福利性质,是国家保

---

① 张力:《宪法性居住权在我国的民法实现途径——面向土地的"公产"取向》,《河北法学》2010 年第 6 期。
② 〔法〕弗朗索瓦·泰雷、菲利普·森勒尔:《法国财产法》,罗洁珍译,中国法制出版社,2008,第 999 页。

护权利人住房的一种方式。因此，当居住的房屋需要维修时，居住权人应及时通知相关部门，由国家承担房屋的维修义务。

三 法定居住权的消灭

法定居住权是依法取得的一种用益物权，通常具有终身性质。但在具备法定消失原因时，法定居住权也会消灭。

（一）法定居住权人具有购房能力的[①]

法定居住权作为保障社会弱势群体住房的一种权利，在居住权人消除贫困，拥有了自己的房屋所有权或者有能力购买房屋时，法定居住权应消灭，国家或者集体组织应依法收回住房，供其他社会弱势群体居住。

（二）滥用法定居住权的

我国《物权法》第7条规定："物权的取得和行使，应当遵守法律，尊重社会公德，不得损害公共利益和他人合法权益。"本条是关于不得滥用物权的规定。居住权人滥用居住权，尤其是在可能造成居住的房屋灭失的情形下，法律应该剥夺他们的居住权。

（三）居住权人或者其家庭成员死亡的

居住权人死亡的，居住权消灭。但与其共同居住的家庭成员确有必要继续居住的，应当保障其家庭成员继续居住的权利。在居住权人之家庭成员死亡时，是否导致居住权消灭呢？正如法国著名的财产法专家弗朗索瓦·泰雷与菲利普·森勒尔所言："如果一所房屋有很多间屋子，在居住权人不需要这么多住房时，便没有权利居住所有的屋子。"[②] 所以，这时居住权并未消灭，但居住权人居住的房屋面积或者数量应相应缩减。

---

① 在一个信用体系发达的社会，购房能力之判断与核实非常简单。但在我国，因个人收入难以查明，确是一个非常棘手的问题。笔者认为，个人信用体系对国家控制税收、实行个人所得税消费抵扣、建立自然人破产制度等具有非常重要的价值，我国肯定要建立个人信用体系，届时一个人是否拥有购房能力非常容易判断。

② 〔法〕弗朗索瓦·泰雷、菲利普·森勒尔：《法国财产法》，罗洁珍译，中国法制出版社，第1002页。

(四) 居住之房屋灭失的

负担居住权之建筑物遭毁坏时，如何处理此时之法律关系，颇有争议。一种观点认为，在建筑物全部遭毁坏时，居住权消灭，且所有人也不负有重建建筑物，或在再建之房屋上重新赋予居住权的义务。[①] 笔者认为，在建筑物灭失时，法定居住权失去了权利客体，当然归于消灭。但从宪法层面而言，国家仍有保障其住房的职责，他仍然可以要求国家在其他房屋之上为其设定法定居住权。

(五) 无房配偶再婚的

因离婚一方取得在另一方房屋中的法定居住权的，居住权人有权在房屋中居住，直到再婚为止（这也是我国现行司法实践中的老做法）。再婚的时间可能很短，也可能很长，甚至是一辈子都没有再婚，这种权利应该受到《物权法》的保护。

(六) 未成年子女成年的

未成年子女对父母之房屋依法享有居住的权利。那么，在未成年子女成年后，是否还有权利继续居住呢？《江南时报》在2003年1月3日第5版就曾以《大一新生被生父撵出家门 一纸诉状怒讨居住权》为标题刊登过一起发生在南京市的真实案例。前面论述居住权的取得方式时提到法律规定的方式，其前提是未成年人。有学者赞成居住权的消灭缘由应包括未成年人成年，否则法律规定的取得居住权的方式就形同虚设。[②] 笔者认为，在未成年子女已经成年的情形下，对其父母之房屋是否享有法定居住权，应区分不同的情形分别讨论：其一，该成年子女已经成家立户的，他对父母之房屋法定居住权消灭，如果他没有能力购置房屋，国家或集体组织应在国有或集体的房屋之上为其设定法定居住权；其二，该成年子女没有结婚，仍在外求学等，其父母有能力的，应该为其子女设定法定居住权。

[①] 〔德〕鲍尔、施蒂而纳：《德国物权法》，张双根译，法律出版社，2004，第658页。
[②] 李莉、梁鹏：《关于我国居住权立法的理性思考》，《广西社会科学》2006年第2期。

四 结论

民法上的法定居住权是一种用益物权,它是宪法层面的居住权或国际公约层面的居住权的具体实现方式,它对于解决社会弱势群体的住房问题具有积极的意义。我国应当承认《继承法》上的法定居住权、离婚中无房一方的法定居住权、老年人的法定居住权、城市低收入者以及未成年子女的法定居住权。法定居住权人有权携家庭共同居住,但因该权利具有人身属性,它不得转让、继承,也不能成为强制执行的对象,在房屋需要维修时,由房屋所有权人承担维修义务。法定居住权基于法律规定的事由而生,将因法定事由而消灭,法定居住权消灭的法定事由应该包括权利人具有购房能力、权利人死亡等。

参考文献

〔德〕鲍尔、施蒂而纳:《德国物权法》,张双根译,法律出版社,2004。

〔法〕弗朗索瓦·泰雷、菲利普·森勒尔:《法国财产法》,罗洁珍译,中国法制出版社,2008。

金俭:《中国住宅法研究》,法律出版社,2004。

李莉、梁鹏:《关于我国居住权立法的理性思考》,《广西社会科学》2006年第2期。

梁慧星:《我为什么反对居住权》,梁慧星主编《民商法论丛》(第32卷),法律出版社,2005。

廖丹:《居住权概念辨析》,《岭南学刊》2011年第3期。

刘子平、张雪洁:《保障下岗职工的公房租赁居住权——佛山中院判决石湾糖烟酒公司诉丁镜全租赁合同纠纷案》,《人民法院报》2006年11月27日,第6版。

钱明星:《关于在我国物权法中设置居住权的几个问题》,《中国法学》2001年第5期。

阮传宝:《从居住权制度的源流看我国设立居住权制度的必要性》,《商丘师范学院学报》2011年第4期。

申建平:《继承法上配偶法定居住权立法研究》,《求是学刊》2012年第4期。

薛军:《地役权与居住权问题》,《中外法学》2006年第1期。

于兆波、连昱超:《保障公民居住权的国家法治对策》,《法学杂志》2011年第4期。

张力:《宪法性居住权在我国的民法实现途径——面向土地的"公产"取向》,《河北法学》2010年第6期。

赵晔琴:《"居住权"与市民待遇:城市改造中的"第四方群体"》,《社会学研究》2008年第2期。

Security of Housing Right to Social Underprivileged Groups

—In the Perspective of Statutory Housing Right

Abstract In essence, housing right is a kind of usufructuary right on the civil law, it's the one of the main methods of realization to residency in the constitutional level. Statutory housing right is the right to the housing about guarantee of social underprivileged groups, our country should be recognized on the legal residency in civil law. We should recognize the legal residency on the inheritance law, legal residency to no room occupants because of divorce, legal residency to the elderly, urban low-income and minor children. Legal residency person has the right to live with family together. Because of the personal property rights, it shall not be transferred, inherited, also cannot be became the object of compulsory execution. Legal residency will be wiped out because of a variety of reasons, such as the ability to buy a house and death.

Keywords Statutory Housing Right; Scope of Application; Effectiveness; To Eliminate

残疾人社区社会工作服务体系的本土建构
——以广州市家庭综合服务中心为例

陶书毅[*]

【内容摘要】 本文以广州市家庭综合服务中心为例，探讨残疾人社区社会工作服务体系的本土化建构。文中认为，广州市通过家庭综合服务中心全覆盖到各个街道，搭建了一个提供社区化综合服务、整合社区内外资源的社区残疾人社会工作服务平台；这个平台具有政府主导、民间运作，专业为主、需求为本，社会合力、广泛参与等主要特征，对于国内其他地区推动基于社区的残疾人社会工作服务发展具有很好的借鉴意义。但与此同时，它也面临着来自服务"碎片化"、人才欠缺专业化的挑战。因此，本文最后提出了将残疾人社区社会工作服务体系纳入现有服务体系中进行统筹规划；促进残疾人社区社会工作人才队伍建设；处理好社区社会工作服务与已有的残疾人社区服务的关系；发挥残疾人社区社会工作的资源调动优势，形成社会合力等建议。

【关键词】 残疾人　社会工作　本土化

社区是残疾人生活的家园，早在 2000 年，民政部等 14 个部门和组织联合制定的《关于加强社区残疾人工作的意见》中就指出，"社区成为面向广

---

[*] 陶书毅，民政部社会工作研究中心助理研究员，北京社会管理职业学院助教，研究方向为社会服务管理、社会工作行政。

大残疾人、为残疾人直接提供服务的工作层面"。社会工作是一种专业助人的实践活动,中央组织部等18个部门和组织联合发布的《关于加强社会工作专业人才队伍建设的意见》强调,社会工作对于解决社会问题、应对社会风险、促进社会和谐、推动社会发展具有"重要基础性作用"。广州市作为社会工作"先行先试"的城市之一,自2010年以来在全市街道推行家庭综合服务中心建设,以此为基础铺开了一张残疾人社区社会工作服务网。基于此,本文是以广州市家庭综合服务中心为例,探讨残疾人社区社会工作服务体系的本土构建。

一 构建残疾人社区社会工作服务体系的时代意义

(一) 构建残疾人社区社会工作服务体系有利于提升残疾人的生活质量和福利水平

社会工作是以"助人自助"以及利他主义理念来开展服务工作,残疾人社会工作围绕残疾人个体,运用专业方法如心理辅导、个案工作、寻求资源、转介等开展服务,注重在社会模式指导下选择合适的行动为残疾人提供服务。[①] 残疾人社区社会工作主要包括社区中残疾人的心理康复、教育康复、职业康复和社会康复等内容,它尤其强调:在满足残疾人基本生活需要的基础上,运用专业的评估方法,及时发现残疾人的需求并提供个性化的服务;在服务过程中,坚持尊重、平等的价值观,激发残疾人的自身潜能,促进其身心发展;此外,还要与社区中的其他残疾人工作、其他社区工作紧密联系在一起,充分调动社区内外资源。残疾人社会工作的根本目标是增强残疾人的社会功能,激发其社会资本并推进社会和谐发展。[②] 由此可见,残疾人社区社会工作可以为残疾人提供基础化、个别化、人性化、精细化的服务,为残疾人提供全方位的社区社会支持,从而改善其生活质量,提高其福利水平。

---

① 张宇莲:《社会工作实务》(下册),上海社会科学院出版社,2005,第142~143页。
② 马良:《中国残疾人社会工作历史、现状与发展趋势分析》,《残疾人研究》2013年第1期。

(二) 构建残疾人社区社会工作服务体系是残疾人服务体系建设的重要一环

2008年,《中共中央国务院关于促进残疾人事业发展的意见》(中发〔2008〕7号文件)正式印发,要求各级党委和政府要从坚持立党为公、执政为民的高度,充分认识做好残疾人工作的重要性,切实采取有力措施,促进残疾人事业在新的起点上加快发展。该《意见》中提出推进残疾人社会保障体系和服务体系建设,自此"两个体系"建设成为我国加快发展残疾人事业的重大部署,建立起街道(社区)、区、市三级残疾人服务平台。其中,街道(社区)层面的服务主要是依托"职业康复站"(北京)、"康园工疗站"(广州)、"职业康复中心"(深圳)、"爱心家园"(武汉)、"街道康复指导站"(武汉)等平台提供的以康复、就业等为主要内容的服务。由于大部分残疾人没有固定的单位,因此,他们的基本生活、受教育、康复、就业、社交、娱乐等活动,主要都在社区内完成,或者说都需要在社区内获得帮助。然而,当前残疾人社区服务体系仍然存在一些问题和挑战,诸如普及率低、服务专业性有待加强等。[①] 发展专业社会工作介入残疾人社区服务,有利于为残疾人普及基础社区服务、提升残疾人社区工作的专业性,从而服务于残疾人服务体系建设。

二 广州市家庭综合服务中心的残疾人社区社会工作服务

(一) 家庭综合服务中心的缘起

2008年,国务院颁布《珠江三角洲地区改革发展规划纲要(2008~2020年)》,赋予珠江三角洲地区"先行先试"、进一步完善社会管理制度和创新社会管理方法的新使命,家庭综合服务中心正是在此背景下应运而生。[②] 广州市在借鉴中国香港、新加坡等地的情况后,提出建设家庭综合服

---

① 秦琴、谢雨、彭皓:《社会工作与残疾人社区服务思考》,《残疾人研究》2013年第1期。
② 周利敏、戴嘉誉:《家庭综合服务中心服务满意度影响因素之定量分析——以广州T街为例》,《广东工业大学学报》(社会科学版)2013年第4期。

务中心,为居民提供多元、全面的社区服务。2010年,广州市开始推进20个市级街道家庭综合服务中心建设试点街道。在总结试点经验的基础上,2011年,《关于加快街道家庭综合服务中心建设的实施办法》(穗办〔2011〕22号)出台,提出要全面推进街道家庭综合服务中心建设,到2015年全市街镇实现全覆盖。该《办法》指出,"家庭综合服务中心"是指街道设置的一个服务平台,接受(县级市)民政部门的业务指导,通过政府购买社会服务的方式,由民办社会工作服务机构承接运营,根据区域服务需求的实际情况,以家庭、青少年、长者等重点群体的服务为核心,科学设置服务项目,面向全体社区居民提供专业、综合、优质的社会服务。《办法》同时规定,工作人员总数的2/3以上为社会服务领域相应专业人员、1/2以上为社会工作专业人员;并对中心的定位、收费与否、经费安排、选址、评估等内容进行明确。为了进一步做好家庭综合服务中心建设,2012年广州市民政局发出《关于进一步做好街道家庭综合服务中心建设工作的函》(穗民函〔2012〕263号),进一步就家庭综合服务中心建设中存在的"基本建设问题""资金问题""专业服务水平提升问题""评估和日常监督问题"等提出了具体的解决方案。

截至2013年8月,广州市已建立153个家庭综合服务中心,每年每个家庭综合服务中心的政府拨款额是200万元,2013年广州市政府用于购买家庭综合服务中心服务的经费已达到3.06亿元,占广州市用于购买社会工作服务的总经费的95%以上。[①]

(二)家庭综合服务中心开展残疾人社区社会工作服务的现状

1. 开展一般服务与残疾人专项服务

家庭综合服务中心按照"3+N"的模式设置服务项目,其中"3"为三个必办项目,分别针对三类重点群体,即家庭、青少年和老人;"N"是特色服务项目,根据所在社区情况和居民需求特别定制。因此,家庭综合服务中心开展的残疾人服务,除了残疾人家庭、青少年和老人可以享受上述三个必办项目之外,在残疾人较为集中的街道辖区,其家庭综合服务中心还根据

---

① 2013年广州市用于购买社会工作服务的经费为3.2亿元。《3.2亿!广州今年大手笔买公共服务》,《新快报》2013年8月30日,第A14版。

这一现况设计了具有针对性的残疾人服务特色项目。东环街家庭综合服务中心的残疾人服务由专业社会工作者和康复师共同开展，为辖区内的残疾人及家属提供专业社会工作服务，主要包括：①协助残障人士通过在社区内日常生活、参与康乐活动、接受工作技能训练去发掘潜能、提升自信心，提升生活素质及对生活的满足感，更好地融入社会，实现正常的社会生活；②为残障人士家属提供社区支持网络；③营造互帮互助的社区氛围。① 站前街家庭综合服务中心则启动了"有爱无碍，与您同行——站前街社工介入残障康复特色服务项目"，整个项目包含五大块的残疾人服务计划，即爱心帮扶计划、康复训练指导计划、社区融入计划、家属互助计划，以及残障人士义工培养计划等。②

2. 开展社区化的服务内容

家庭综合服务中心将残疾人服务纳入社区社会服务整体之中，主要开展了治疗性与发展性这两类服务。①治疗性服务，即协助服务对象克服其所面临的为难、困难的服务。主要形式如下。一是进行社区康复，如三元里街家庭综合服务中心为残疾人士进行义诊，并通过宣传板和宣传单帮助残疾人士了解康复知识。③ 二是进行居家支援，如三元里街家庭综合服务中心组织义工组成7个探访小队，到辖区内的残疾人家庭以及其他特殊家庭进行探访。④ 三是促进残疾人自我成长，如石围塘街家庭综合服务中心以"常怀宽德"为主题，开展了一项残疾人自我成长小组活动，帮助组员学习生活技巧、改善认知并结识新朋友。⑤ 四是为残疾人家属提供专业支持。②发展性服务，即充分挖掘残疾人的潜能、增进其个人幸福的服务。主要形式如下。一是社区文化活动，如金沙街家庭综合服务中心举办的"金沙街2013年全

---

① 东环街家庭综合服务中心：《残障康复服务简介》，东环街家庭综合服务中心新浪博客，http://blog.sina.com.cn/s/blog_9ac74ae40101767x.html，2013年9月1日。
② 陈向军：《社工介入残障康复特色服务项目启动仪式》，《广州日报》2013年9月1日。
③ 三元里街家庭综合服务中心：《帮扶贫困残疾人，共建幸福三元里》，三元里街家庭综合服务中心网站，http://www.sylccsc.org/view.aspx?id=1011，2013年9月1日。
④ 三元里街家庭综合服务中心：《中心参与开展"寻找365份感动，传递2013正能量"社区暖洋洋公益探访活动》，三元里街家庭综合服务中心网站，http://www.sylccsc.org/view.aspx?id=947，2013年9月1日。
⑤ 石围塘街家庭综合服务中心：《家庭综合服务中心开展残疾人专题辅导课》，广州荔湾网站，http://www.lw.gov.cn/zwgk/13114/13115/mryw/jdxx/201307/t20130730_241478.htm，2013年9月1日。

国助残日活动"中,设有残疾人表演队社区表演环节、体验残疾人游戏摊位、咨询宣传摊位等,促进社区居民进一步了解残疾人,拉近彼此之间的距离。① 二是协助残疾人学习才艺,如石壁街家庭综合服务中心先后开展的一系列活动:"快乐折纸"手工艺制作小组,丰富残疾组员的娱乐生活,增强其康复的信心;② 开展"放飞梦想——残康人士风筝制作大赛",通过组织残疾人学习制作风筝,提高他们的动手创造与想象的能力,同时也提供一个拓展自我,交流互动的平台;③ 针对残疾人开展"牵手护绿"园艺小组,通过教授残疾组员种植小盆栽,丰富社区残疾人的业余生活,增强社区残疾人与外界的交流互动。④ 三是改良社区氛围,如三元里街家庭综合服务中心举办的"关爱弱能人士,共建幸福社区"活动,将工疗站学员请进社区展示自我;⑤ 大岗镇家庭综合服务中心开办了一期"关爱残疾人,体验残障难处"的社区活动,邀请社区居民来体验残疾人的生活,借此促进社会对残疾人的关注与了解。⑥

(三) 家庭综合服务中心开展残疾人社区社会工作服务的特点

1. 提供社区综合性服务

家庭综合服务中心立足于本地社区,面向社区人群提供综合性社会工作专业服务,残疾人服务则是其服务内容中的一项。这种特点有利于社区整体服务水平的提升以及社区和谐氛围的整体营造,从而为残疾人士的社区融入

---

① 金沙街家庭综合服务中心:《举办"帮扶贫困残疾人"主题活动》,广州市白云区供销合作联社网站,http://www.bycoop.com/info/InfoContent/2116/96383.html,2013年9月1日。
② 广州正阳社会工作服务中心:《阳光康复计划之"快乐折纸"手工制作小组》,广州正阳社会工作服务中心网站,http://www.zysg.org/gz/TourGuide_show.asp?id=2635,2013年9月1日。
③ 石壁街家庭综合服务中心:《石壁家综10月活动预告》,石壁社工网易博客,http://pyzysb01.blog.163.com/blog/static/202849012201382535256904/,2013年9月26日。
④ 石壁街家庭综合服务中心:《石壁家综10月活动预告》,石壁社工网易博客,http://pyzysb01.blog.163.com/blog/static/202849012201382535256904/,2013年9月26日。
⑤ 三元里街家庭综合服务中心:《"关爱弱能人士,共建幸福社区"之"唱"通无限》,三元里街家庭综合服务中心网站,http://www.sylccsc.org/view.aspx?id=906,2013年9月1日。
⑥ 大岗镇家庭综合服务中心:《"关爱残疾人,体验残障难处"社区宣传活动》,大岗镇家庭综合服务中心新浪博客,http://blog.sina.com.cn/s/blog_a8ba862a01015263.html,2013年9月1日。

乃至社会融入创造良好的条件。

2. 提供需求为本的专业服务

家庭综合服务中心所开展的残疾人社会工作服务需要紧密结合社区残疾人的需要，在服务开展前需进行社区调查。例如，黄村街家庭综合服务中心利用一次新春慰问活动的机会，与残障人士进行面对面交流，了解他们的生活状况及生活中存在的困难，并请他们填写"需求调查问卷"，收集他们的服务需求与意见，为此后开展残障服务奠定基础。

3. 动员社区内外资源，形成合力

家庭综合服务中心的一大功能就是整合来自社区内部与外部的、有助于残疾人服务的各种资源，包括政府部门、群团组织、街道居委会、残疾人协会、工疗站、社区内外的企业以及其他社会组织。金沙街家庭综合服务中心联合了金沙街残疾人联合会及广州利康家属资源服务中心，共同举办"金沙街2013年全国助残日活动"。① 三元里街家庭综合服务中心联合广州中兴运动损伤医院一同为社区里的残障人士进行义诊；还联合广东狮子会、沃尔玛广州白云新城店等组织共同开展了特殊家庭探访活动。②

4. 以社工带义工的方式，组织志愿者服务

一是策划、组织志愿活动，如三元里街家庭综合服务中心组织区内小学的学生志愿者，在中秋节为残障人士等弱势群体送苹果、送自己制作的灯笼、表演节目等，培养学生的社会责任感；③ 在2013年上半年，有近200名义工加入到其义工服务中，为辖区内的残疾人、老人等弱势群体提供志愿服务。二是开展志愿者培训，如三元里街家庭综合服务中心还开展了残疾人义

---

① 金沙街家庭综合服务中心：《举办"帮扶贫困残疾人"主题活动》，广州市白云区供销合作联社网站，http://www.bycoop.com/info/InfoContent/2116/96383.html，2013年9月1日。
② 三元里街家庭综合服务中心：《帮扶贫困残疾人，共建幸福三元里》，三元里街家庭综合服务中心网站，http://www.sylccsc.org/view.aspx? id=1011，2013年9月1日；三元里街家庭综合服务中心：《中心参与开展"寻找365份感动，传递2013正能量"社区暖洋洋公益探访活动》，三元里街家庭综合服务中心网站，http://www.sylccsc.org/view.aspx? id=947，2013年9月1日。
③ 三元里街家庭综合服务中心：《小心意，大感动——三元里街家庭综合服务中心联合三元里小学开展捐献苹果和灯笼活动》，三元里街家庭综合服务中心网站，http://www.sylccsc.org/view.aspx? id=1078，2013年9月26日。

工培训,在一项残疾人家庭探访志愿活动前,中心社工对残疾人探访的特殊性进行了讲解,并对探访过程中需要注意的事项和技巧进行了解析,为后续的义工服务打下基础;① 石壁街家庭综合服务中心也在组织青少年志愿者中秋探访残疾人活动前,开展了一期探访培训。②

三 广州市社区残疾人社会工作服务体系分析
——以家庭综合服务中心为例

(一) 主要特征

1. 政府主导、民间运作

从家庭综合服务中心建设来看,广州市社区残疾人社会工作服务体系是以政府购买服务的形式推动的,采取三方合作的模式。其中,服务购买方是广州市政府和区政府两级,主要由民政部门负责;服务提供方是民办社工机构;服务接收方则是街道社区居委会和社区居民,中标的民办社工机构需要与服务接收方合作,向辖区内包括残疾人在内的有需要的社区居民提供专业服务。在质量监管上,广州市参照中国香港的做法,出台了《广州市社区综合服务中心服务质量标准》,而具体的评估则由第三方评估机构——社会工作行业协会实施每年两次的评估检查。此外,街道政府和区民政局也定期或随机地对中心服务质量、社区居民满意度进行抽查、管理监督。

2. 专业为主、需求为本

广州市在培养残疾人社会工作人才上做了诸多努力,如在《广州市社会工作人才培养项目实施办法(试行,征求意见稿)》中,明确提出社会工作人才是指具有一定社会工作专业知识和技能,在残障康复等领域从事管理、督导或直接提供服务的人员,并提出要每年资助培养"社会工作督导

---

① 三元里街家庭综合服务中心:《"让爱飘扬,新年心意到"弱能人士探访义工培训》,三元里街家庭综合服务中心网站,http://www.sylccsc.org/view.aspx?id=944,2013年9月1日。
② 石壁街家庭综合服务中心:《爱融"义"中秋爱心探访活动》,石壁社工网易博客,http://pyzysb01.blog.163.com/blog/static/202849012201381824015945/,2013年9月26日。

员50名、中级社会工作人才及社会工作管理人才100名,社会工作从业人员3000名,到2016年建设一支职业化、专业化的社会工作人才队伍"。需求为本是社会工作服务的一大要素,而残疾人在社区生活中所存在的需求和遭遇的问题正是其最现实的需求与问题。家庭综合服务中心的特点之一就是统一模式与个性特色相结合,一方面对其行动主体(社会工作者)、行动对象(社区居民)、行动目的、行动规范、行动条件等作了统一的规范,另一方面对于不同街道社区而言,又必须根据居民的需求、地域的特征、文化的底蕴、服务机构的特点而形成自己的个性特色。① 社会工作者根据社区中残疾人的特征和需要,提供服务,进行资源整合,这才是社会工作的专业价值所在。

3. 社会合力、广泛参与

形成社工义工联动机制,这一组织模式体现在志愿者招募、志愿者培训,以及志愿活动实施三阶段。在志愿者招募阶段,社会工作者根据辖区内的残疾人需要拟出招募计划,在志愿服务中维系供需平衡;在志愿者培训阶段,社会工作者将残疾人的特点以及服务技巧传授给志愿者,以提高志愿服务的专业性与有效性;而在志愿活动实施阶段,社会工作者可以全程组织与跟踪,并适时激励志愿者提供更好的服务。此外,社会合力还表现在社区内外的各种组织资源上,社会工作者借由整合政府部门、群团组织、企业和其他社会组织的各种资源,提供给社区中有需要的残疾人,增进整个社区和社会的融合氛围。

(二) 存在的问题

1. 残疾人社区社会工作服务"碎片化",长效机制有待加强

如前文所言,家庭综合服务中心的服务项目设置是按照"3 + N"的模式,残疾人服务并未出现在必办项目之列,所以只能作为部分家庭综合服务中心的特色项目,这就容易导致此类残疾人社区社会工作服务呈现"碎片化"趋势。机构大多在几个特定节日如春节、中秋节、"志愿助残阳光行动"主题日中,一窝蜂地举办社区助残活动,但是节日一过,除了少数以残疾人服务为特色项目的机构外,在其他机构中残疾人服务就鲜少问津了。

---

① 郭景萍:《"街道家庭综合服务中心"运营的五大关系探析——以广州市为例》,《探求》2012年第6期。

另一方面，社区当中还有其他的残疾人服务组织，如提供托养服务的"阳光家园"、提供就业康复服务的"工疗站"、提供精神残疾人社区康复服务的"社区精神康复综合服务中心"等，已有服务机构间的分工合作与协调整合成为亟须面对的一个挑战。因此，残疾人社区社会工作服务的长效机制还有待探讨，包括如何满足普惠型福利之下的残疾人需要，如何与残疾人联合会、残疾人协会等既有的社区残疾人服务组织进行有效的对接等。

2. 残疾人社区社会工作人才专业化的挑战

残疾人社区社会工作人才队伍建设在当前仍处在起步阶段，还存在一些问题和挑战，如残疾人社会工作在社会工作学历教育中尚处于"冷门"，根据2013年的一项调查数据，在31个已开展社会工作硕士教育的高校中，尚无一所高校将"残疾人社会工作"作为其教育方向；[1] 社会工作学历教育中的实践教学体系建设尚不完备；残疾人社会工作的本土的理论与实务知识积累还不成熟；加之人才激励机制不健全导致专业人才流失等现象。因此，残疾人社区社会工作人才队伍建设从培养、评价、使用到激励的各个环节都需要进一步加强。

四 结论与建议

广州市通过家庭综合服务中心全覆盖到各个街道，搭建了一个社区残疾人社会工作服务体系。这个体系不仅仅是目前那153家家庭综合服务中心，还借助社会工作调动资源的特性，连接了已有的残疾人服务体系和社区工作体系，联动了社区内外的政府、企业、社会组织以及居民资源，取得了一定的成效。与此同时，它也面临着来自服务"碎片化"、人才欠缺专业化的挑战。

但从总体而言，目前我国大部分地区的残疾人服务中还没有导入社会工作的理念和方法，与残疾人群体对社会工作服务的需求相比，无论是专业服务机构还是专业社会工作者的数量都严重不足。因此，广州市的政府主导、

---

[1] 这31所高校社会工作硕士教育方向分别为：社会服务与管理，社会福利、社会政策，社区社会工作，儿童、青少年、学校社会工作，社会工作理论与实务，特定领域社会工作，老年社会工作，女性、民族社会工作，企业社会工作，城市、家庭、农村社会工作，医疗卫生社会工作。李林子：《社会工作学历教育现状与发展》，《中国社会工作发展报告（2011~2012）》，社会科学文献出版社，2013，第255页。

民间运作，专业为主、需求为本，社会合力、广泛参与等做法，对于国内其他地区推动基于社区的残疾人社区社会工作服务发展具有很好的借鉴意义。其残疾人社区社会工作服务体系的本土构建策略如图1所示。

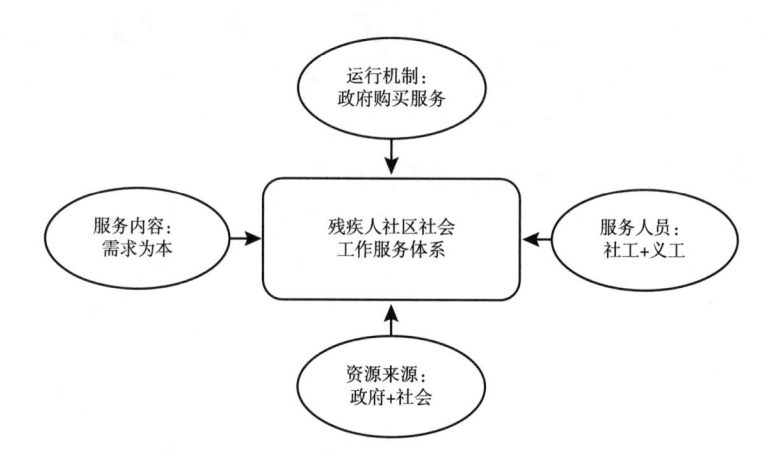

图1 残疾人社区社会工作服务体系本土构建策略

最后，本文针对当前我国的残疾人社区社会工作服务体系建设还有如下建议。第一，将残疾人社区社会工作服务体系纳入现有服务体系中进行统筹规划。既有研究已表明，社会工作在残疾人服务中具有明显的效用。为了缓解残疾人社会工作服务的需求与供给之间的巨大落差，有必要将残疾人社区社会工作服务体系作为残疾人社会工作服务的核心，纳入现有残疾人服务体系、社区公共服务体系中进行统筹规划，使专业社会工作服务得以系统地、长效地传输给生活在社区的残疾人。第二，促进残疾人社区社会工作人才队伍建设。残疾人社区社会工作服务体系的发展离不开具有专业的残疾人服务知识的社会工作者。然而，残疾人社区社会工作人才队伍建设在当前仍处在起步阶段，还存在一些问题和挑战。因此，残疾人社区社会工作人才队伍建设亟须得到政府部门、高校以及社会的重视，在人才培养、岗位开发、人才激励、人才使用等各个环节加以完善，以保证高水准的服务提供。第三，处理好社区社会工作服务与已有的残疾人社区服务的关系。目前，残疾人社区社会工作服务主要来自以下三种并存的模式，一是嵌入式，即在现有残疾人社区服务机构中设立社会工作岗位；二是准入制，即现已从事残疾人社区服务的工作人员通过社会工作者职业水平考试，获得相应证书从而成为持证社会工作者；三是购买制，如同本文案例中的家庭综合服务中心，通过政府购买服务的方式进行。因此，已有的残疾人社区服务机构和新建的残疾人社会服务组织之间并不矛盾，二者可以分别通过嵌入、准入或购买的形式，兼容并包、各取所长，共同投入到社区社会工作服务体系建设当中。第四，发挥残疾人社区社会工作的资源调动优势，形成社会合力。从国际经验上看，社区的发展是一个政府、社区自治组织、民间组织和企业共同参与的模式。① 社区中的残疾人群发展也是如此，既需要社会工作者整合来自政府部门、群团组织、社区自治组织、民间组织和企业等社区内外资源，也需要社会工作者发动、培训、组织志愿者队伍，为残疾人提供其所需要的、优质的服务，进而促进社区的共融和社会的和谐。

参考文献

郭春宁：《略论我国残疾人社区工作》，《社会保障研究》2009年第1期。

郭景萍：《"街道家庭综合服务中心"运营的五大关系探析——以广州市为例》，《探求》2012年第6期。

李林子：《社会工作学历教育现状与发展》，《中国社会工作发展报告（2011~2012）》，社会科学文献出版社，2013。

马洪路：《残疾人社会工作》，中国社会出版社，2010。

马良：《中国残疾人社会工作历史、现状与发展趋势分析》，《残疾人研究》2013年第1期。

〔英〕迈克尔·奥利弗、鲍勃·萨佩：《残疾人社会工作》（第2版），高巍、尹明译，中国人民大学出版社，2009。

秦琴、谢雨、彭皓：《社会工作与残疾人社区服务思考》，《残疾人研究》2013年第1期。

唐钧、李敬：《广东省残疾人社会服务体系研究》，研究出版社，2010。

张宇莲：《社会工作实务》（下册），上海社会科学院出版社，2005。

中国残疾人联合会：《中国残疾人事业"十二五"发展纲要辅导读本》，华夏出版社，2011。

周利敏、戴嘉誉：《家庭综合服务中心服务满意度影响因素之定量分析——以广州T

---

① 郭春宁：《略论我国残疾人社区工作》，《社会保障研究》2009年第1期。

街为例》,《广东工业大学学报》(社会科学版) 2013 年第 4 期。

周沛、曲绍旭、张春娟等:《残疾人社会工作》, 社会科学文献出版社, 2012。

The Local Construction of Community Social Work Service System with Disabled People
—With Comprehensive Family Service Centre of Guangzhou

Abstract　This article is based on the Family Service Centre of Guangzhou, explore the local construction of community social work service system with disabled people. This paper argues that through the Family Service Centre for the various streets in Guangzhou, set up a system of community social work system services with the disabled people. This system has some main features such as government-led, civil works, professional-based, needs-based, social force, broad participation, etc. It also has a good reference for elsewhere to promote development of community-based social work with disabled people. At the same time, it also faces challenges from the service "fragmentation" and the lack of specialized. Therefore, this paper proposed that put the community social work service system with disabled people into the existing service system for overall planning; strengthen the talent team construction of social work with disabled people; deal with relationship between the community social work services and the existing community services with disabled people; take advantage of the community social work with disabled people, to mobilize resources and form social force.

Keywords　Disabled People; Social Work; Localization

社会工作视角下的收养能力评估体系建设[*]

李林子[**]

【内容摘要】 目前,除上海、江苏、湖北、广东、重庆等少数地区试行了儿童收养登记评估工作外,就全国范围来看,我国尚未建立起收养能力评估标准与实施体系。收养行为不合法、被收养人权益遭侵害的现象时有发生。本文从社会工作视角出发,构建收养能力评估体系,加强儿童收养工作的全程质量监控,填补我国收养评估制度的空白,切实保障被收养儿童身心健康发展。

【关键词】 收养　评估　社会工作

一　收养评估工作的现状

目前,我国虽然在上海、江苏、湖北、广东、重庆等地开展了收养评估试点工作,但尚未在全国范围内建立起系统、完善的收养评估体系。

2006年10月,上海市民政局为规范收养登记工作,下发上海市民婚发〔2006〕14号文件,在全国首推收养登记评估工作制度。该文件以收养登记

---

[*] 本文系民政部政策法规司2010年民政部立法执法研究课题《婚姻登记与收养登记立法研究》产出成果,有改动。
[**] 李林子,北京师范大学公共管理博士研究生,讲师,研究方向为社会福利、社会工作、婚姻家庭、青少年。

申请人为服务对象,从收养动机、收养登记申请人个人基本情况、收养登记申请人婚姻家庭关系、有无婚生子女、健康情况、经济情况、有无犯罪记录、居住情况共计八个方面来评估收养登记申请人,作为收养登记审核时的主要依据。随着收养登记评估工作的深入开展,上海市民政局还牵头组织开展了对收养家庭的回访工作。经过几年的探索与实践,上海已在收养评估的工作原则、工作内容以及工作流程方面积累了一定的经验,初步形成了评估、配对、试养、登记的工作流程;在工作中坚持尊重隐私和保密、尊重人性、科学便民、评估员亮身份的原则;多区县积极探索收养评估工作引入社会工作机制,融社会工作价值观与方法到评估工作中。①

在上海收养评估工作有益探索的基础上,2012 年,《民政部关于开展收养评估试点工作的通知》出台,江苏、湖北、广东、重庆等地被确定为第一批开展收养评估工作试点的省、市。以江苏省为例,计划于 2013 年内在全省范围内推行收养评估制度。南京、南通、常州、连云港 4 个城市被选为首批试点城市,已于 2012 年开始了收养评估试行工作,通过依托社会组织或第三方,对有收养意愿的家庭进行评估。评估指标涉及收养申请登记人的收养动机、经济状况、健康状况、养育安排等十个方面。其中,被收养人的生长环境是评估重点。据江苏省民政厅副厅长侯学元介绍,"根据申请人的意向和先后顺序,按照一个孩子三个家庭的比例,委托第三方评审机构根据评审的标准和量化指标进行评审,最后找到对孩子最适合的家庭。评审人士中包括医学专家、法律专家、社会工作人员等"。② 此外,还设置了"一票否决"指标,收养申请登记人如存在吸毒、酗酒、赌博情况中的任何一种,收养登记申请都将被否决。③

自上海首推收养登记评估制度以来,至今已 6 年有余。我们看到了政府的决心与行动。综观我国收养评估工作这 6 年来的发展轨迹,尽管试点地区正在试图逐步建立、完善收养登记评估体系,但其本质仍为试验、积累经验

---

① 《上海市积极探索收养评估试点工作》,http://sws.mca.gov.cn/article/dfdt/201303/20130300427552.shtml,2013 年 3 月 12 日。
② 《江苏不会出现兰考式模式 收养孩子引入第三方评估制》,http://jsnews.jschina.com.cn/system/2013/01/23/016039315.shtm,2013 年 1 月 23 日。
③ 《江苏计划年内出台收养家庭评估制度》,http://news.xinhuanet.com/edu/2013-02/20/c_124369050.htm,2013 年 2 月 20 日。

之举，缺乏系统化、科学化、可持续化发展的内在脉络性思考，这不仅在一定程度上导致我国至今尚未真正建立起收养前与收养后相连贯的评估体系，也影响了收养人权益的切实保障乃至我国收养质量的提升。为此，本研究试图从社会工作视角，探索构建包括收养前与收养后收养人收养能力的评估体系。

二　收养人收养能力评估体系建设的理论基础

根据《中华人民共和国收养法》的有关规定，不满14周岁的丧失父母的孤儿、查找不到生父母的弃婴和儿童、生父母有特殊困难无力抚养的子女可以被收养。年满35周岁的无子女的公民收养三代以内同辈旁系血亲的子女，可以不受该法第四条第三项、第五条第三项、第九条和被收养人不满14周岁的限制。由于我国儿童的年龄范围一般被界定为0~14岁，因此，我国被收养人的主体可以被界定为儿童。

英国心理学家 John Bowlby 在研究儿童母爱剥夺对其人格发展的不良影响基础上，提出了著名的儿童依恋理论。在健康的亲子关系中，儿童能感受到来自父母的爱，获得安全感与自信，愿意尝试探索新的环境，与他人互动。如果儿童的依恋感未得到满足，则会产生不同程度的焦虑，表现出各种依恋行为。Bowlby 也指出，儿童如果被剥夺了与父母交往的机会，将对其心理发展产生一些负面影响。因此，家庭以及各种社会福利机构提供的儿童养育活动对儿童有着极其重要的意义。而"最好的儿童福利是家庭福利"的理念也在儿童福利递送实践中逐渐被人们所认识。家庭收养就是意在为儿童提供一种长期的、尽可能稳定的、类似亲生的家庭养护方式，[①] 是一种能够从根本上改变孤儿生长环境，有利于儿童身心健康发展的养育模式。基于此，对收养人收养能力进行评估，视角不能仅停留在收养申请人个体上，还需要延伸至收养申请人家庭、收养申请人与外界环境（如亲戚、邻里、社区等）互动的情况等。因此，社会系统理论和社会支持网络理论成为本评估体系指标设计的重要理论依据。

社会系统理论以一般系统论以及社会学中的功能主义为基础，将人与其

---

① 尚晓援：《中国弱势儿童群体保护制度》，社会科学文献出版社，2008，第20~21页。

生活环境看作是由功能上相互依赖的各种元素所形成的系统。系统的协调或均衡运行是个体生存与发展的基本条件。如果系统内部的各元素之间不能有效配合、相互协调，系统的均衡就会受到破坏，个体的生存与发展就会出现问题。弗洛伊德曾指出，童年期的经历给个体带来的影响甚至会持续终生。家庭作为儿童社会化的第一个场所，对儿童的成长与发展至关重要。家庭成员彼此之间的互动，家庭内部存在的不成文的规范、文化都会给儿童带来深远的影响。在评估收养人能力时，收养登记申请人的家庭状况将成为重点考察的一个指标。

布朗芬布伦纳的社会生态系统理论认为，儿童的发展受到与其有直接或间接联系的生态环境的制约，这些生态环境分为四个层次，由小到大分别是微观系统（儿童活动和交往的直接环境）、中型系统（各微观系统之间的联系或相互关系）、外部系统（儿童并未直接参与但却对他们的发展产生影响的系统）和宏观系统（各个系统的总和），这四个层次是以行为系统对儿童发展的影响直接程度分界，其中微观影响程度最大。而多水平的环境、儿童与环境之间的交互作用、不同水平环境之间的相互作用、不同子系统之间的相互作用促进了儿童的发展和成长。家庭是影响儿童心理发展的至关重要的微观系统，但孤儿所处的生态系统中缺乏家庭的作用和支持，这不利于他们的发展和成长。因此，让孤儿回归家庭，不但可以使孤儿重获社会化的起点，还使孤儿获得了与外界环境相互作用的基地。

社会支持的实质是一种相互依存的人际关系网络。如果拥有良好的社会支持系统，会使人感到安全与充实。反之，若是缺少足够的社会支持，会使人感到孤独与不安。当个体遭遇困难时，充足的社会支持可以为其提供有效的帮助，缓解其心理压力。适当的社会支持对个体有着积极意义；反之，不足的或不当的社会支持则可能带来负面影响。在评估收养登记申请人是否具备收养能力时，其社会支持状况也应被纳入评估指标体系。

三 收养能力评估体系构建

民政部于1999年发布的《中国公民办理收养登记的若干规定》中指出：收养登记机关经审查，对证件齐全有效、符合《收养法》规定的收养条件的，准予登记，发给收养证。在现行收养实践中，对收养登记申请人的审查多基于当事人提交的书面证明材料，往往缺乏实质性的核查。对于收养后情况的监管往往也存在着缺位的情况。作为弱势群体的被收养人，其权益保障在收养实践中意义重大。本着被收养人利益优先的原则，从社会工作视角出发，依托社会工作方法，构建贯穿收养前后的收养人收养能力评估标准及实施细则，进一步严肃收养行为，提高收养服务质量，保障被收养人权益。

（一）收养能力评估体系概述

本评估体系性质属于解释性评估，通过使用定性、定量的评估方法，考察收养登记申请人是否具有收养能力。评估对象为收养登记申请人。评估主体由两部分人员组成，分别是收养机关的收养登记员和受收养机关委托的社会工作者。评估工作包括对收养登记申请人实行收养登记前的调查评估工作和收养登记后的回访评估工作。收养登记前评估以及收养登记后评估工作的评估标准与实施细则是本体系的主要研究对象。具体评估流程为：收养登记申请人提交收养申请后，首先由收养登记机关的收养登记员根据《中华人民共和国收养法》以及《中国公民收养子女登记办法》等法律法规对收养登记申请人的基本情况进行初次审查、评估。初审通过后，由收养登记机关委托的社会工作者针对收养申请人进行详细评估，给出是否适合收养的参考性意见，并将评估数据与参考意见报收养登记机关，由收养登记机关决定是否可以进入试收养期（为期3个月）。在试收养期内，由社会工作者进行入户回访，开展试收养期内评估工作，并将参考意见报收养登记机关，作为其批准或者终止收养人收养行为的参考依据。评估合格者将办理收养登记手续，并颁发收养登记证书。收养登记机关还可组织社会工作者开展不定期的入户回访工作，确保被收养人的权益得到切实保护。

（二）收养能力评估体系指标设计

本指标体系的主要使用者为受收养登记机关委托、承担收养登记申请人收养能力评估工作的社会工作者。根据收养能力评估的工作流程，本指标体系包括收养登记前评估指标体系与收养登记后评估指标体系。

1. 收养登记前评估指标体系内容及实施细则

(1) 收养登记前评估指标体系内容。

收养登记前评估指标体系共由三项一级指标和八项二级指标组成（参见表1）。一级指标包括收养动机、收养能力及收养风险三项内容。收养动机指标主要用来评估收养申请人收养子女的原因及目的。收养能力指标由收养申请人身体健康状况、婚姻状况、教育水平、经济状况、有无犯罪记录和社会支持水平六项二级指标构成。其中，身体健康状况主要指收养申请人是否患有不适合收养行为、可能危害到被收养人的疾病，如精神疾病、传染性疾病等；婚姻状况主要包括婚姻存续情况、夫妻关系状况等；教育水平主要指收养申请人受教育的程度；经济状况的评估内容主要涉及收养申请人月收入、住房等情况；有无犯罪记录指标除了明确收养申请人是否有犯罪记录外，还包括了调查收养申请人是否有不适合收养的不良行为，如赌博、药物滥用、暴力倾向等；社会支持水平指标主要涵盖收养申请人的家庭成员、邻居、同事等密切关系人。收养风险指标评估主要根据收养申请人个人成长经历和心理健康水平这两项二级指标的评估结果对收养申请人收养行为潜在风险做出预估。

表1 收养登记前评估指标体系

一级指标	二级指标	权重(%)
收养动机	内部动机	10
	外部动机	10
收养能力	健康状况	10
	婚姻状况	10
	教育水平	10
	经济状况	10
	社会支持水平	10
	有无犯罪记录	10
收养风险	个人成长经历	10
	心理健康水平	10

(2) 收养登记前评估指标体系的实施细则。

评估方法采用定量与定性相结合的方法。定性研究的方法主要包括访谈、座谈、观察法。定量研究的方法主要包括量表、问卷调查法。收养登记机关初审合格，根据社会工作者的评估结果，一级指标得分总数在60分及以上并通过心理健康水平测试者，收养登记机关可以批准收养申请，并在完成收养人收养登记手续办理、发放收养登记证书之日起3个月内，派出收养登记员或社会工作者入户开展收养后评估工作。评估结果合格，收养人收养行为继续有效；如不合格，将终止收养人收养行为，同时安排好被收养人的生活事宜，最大程度保护被收养人权益。

收养动机评估主要通过访谈法来开展。问题包括"第一次有收养的想法是在什么时候？""是什么让您有了收养的想法？""收养对于您本人或您的家庭有什么意义？""如果收养成功了，您觉得您或您的家庭可能会发生哪些方面的变化？这些变化对您来说会有什么影响？""如果收养未能成功，您未来有何打算？"等。收养能力分析使用的数据来源一般包括收养登记申请人的基本情况，如住房面积、收入水平等；收养登记申请人的家庭成员状况包括家庭成员的关系、就业情况、受教育程度等；收养登记申请人的社会支持情况［采用社会支持评定量表（SSRS）施测］包括收养登记申请人的密切关系人的数量、与邻里的关系、与同事的关系、家庭成员对收养的态度、遇到困难时常用的求助渠道等。收养风险评估主要是采用焦虑自评量表（SAS）以及抑郁自评量表的测量，来对收养登记申请人的心理健康状况进行评估。

2. 试收养期内及收养登记后评估指标体系内容及实施细则

在试收养期的3个月内，由社会工作者或收养登记员进行入户回访，进行收养评估工作。评估主要使用观察法与访谈法。如有必要，也可配合使用问卷或量表。根据评估人员获得的来自被收养人及收养人两方面的信息，收养登记机关做出终止或者继续收养人收养行为的决定。此外，收养登记机关应组织有关专业人员不定期入户回访收养情况，建立动态收养信息管理制度与数据库，全面提升收养服务质量。

试收养期内及收养登记后评估的对象包括收养人及被收养人。针对被收养人，评估人员主要从身体状况、精神状况以及新环境适应水平三方面进行收养效果的评估。针对收养人，评估则侧重于通过经济状况、精神状况以及密切关系人评价三方面来开展。

四 展望

一位智利诗人曾说："许多需要的东西我们可以等待，但是儿童不能等。"收养能力评估工作虽然目前还未在全国范围内铺开,但从 2006 年上海的先行实践,到 2012 年民政部推行儿童收养评估试点工作,可以看到我国收养工作在规范工作流程、细化工作内容方面所做出的努力。这体现了我国儿童福利事业发展指导思想的内在嬗变:从儿童福利机构本位思想逐步发展到儿童权益本位思想。科学、系统的评估体系是现代儿童收养工作的一个重要组成部分,与被收养儿童的健康发展息息相关。建立收养能力评估体系,加强对儿童收养工作的监管,符合儿童权益最大化这一国际公认的收养法基本原则。有理由相信,随着收养人能力评估体系的建立健全、收养能力评估工作的深入开展,一个逐步完善的国家收养制度将会推进我国儿童权益保护工作更上一个新台阶。

参考文献

〔美〕戴维·罗伊斯等:《公共项目评估导论》(第 3 版),王军霞、涂晓芳译,中国人民大学出版社,2007。

顾东辉主编《社会工作评估》,高等教育出版社,2009。

李喜蕊:《英国现代收养制度的发展与启示》,《郑州航空工业管理学院学报》2009 年第 4 期。

Leon H. Ginsberg:《社会工作评估——原理与方法》,黄晨曦译,华东理工大学出版社,2005。

史柏年、罗观翠主编《儿童社会工作》,社会科学文献出版社,2003。

The Construction of the Adoption Ability Evaluation System from the Perspective of Social Work

Abstract　At present, except Shanghai, Jiangsu, Hubei, Guangdong, Chongqing and a few other areas, China has not yet established the children adoption ability evaluation standards and the implementation of the evaluation system nationally. Therefore, illegal adoption behavior occurs often, and the adoptee rights violations appeared from time to time. Now from the perspective of social work, this paper describes the study of the construct ion of the adoption ability evaluation system. Based on which, the quality of children adoption work will be further guaranteed, and children's rights and interests will be better protected.

Keywords Adoption; Evaluation; Social Work

附件一：个人信息表

申请人姓名：（中）_____

身份证号码：_____出生日期：____（年）/____（月）/____（日）

性别：男□女□ 电话：（住宅）_____（手机）_____

（办公室）_____常住地址：_____

E-MAIL：_____

住宅类别：01□经济适用房 02□自购房 03□租住房
　　　　　04□无固定住处 05□其他（请列明：_____）

住宅面积：01□60平方米以下（请列明：_____）
　　　　　02□60~90平方米 03□90平方米以上

教育程度：01□未接受教育 02□幼儿园 03□小学 04□初中
　　　　　05□高中 06□大专 07□大学 08□其他
　　　　　（请列明：_____）

就业情况：01□全职 02□兼职 03□待业 04□退休人士
　　　　　05□其他（请列明：_____）

工作地点：_____

月薪水平：01□1000元以下（请列明：_____）
　　　　　02□1000~2000元 03□2000~3000元
　　　　　04□3000~5000元 05□5000~10000元
　　　　　06□10000元以上（请列明：_____）

附件二：家庭成员状况表

姓名	出生日期 （日/月/年）	性　别	关　系	就业情况	教育程度	是否与申请人同住
	/ /					
	/ /					
	/ /					
	/ /					

附件三：社会支持评定量表（SSRS）

指导语：下面的问题用于反映您在社会中所获得的支持，请按各个问题的具体要求，根据您的实际情况填写，谢谢您的合作。

1. 您有多少关系密切，可以得到支持和帮助的朋友？（只选一项）

　　（1）1个也没有

　　（2）1~2个

　　（3）3~5个

　　（4）6个或6个以上

2. 近一年来您：（只选一项）

　　（1）远离家人，且独居一室

　　（2）住处经常变动，多数时间和陌生人住在一起

　　（3）和同学、同事或朋友住在一起

　　（4）和家人住在一起

3. 您和邻居：（只选一项）

　　（1）相互之间从不关心，只是点头之交

　　（2）遇到困难可能稍微关心

　　（3）有些邻居很关心您

　　（4）大多数邻居都很关心您

4. 您和同事：（只选一项）

（1） 相互之间从不关心，只是点头之交

（2） 遇到困难可能稍微关心

（3） 有些同事很关心您

（4） 大多数同事都很关心您

5. 从家庭成员得到的支持和照顾：（在合适的框内划"√"）

	无	极少	一般	全力支持
A 夫妻(恋人)				
B 父母				
C 儿女				
D 兄弟姐妹				
E 其他成员(如嫂子等)				

6. 过去，在您遇到急难情况时，曾经得到的经济支持和解决实际问题的帮助的来源有：

（1） 无任何来源

（2） 下列来源（可选多项）

A 配偶；B 其他家人；C 亲戚；D 同事；E 工作单位；F 党团工会等官方或半官方组织；G 宗教、社会团体等非官方组织；H 其他（请列出）

7. 过去，在您遇到急难情况时，曾经得到的安慰和关心的来源有：

（1） 无任何来源

（2） 下列来源（可选多项）

A 配偶；B 其他家人；C 亲戚；D 同事；E 工作单位；F 党团工会等官方或半官方组织；G 宗教、社会团体等非官方组织；H 其他（请列出）

8. 您遇到烦恼时的倾诉方式：（只选一项）

（1） 从不向任何人倾诉

（2） 只向关系极为密切的1~2个人倾诉

（3） 如果朋友主动询问您会说出来

（4） 主动倾诉自己的烦恼，以获得支持和理解

9. 您遇到烦恼时的求助方式：（只选一项）

（1） 只靠自己，不接受别人帮助

（2）很少请求别人帮助

（3）有时请求别人帮助

（4）有困难时经常向家人、亲友、组织求援

10. 对于团体（如党组织、宗教组织、工会、学生会等）组织的活动，您：（只选一项）

（1）从不参加

（2）偶尔参加

（3）经常参加

（4）主动参加并积极活动

附件四：收养动机调查表

姓名：_____ 性别：_____ 年龄：_____

职业：_____ 联系电话：_____

调查人姓名：_____ 调查人电话/手机：_____

填表日期：_____年____月____日

1. 您第一次有收养的想法是在什么时候？是什么让您有了收养的想法？

2. 您为什么要收养？收养对于您本人或您的家庭有什么意义？

3. 如果收养成功了，您觉得您或您的家庭可能会发生哪些方面的变化？这些变化对您来说会有什么影响？

4. 如果收养失败，您未来有何打算？

附件五：焦虑自评量表（SAS）

焦虑是一种比较普遍的精神体验，长期存在焦虑反应的人易发展为焦虑症。本量表包含20个项目，分为4级评分，请您仔细阅读以下内容，根据最近一星期的情况如实回答。

填表说明：所有题目均共用答案，请在A、B、C、D下划"√"，每题限选一个答案。选择无对错之分，无须作过多思考，尽可能快地完成。

姓名：　　　　性别：□男　□女

选项说明：A 没有或很少时间；B 小部分时间；C 相当多时间；D 绝大部分或全部时间。

1. 我觉得比平时容易紧张或着急。　ABCD
2. 我无缘无故地感到害怕。　ABCD
3. 我容易心里烦乱或感到惊恐。　ABCD
4. 我觉得我可能将要发疯。　ABCD
5. 我觉得一切都很好。　ABCD
6. 我手脚发抖打战。　ABCD
7. 我因为头疼、颈痛和背痛而苦恼。　ABCD
8. 我觉得容易衰弱和疲乏。　ABCD
9. 我觉得心平气和，并且容易安静坐着。　ABCD
10. 我觉得心跳得很快。　ABCD
11. 我因为一阵阵头晕而苦恼。　ABCD
12. 我有晕倒发作，或觉得要晕倒似的。　ABCD
13. 我吸气呼气都感到很容易。　ABCD
14. 我的手脚麻木和刺痛。　ABCD
15. 我因为胃痛和消化不良而苦恼。　ABCD
16. 我常常要小便。　ABCD
17. 我的手脚常常是干燥温暖的。　ABCD
18. 我脸红发热。　ABCD
19. 我容易入睡并且一夜睡得很好。　ABCD
20. 我做噩梦。　ABCD

附件六：抑郁自评量表

测验指导语：下面是对您可能存在的一些感受的描述，请您仔细阅读每一条，然后根据最近一个星期以内您的实际感觉，选择最符合您的一项选项打钩（√）。虽然没有时间限制，但应尽可能地争取以较快的速度完成。请不要遗漏，务必回答每一个问题。

1. 我觉得闷闷不乐，情绪低沉。
    A 很少有　B 有时有　C 大部分时间有　D 绝大部分时间有
2. 我觉得一天之中早晨心情最好。
    A 很少有　B 有时有　C 大部分时间有　D 绝大部分时间有
3. 我想哭或者一阵阵地哭出来。
    A 很少有　B 有时有　C 大部分时间有　D 绝大部分时间有
4. 我晚上睡眠不好。
    A 很少有　B 有时有　C 大部分时间有　D 绝大部分时间有
5. 我吃得跟平常一样多。
    A 很少有　B 有时有　C 大部分时间有　D 绝大部分时间有
6. 我与异性亲密接触时和以往一样感到愉快。
    A 很少有　B 有时有　C 大部分时间有　D 绝大部分时间有
7. 我发觉我的体重在下降。
    A 很少有　B 有时有　C 大部分时间有　D 绝大部分时间有
8. 我有便秘的苦恼。
    A 很少有　B 有时有　C 大部分时间有　D 绝大部分时间有
9. 我心跳比平时快。
    A 很少有　B 有时有　C 大部分时间有　D 绝大部分时间有
10. 我无缘无故感到疲乏。
    A 很少有　B 有时有　C 大部分时间有　D 绝大部分时间有
11. 我的头脑跟平常一样清楚。
    A 很少有　B 有时有　C 大部分时间有　D 绝大部分时间有
12. 我觉得做以前经常做的事并没有困难。
    A 很少有　B 有时有　C 大部分时间有　D 绝大部分时间有

13. 我坐立不安,难以保持平静。
    A 很少有　B 有时有　C 大部分时间有　D 绝大部分时间有
14. 我对将来抱有希望。
    A 很少有　B 有时有　C 大部分时间有　D 绝大部分时间有
15. 我比平常容易激动。
    A 很少有　B 有时有　C 大部分时间有　D 绝大部分时间有
16. 我觉得做出决定是容易的。
    A 很少有　B 有时有　C 大部分时间有　D 绝大部分时间有
17. 我觉得自己是个有用的人,有人需要我。
    A 很少有　B 有时有　C 大部分时间有　D 绝大部分时间有
18. 我的生活过得很有意思。
    A 很少有　B 有时有　C 大部分时间有　D 绝大部分时间有
19. 我认为如果我死了别人会生活得好些。
    A 很少有　B 有时有　C 大部分时间有　D 绝大部分时间有
20. 平常感兴趣的事我仍然照样感兴趣。
    A 很少有　B 有时有　C 大部分时间有　D 绝大部分时间有

附件七:收养后入户调查表

收养人姓名:_____收养人电话/手机:_____

收养人住址:_____

入户日期:____年____月____日____时~____时　社工:____

被收养人情况	身体状况	调查意见:
	精神状况	
	新环境适应水平	

续表

收养人情况	经济状况 身体状况 精神状况 社会支持状况	调查意见：
发现的问题	问题概述： 对策及建议：	

附件八：收养后收养人调查表（重要关系人调查表）

收养人姓名：_____ 收养人电话/手机：_____

调查日期：____年____月____日____时~____时

调查人姓名：_____ 调查人电话/手机：_____

调查对象	问题	反馈	调查人意见	备注
配　偶	1. 收养人收养前后有无变化？			
其他家人				
邻　居	2. 收养人自有收养行为后在行为举止、情绪以及社会交往方面情况如何？			
同　事				
其他(请列出)				

民办社会工作机构的发展与反思
——基于北京市民办社会工作机构发展现状与需求障碍的调查研究

卢 磊[*]

【内容摘要】 近年来,北京作为我国社会工作发展较早的主要城市之一,在培育和发展民办社会工作机构上给予了较多关注和实践,这直接促使了民办社会工作机构迅速发展,并在满足公众的社会服务需求等方面发挥了重要作用。但整体而言,北京民办社会工作机构依然存在诸多问题,需要逐步实现组织运作与管理的规范化和专业化。本文在深入调研北京市民办社会工作机构发展状况的基础上,对北京市民办社会工作机构的发展现状和需求进行了整体呈现和分析,并就存在的具体问题提出了建议。

【关键词】 北京市　民办社会工作机构　发展　反思

一　研究背景与研究方法

(一) 研究背景

当前我国正处于重要的社会转型期,各类社会问题凸显并呈现复杂化、多

---

[*] 卢磊,民政部社会工作研究中心助理研究员,研究方向为社会工作、社会政策和民间组织及其跨界合作。

样性等特点，传统的社会服务已无法有效满足公众的社会服务需求。我国经历了长时期以经济建设为中心的发展阶段，经济高速发展，但是社会建设形势日益严峻，社会建设已成为社会转型时期的重要任务。同时，随着社会公众受教育程度和公民意识的不断提升，他们对社会服务的内容、层次和质量的要求也越来越高。社会发展亟须推进和实现社会服务的社会化、专业化和职业化。[①] 民办社会工作机构的发展迎合了这一发展需求，并自十六届六中全会以来得到了国家的高度关注和重视，党中央、国务院先后在《关于构建社会主义和谐社会若干重大问题的决定》和《国家中长期人才发展纲要（2010~2020年）》等重要文件中论及社会工作发展，这意味着社会工作发展已提上议程。

2009年10月，民政部出台了《关于促进民办社会工作机构发展的通知》，积极培育民办社会工作专业服务机构，发挥社会组织专业性强、创新力足、扎根基层的优势和特点，其在全面推进民办社会工作机构发展、政府与社会组织互动方面发挥了明显作用，并催生了民办社会工作机构的兴办与发展。民办社工机构是吸纳社会工作人才的重要载体，是开展社会工作专业服务的重要场域，其发展有助于推动政府转变职能，创新社会管理和公共服务方式，加强以改善民生为重点的社会建设，具有重要意义。2011年和2012年，中组部、民政部等部委和社团联合先后颁发《关于加强社会工作专业人才队伍建设的意见》和《社会工作专业人才队伍建设中长期规划（2011~2020年）》，专业社会工作发展得到了国家高度重视，民办社会工作机构再一次迎来发展机遇，并呈现出了井喷式的发展趋势。

（二）研究方法

为了更好地掌握民办社会工作机构的发展现状，推进民办社会工作机构的整体发展，协助推动社会管理创新，本文以北京市民办社会工作机构发展为整体个案，依托2012年北京市民办社会工作机构能力建设计划，采取定量研究、定性研究及行动研究相结合的综合性研究方法，针对北京市民办社会工作机构进行了深入的调查研究。

---

① 邹学银、卢磊：《制度化建设与中国社会工作发展》，王杰秀、邹文开《中国社会工作发展报告（2011~2012）》，社会科学文献出版社，2013，第25页。

为此，笔者对北京市的 20 家民办社会工作机构[①]进行了问卷调查，并选取 9 家典型的社会工作事务所进行了焦点小组访谈，选取 5 家有代表性的社会工作事务所进行了深度访谈，其中包括一家城市中心区成立较早的社会工作事务所和两家郊区县初创期的社会工作事务所。通过调研，收集了北京市民办社会工作机构发展现状与实际需求的一手资料，以最大限度地展现民办社会工作机构的现状和发展空间。

二 北京市民办社会工作机构的发展现状

虽然社会工作教育在北京萌芽最早，个别民办社会工作机构在全国发展较早（如北京市协作者社会工作发展中心），但北京市民办社会工作机构和社会工作实务整体发展则相对滞后。自 2009 年东城区助人社会工作事务所作为全市第一家社会工作事务所成立以来，全市社会工作发展看似迅速但实质上举步维艰，甚至存在社会工作事务所名存实亡的情况。"我们现在就我一个人，办机构容易，但是实际运作起来、运作好，真的很难"，这是一位被访社会工作事务所理事长的真实表达。

本部分主要从北京市民办社会工作机构从业者状况、组织治理、服务领域、经费来源、政府购买服务、发展性问题及组织发展特点等方面呈现整体性发展景象，并进行解析。

（一）从业者状况

《关于构建社会主义和谐社会若干重大问题的决定》中早已明确提出"建设宏大的社会工作人才队伍"，并使用 234 个字进行了简要性阐释。这一引领性的文件直接将内容聚焦在社会工作人才队伍建设上，这也成为我国社会工作发展政策出台的基点。[②] 社会工作专业人才培育是社会工作发展的基础和核心，也是民办社会工作机构发展之本。就目前而言，专业人才的招聘和培养恰是民办社会工作机构发展中的较大阻碍。因此，了解民办社会工作机构人员现状有利于社会工作发展的整体规划。本文主要从性别、年龄、婚姻状况、文化

---

① 被调查社会工作机构的服务对象包括了老年人、残障人士、流动人口、中小学生等。
② 邹学银、卢磊：《制度化建设与中国社会工作发展》，王杰秀、邹文开《中国社会工作发展报告（2011~2012）》，社会科学文献出版社，2013，第 27 页。

程度、工作年限、收入状况、职业资历等方面进行了现状呈现和具体分析。

1. 性别状况

如图1所示，社会工作机构从业人员具有较明显的性别特点，即女性多男性少，基本比例约为7∶3，也有少数机构从业人员全部为女性。这一点基本印证和符合了国内外社会工作服务领域从业者的基本状况。

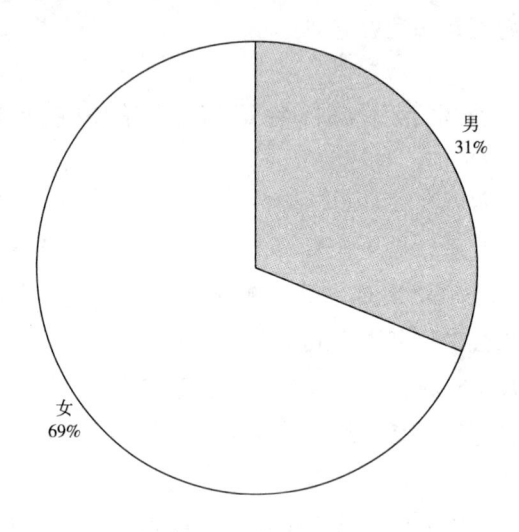

图1 社会工作机构从业者性别状况

（男 31%；女 69%）

从社会性别的角度来看，女性从特质上有较好的亲和力和感染力，并且这一特点较为符合社会工作服务的基本要求。在家庭经济上她们的压力相对较小；而在中国文化里，男性往往被视为家庭的"顶梁柱"，往往面临着较大的经济压力，尤其在大城市。目前来看，社会工作者的薪酬待遇和激励保障机制还没有被广泛地建立起来，薪资水平依然比较低，这在一定程度上阻碍着他们投身社会工作服务事业。

2. 年龄及婚姻状况

从图2可以看到，民办社会工作机构的社会工作人才队伍整体上呈现出年轻化的特点，集中在18～30周岁，所占比例达到了77%，其中大部分从业的社会工作者都是高校毕业生，其中既包括社会工作专业毕业生，也包括相关专业毕业生，如社会学、心理学等，还有其他非相关专业毕业生。年轻化的优势在于具有较好的可塑性，学习能力比较强，而明显的劣势在于社会阅历和职业经验较为不足。这也是当前我国社会工作者面临的突出问题之一。

从图3来看，民办社会工作机构的社会工作者未婚者比例稍高，究其原因主要表现在两个方面：一是在北京生活各项成本都比较高，且相当比例的从业者是非京籍户口，生存压力较大，但是目前在北京还有较为明确的社会工作者激励保障措施；二是年龄上还比较年轻，从业者坚守专业理念并将更多时间和精力放在了投身社会工作专业发展，忙碌的职业工作状态使得他们对个人问题考虑较少。

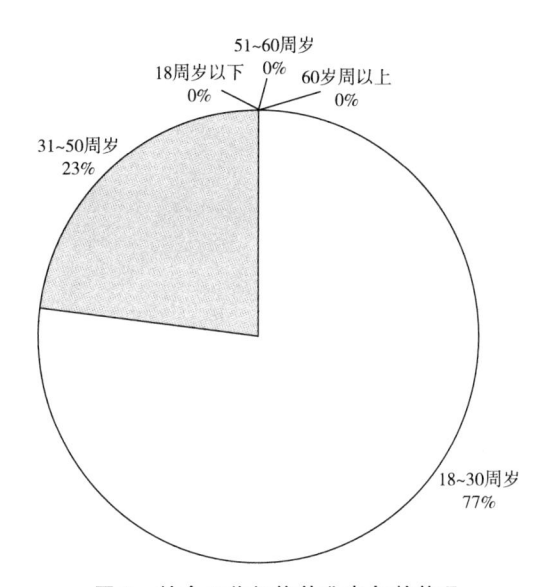

图2 社会工作机构从业者年龄状况

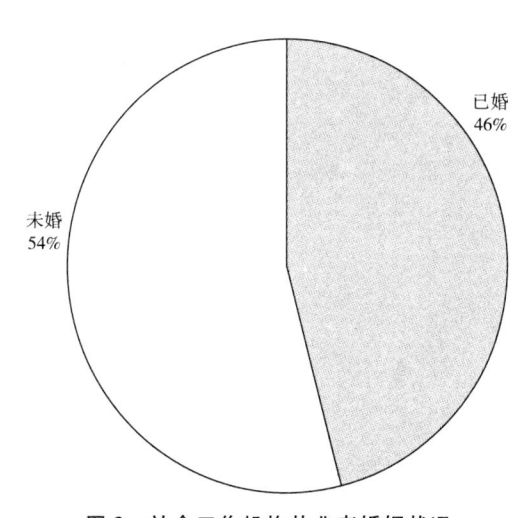

图3 社会工作机构从业者婚姻状况

3. 文化程度和专业状况

从图 4 和图 5 来看，民办社会工作机构的从业者相对传统社会服务人员具有相对高学历的特点，从业者学历均在大学专科或大学本科及以上，这为社会工作专业发展和人才培育奠定了一定的基础。62% 的被调查者是接受过

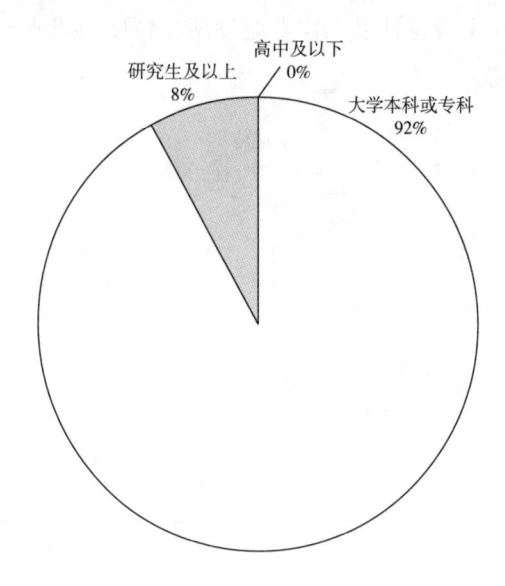

图 4　社会工作机构从业者文化程度

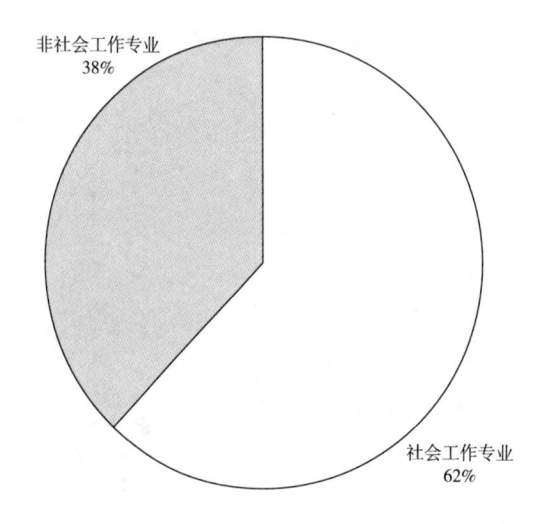

（研究生及以上 8%；高中及以下 0%；大学本科或专科 92%）

图 5　社会工作机构从业者所学专业情况

（非社会工作专业 38%；社会工作专业 62%）

社会工作专业教育的，有近1/3的被调查者并未接受过社会工作专业教育，而多是心理学、历史学等专业背景，这也是目前大跃进式的举办民办社会工作机构显露出来的问题之一，值得警惕和思考。本文认为，民办社会工作机构的创设资格和从业者的资格审查门槛应适当提高，尽量保持社会工作专业服务从业人员的专业性和职业化程度。

4. 从业年限

从图6可看出，被调查者从业时间比较短，3年以内的比例达85%，1年以内的从业者超过一半，这也基本映射了民办社会工作机构的一个现状：北京市民办社会工作机构发展正处于最基础的初步发展阶段，成立时间较短且力量薄弱，从业年限较短且存在一定程度的人才流失问题。因此，北京市民办社会工作机构的发展还需更长时间的潜心摸索，并找到具有首都特色的社会工作发展模式，政府部门应切实投入其中，挖掘并有计划地培育一批愿意投身、理念先进、专业实务扎实以及具有基本管理能力的专业化、职业化社会工作人才，为社会管理创新和社会工作的可持续发展奠定坚实基础。

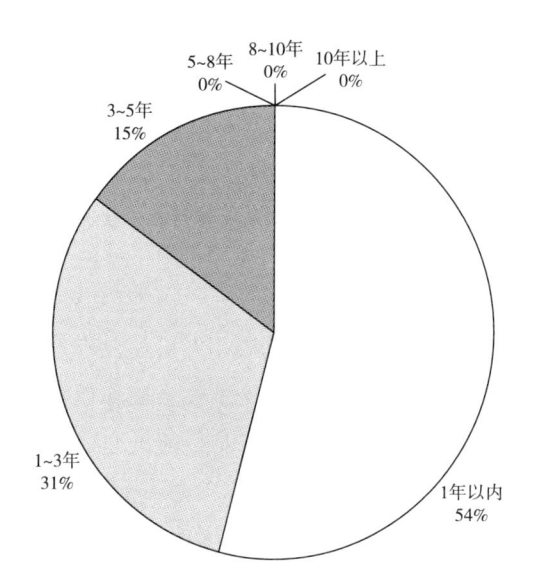

图6 社会工作机构从业者从业年限状况

（1年以内 54%；1~3年 31%；3~5年 15%；5~8年 0%；8~10年 0%；10年以上 0%）

5. 月收入状况

薪资待遇是职业选择的重要标准，更是基本生活保障的核心来源。从图7看到，84%的社会工作者月收入在3000元以内，其中2000元以内的占到了30%。

薪资状况在一定程度上能够折射出社会工作者福利政策和民办社会工作机构发展的状况。当前，民办社会工作机构社会工作者的社会福利体系还不完善，包括人员编制、薪酬体系、社会保障等。北京市各项有关提升社会工作者的福利政策还停留在政府体制内，并未惠及民办社会工作机构，反而给其发展带来了一定的压力并使其逐渐被边缘化。

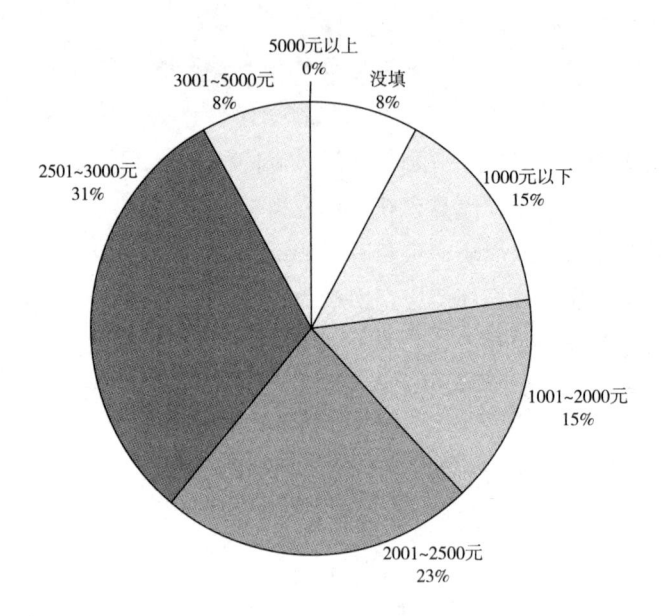

图7 社会工作机构从业者月收入状况

6. 职业资历

如图8所示，被调查者中有近七成从业人员是没有获得社会工作职业资格证书的，其主要原因在于：一是跨行从事社会工作服务的人员占到一定比例且还未考取社会工作职业资格证书；二是目前民办社会工作机构从业者中，专科毕业占有一定比例且从业时间在两年以内，还不具备参加每年一度的社会工作资格考试的资格。因此获得专业资格证书的被调查者比例比较低。依据国际社会工作执照制度和国内其他领域的执照制度，获得从事行业的职业资格应是对从业者的基本要求。本次调查中呈现出来的职业资历不够的问题，实际上对社会工作的专业发展会带来一定程度的负面效应，给社会公众对社会工作的基本正面印象带来较大影响，甚至使其误解社会工作及其本质含义、社会价值和专业性。

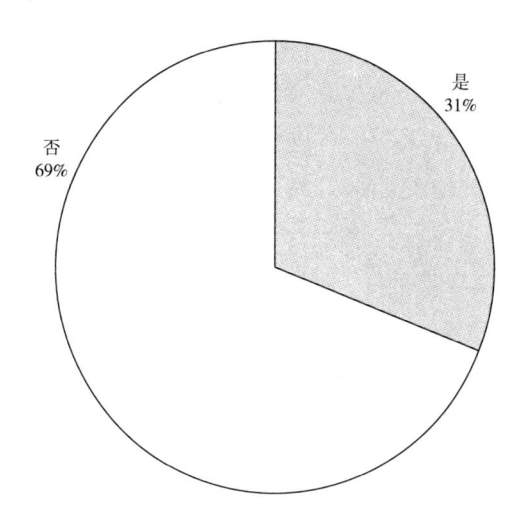

图 8　社会工作机构从业者职业资历状况

（二）组织治理

1. 组织战略规划

民办社会工作机构发展不仅仅需要专业的社会工作服务，也需要良好的组织管理，包括组织发展规划、人力资源管理、项目运作与管理、财务管理、制度建设等。而许多民办社会工作机构创办人在机构筹建上的认识局限在社会工作服务上，普遍缺少对于机构发展的深入规划和思考，组织章程往往流于形式。"虽然机构在成立之初制定了机构的宗旨、使命、愿景，但如何去落实则是一个大问题"，某社会工作事务所负责人如此说道。这也从一个侧面说明关于组织发展和规划的诸多要素缺少团队参与和共识达成，更多的是流于形式或缺少组织建设和管理的基本经验。[1]

在深度访谈和小组焦点访谈中得知，民办社会工作机构的建立更多是基于有关发展社会工作的政策形势，但是组织筹建和发展的内生力量比较薄弱，甚至有"占领阵地"的想法。组织内部治理、团队建设与外部环境的变化没能有效对接。

---

[1]　杨姣姣：《北京市民办社会工作服务机构发展战略研究》，《重庆科技学院学报》（社会科学版）2012 年第 9 期。

2. 组织架构

从组织架构的角度看，问卷调查显示，被调查者所在机构都有不同部门的设置，但部门设置比较杂乱，主要存在以下问题。

(1) 组织架构还不够完善，比较普遍地缺少宣传倡导部门或将宣传倡导工作列入其他部门职能，宣传倡导力量不足也是正处于初期阶段的社会组织和社会工作的公众知晓度和认可度较低的原因之一。

(2) 部分机构在架构上看起来比较完善，但实际上由于人员有限等诸多原因，基本上没有实质性的职能划分，甚至会出现负责人、财务、出纳"一肩挑"的情况。这有悖于相关法律法规的基本规定，也使得组织运作处于无序状态，甚至会带来组织信誉度等利害问题。

(3) 机构理事会和督导团队成员职业背景同质性较高，大多数是高校社会工作教师或政府干部，甚至没有专门的专业督导。高校教师在理论教学上具有明显的优势，但其实务操作能力相对较弱，缺少兼具有实务经验和理论基础的本土社会工作督导团队。

3. 志愿者服务与管理

从志愿者服务与管理状况看，民办社会工作机构呈现出如下特点。

(1) 志愿者主要来源是大学生，这也是大部分北京市民办社会工作机构的优势之一，其本身成立主要依托专业院校，与高校有比较密切的合作。但整体来看志愿者来源比较单一，可以根据服务需求动员组织专业志愿者、服务对象志愿者和企业员工志愿者的参与。

(2) 各机构一致认为，志愿者在机构项目和服务中发挥着重要作用，在一定程度上弥补了机构发展中的人力不足问题。不同的机构在志愿者服务与管理中也遇到了困难与问题，包括适合机构发展的志愿者管理制度缺失，如何有效招募、组织和管理好志愿者及为志愿者提供专业培训等方面。

（三）经费来源

如图9显示，近八成被调查者所在机构每年运作经费在50万元以内，属于小型机构，这里运作经费包含了办公成本、行政运作、人员薪酬福利和专业服务等各方面费用。"经费主要来源"显示，被调查的民办社会工作机构收入的80%来自政府购买服务，其余主要来自高校、企业捐赠等。部分机构政府购买服务资金比例达100%。

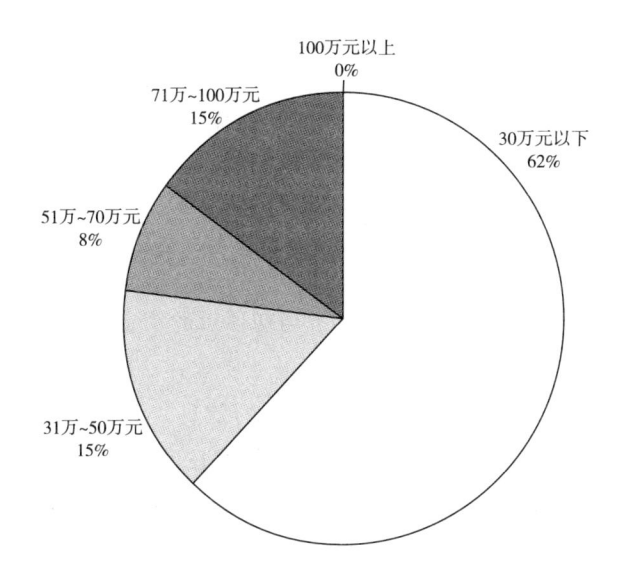

图9 民办社会工作机构运作经费状况

这也说明了目前北京市民办社会工作机构发展的主要特点之一,即对政府资源具有较强的依赖性,资金来源途径较为单一,从而也使得整个机构发展对政府依赖性较强且在自主性和独立性方面受到一定影响。

在资金来源中,没有任何一家民办社会工作机构获得公益基金会的资助,这一点也说明了民办社会工作机构与公益基金会合作较少,缺少对筹集资金信息的及时了解。公益基金会对民办社会工作机构及其专业服务项目的资助还比较有限。

(四)政府购买服务

自2010年北京市开始政府购买服务以来,北京市民办社会工作机构也得到了发展并承接政府购买项目,一方面协助政府做好社会服务职能转移,一方面民办社会工作机构获得了组织生存和发展的基本资金。但是,由于政府购买服务和民办社会工作机构承接政府购买服务均处于探索阶段,因此在政府购买社会组织服务公益项目的过程中还依然存在着不尽完善之处。

某社会工作事务所骨干社会工作者在访谈中谈及对目前政府购买服务的基本想法:"政府购买服务也是对社会工作发展的一种支持,但是资金落实方面还需要再及时一些,再就是项目实施时间太短了,感觉才开始不久,接到通知就马上要结束了。这样也就很难做得深入有效了。"

因此，政府购买服务支持民办社会工作机构发展的同时，也给它们的发展带来一定的困扰，并且这种现象普遍存在于民办社会工作机构，具体体现在以下两个方面。

1. 政府购买服务规划违背项目运作和管理的基本规律，不够规范

每年5月份前后购买服务项目才能正式确定，而年底就要紧急结项，使得各机构有些措手不及，也基本违反了当初项目的约定。例如，某民办社会工作机构作为项目承接方按照政府购买服务要求在2011年3月递交的项目申请，时隔大半年，直到11月才得到获批的信息。而项目原定实施时间为2011年全年，后被迫调整至2011年11月至2012年5月底具体实施。这使得项目实施时间比较紧张，之后项目时间再次被压缩到2012年3月完成，原定的项目实施计划再次被提前且时间十分紧张。

对此，根据项目运作的基本规律，本文建议，政府购买社会组织服务一般应以一年为周期，有明确的时间表，推进项目更加规范、规律、系统。

2. 政府购买服务项目财务要求不尽合理，应考虑到社会组织的特殊性

政府购买服务项目经费使用中明确规定，"资金不得用于承接单位发放人员工资、租赁办公场所、购置固定资产等项内容"，项目运作需要人员的全程参与、保障项目实施，服务活动也需要场所保障，但恰恰又不支持这两部分资金，这是一个悖论，也在资金使用上给项目运作和管理带来较大的难度和压力且不符合客观实际。

对此，本文建议，社会组织不同于国家机关和事业单位有全额或部分的持续性拨款，其运作和发展主要靠自力更生，生存较为艰难，因此建议政府购买服务能够考虑社会组织的特点和特殊性，放宽资金使用规定，真正支持社会组织发展。另外，也可以将购买公益项目与购买社工岗位结合起来，缓解社会组织人员薪酬压力的同时保障项目人力投入。

（五）组织发展中的问题

通过问卷调查的开放性问题和深度访谈，研究者总结了北京市民办社会工作机构在组织发展方面的常见问题。

1. 机构生存艰难，资金来源单一且缺少可持续性

70%的被调查者将组织生存和资金筹集问题列在了第一位，具体问题表现为"资金来源较狭窄，易出现资金断裂""自身生存艰难""我们的资金70%~80%是靠政府支持，如果政府不支持了那怎么办"。同时，政府购买服务同样也存在着资金滞后的现象，影响着项目服务和组织正常运作，甚至出现了"因政府资金审批流程导致的社工欠薪问题，至今没有得到应有的劳动报酬"。正如某社会工作事务所负责人所言，"政府资金的滞后性影响机构尤其是像我们这种初创机构的运行"。

民办社会工作机构应努力寻找多元化的合作伙伴、资金来源，由单一的政府支持转向多方支持，争取更加主动和开放的发展空间。

2. 机构社会工作者薪资待遇较低，社会福利体系不完善，人员流失严重

这是现在所有民办社会工作机构发展面临的主要瓶颈之一，投身社会工作专业发展需要对专业理念的坚守，但基本体面的生活是最基础的保障。目前社会工作的专业发展还缺少比较成熟明确的薪资制度，而现有政策的改进也将民办社会工作机构排除在外。这不仅需要民办社会工作机构建立完善的用人制度，更需要政府部门积极的政策引导，为机构专职社工提供更好的发展空间。

3. 缺少项目管理经验和创新能力

项目管理是组织管理的重要组成，但目前民办社会工作机构项目管理尤其是项目筹资的能力还较弱，"我们去年和今年一直都在申报政府购买服务项目，但是一直没批，我们分析一个重要原因是，之前对项目接触的也比较少"。但项目筹资和管理又涉及组织发展的资金保障，因此项目管理的基本能力关乎机构的生存和发展。

4. 缺乏专业督导，社会工作者成长助力不足

在所有的被访对象中，被调查者均没有接受过正式和系统的社会工作督导，专业发展的支持系统不足。"我觉得目前咱们的社会工作督导差得还比较远，基本都是学校里的老师，他们本身都没做过，所以真正地协助我们走出困惑是比较难的事。"

这是目前社会工作督导的现状，有实务经验的社会工作督导尤其是本土社会工作督导较为缺乏，因此需要从较为成熟的社会工作者中培养本土督导，构建不同梯次的人才体系。

5. 工作团队职业化、专业化不足

民办社会工作机构的发展不应只是领导者的事情，更重要的是需要一个具有良好组织文化的专业化团队，一位被访者也提到："在社工服务弱势人群的同时，要扩大对社会工作者本身的能力建设，保证社工职业化和专业化的有序发展。"所以，要开展专业服务，首先工作团队需要加强专业学习与自身能力建设。

6. 组织管理制度不健全，人员比较松散

现在民办社会工作机构基本处于组织发展的初期阶段，更多时间和精力还主要在组织生存和基本的专业服务方面，对组织制度建设还缺少系统的梳理，因此组织管理中缺少基本规范，如关于印章、财务的管理等。

7. 组织税费负担较重

目前在公益服务领域，依然存在着税费的二次征收问题，政府购买服务项目款开票纳税等，且政府购买服务不允许设置管理费用，这就使得税收政策成为社会组织和公益发展的阻力而非正向的支持。因此，财政及税务部门应对民办非企业单位税收放低征税门槛，并给予适当的减免。

从以上可以看出，民办社会工作机构的发展虽然身处大好环境但依然阻力重重，包括社会组织自身方面和外部支持系统方面。因此在相应的解决措施中也需要从这两点出发，形成内外力的结合才能实现民办社会工作机构的实质发展。

三 北京市民办社会工作机构的能力建设需求状况

社会工作者专业能力建设是社会工作专业人才建设的重要构成部分，也是保障社会工作专业服务质量水平和组织发展能力的重要条件。本次调研也着重对民办社会工作机构能力建设状况及培训需求进行了调查。

本次调研数据显示，92%的被调查者参与了机构定期组织开展的相关专业培训，从而可以看出，民办社会工作机构整体上比较重视工作人员的能力提升，同时外部参与培训学习的机会也比较多。

（一）参与过的能力建设内容

从图10可以看出，在已参加的培训中，社会工作价值理念与价值观、社会工作实务、志愿者管理占据了前三位，比例分别为85%、85%和62%，而被调查者参与的培训中，涉及内容较少的是筹资、财务管理、社会工作督导和社会工作宣传与倡导。

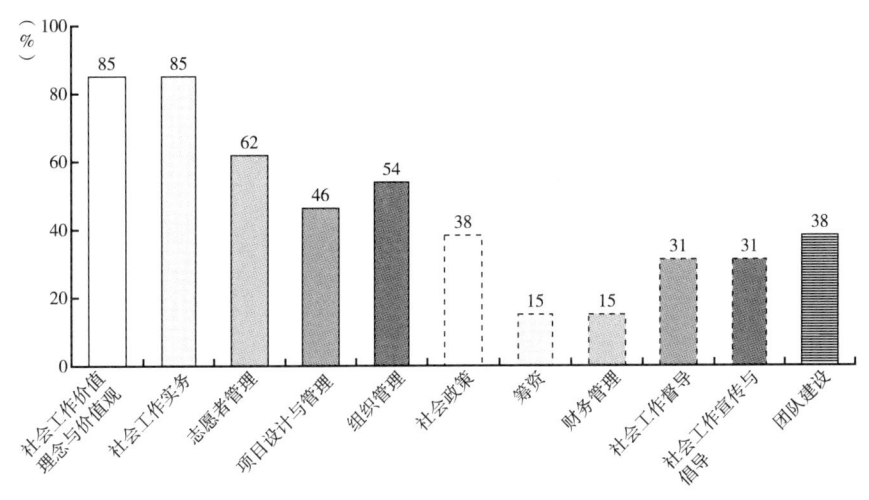

图 10 参与过的专业能力建设状况

（二）能力建设的需求表达

就培训需求而言，排在前三项的是项目设计与管理、组织管理和筹资，所占比例分别为100%、85%和85%，具体见图11。在对某社会工作事务所负责人进行访谈时，他从机构发展的角度也重点提到，"就我们事务所现在的情况看，机构在专业方面的培训特别多，但在组织管理和经营方面比较欠缺，非社工方面的东西反而显得相对比较重要。此外，督导的培训也比较薄弱，需求迫切"。

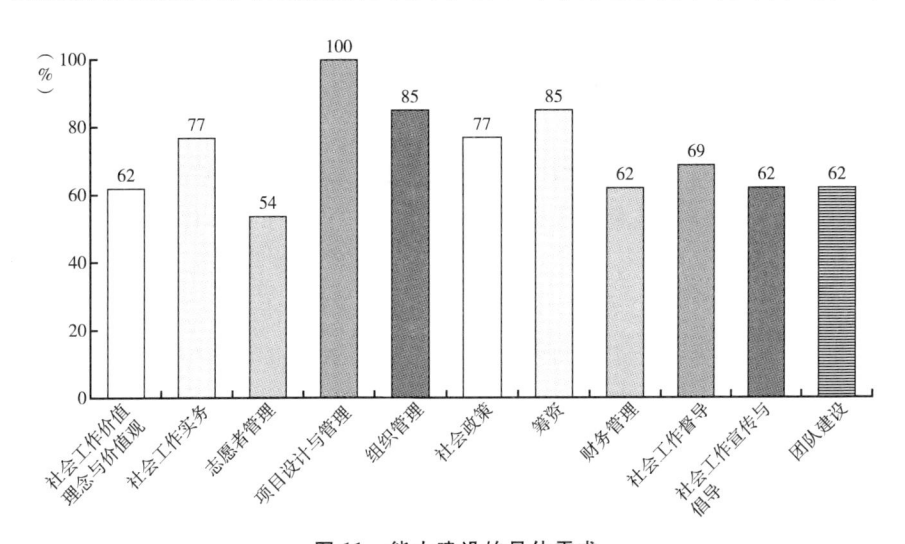

图 11 能力建设的具体需求

而对于专业培训的具体方式方法，被调查者表示更加愿意参加参与式和体验性的培训。

四 民办社会工作机构发展的反思与建议

当前，我国社会工作发展已经进入重要发展期，民办社会工作服务机构如雨后春笋般地成长起来，并在这一发展进程中积累了一定的经验，但亦存在着不少值得警醒的发展性问题。本文通过深入的实地研究和观察反思，深入了解和分析了北京市民办社会工作机构的发展现状和主要问题。本文就民办社会工作机构的发展问题和障碍作以下呈现，结合国内外经验，整合成以下10条感受和建议。

反思一：2009年以来，北京市民办社会工作机构如雨后春笋般发展起来，但时至今日，大部分社会工作事务所发展举步维艰，甚至出现了"宣传性包装"现象，这本质上对于社会工作发展是一种阻碍。

建议一：民办社会工作机构的发展需要良好的外部环境，但作为社会组织和社会工作者，应首先保证其发展的独立自主性，保持其服务的独立性和专业性，并与外部形成平等、友好、互助的协作关系，而非失去独立性的依附或隶属关系。

反思二：民办社会工作机构资金来源单一且缺少可持续性，生存艰难。当前，组织生存和资金筹集问题是民办社会工作机构的首要问题，具体表现为资金来源较狭窄，政府购买资金支持力度有限且往往出现滞后拨款问题，易出现资金断裂。

建议二：民办社会工作机构应努力寻找多元化的合作伙伴、资金来源，包括政府部门、公益基金会和企业等。由单一的政府支持转向争取多方支持，包括开展收费服务、开办社会企业等，拓展更加主动和开放的发展空间。

反思三：民办社会工作机构社会工作者薪资待遇普遍较低，且薪资体系、社会福利体系不完善，缺少基本的保障性，现有政策的改进也将民办社会工作机构排除在外。这使得人员流失问题在一定程度上存在，使得组织发展缺少专业人才保障和可持续发展能力。

建议三：投身社会工作专业发展首先需要坚守理念、愿意投身公益事业,但基本体面的生活是最基本保障。相关政府部门应考虑到民办社会工作机构与国家机构、事业单位的差异,在薪资体系和社会福利政策方面给予积极的政策引导,为社会工作者提供更好的发展环境。

反思四:北京市民办社会工作机构大部分借助高校力量建立,由刚毕业的社会工作专业大学生维持运作,很多人对社会工作发展产生了误区,即认为只要能开展专业就能建好一个机构。但实际上组织管理是个系统工程,包含了专业服务、项目管理、财务管理、人力资源管理等,而不只限于专业服务。

建议四:民办社会工作机构的筹建和发展应存在创办者或创办团队的内生动力,有全面系统的准备。组织管理绝非易事,"打江山容易守江山难"。一个良好的社会组织需要一个优秀的领导者,更重要的是需要一个具有良好组织文化的专业化团队。

反思五:民办社会工作机构主要靠运作公益服务项目得以发展,但税费负担较重。目前在公益服务领域,依然存在着税费的二次征收问题,现有税收政策成了社会组织和公益发展的阻力而非支持。免税资格申请门槛较高。

建议五:财政及税务部门应对民办社会组织税收放低征税门槛,并给予适当的减免,给社会组织发展优质的社区服务及社会管理创新打开绿色通道。

反思六:社会公众对社会工作的知晓度和认可度依然比较低,对专业服务还处于最初的接触了解阶段。社会工作专业服务冲击着传统社区服务部门既有服务,并不得不首先处理传统服务带给服务对象的非正常依赖,如每次活动后发放毛巾、香皂等,以吸引他们的参与。

建议六:民办社会工作机构和社会工作者不仅要提供专业服务,满足服务对象的基本需求,而且应以服务为载体,普及社会工作知识,让服务对象在接受服务中逐步了解社会工作及其专业价值。

反思七:大部分北京市民办社会工作机构处于发展初期,也是组织发展的最艰难时期,团队成员构建的核心时期,但目前民办社会工作机构人员有限,团队涣散且缺少明确的发展方向,组织架构形同虚设。

建议七:民办社会工作机构的组织文化是其持续发展的灵魂,组织文化的构建和深化既需要定期的团队建设,动态化地强化组织使命、愿景和战略规划,也需要在日常工作中注重团队文化和人性化管理,构建自我学习的能力建设体系，凝聚团队力量。

反思八：民办社会工作机构在北京社会建设的各个领域都在发挥着重要作用，也开始逐步形成自己的经验，但不同社会工作事务所之间相互间深入的学习与交流较少，缺少专业交流与学习平台。因此社会工作事务所不能形成合力，整体推进首都社会工作发展。

建议八：各个民办社会工作机构可以根据需要彼此间互访交流，建立合作关系；培育支持成立较早且在全市乃至全国知名的民办社会工作机构发展，发挥其支持性功能，实行以大带小、以强带弱的助力帮扶计划。

反思九：民办社会工作机构组织架构不健全，理事会缺少实质性职能发挥，部门设置不完善或不合理。

建议九：根据组织发展规划和核心工作搭建适合自身发展的组织架构，理事会成员构成可更加多元、专业并充分发挥其应有职能，如对外宣传和资金筹集；部门设置应作好规划并招聘相应人员到位，即使人员不全，也应明确各部门的职责。

反思十：民办社会工作机构的良好发展需要具备较好人格魅力且能力全面的领导者。目前民办社会工作机构还比较年轻，其中表现之一就是领导者比较年轻、经验不足，也因此往往会走不少弯路。

建议十：民办社会工作机构领导者应有意识地培养自身多方面的能力，善于学习和思考并将其转化为组织发展的财富，在组织管理的历练中不断总结经验、吸取教训，同时向有实践经验的前辈学习和讨教。

五 小结

当前，全国民办社会工作机构发展整体上依然处于初创期向成长期过渡的阶段，还将面临本土社会工作经验摸索、社会工作人才培育、资金来源单一、不持续等诸多组织发展的困难和挑战，而这个阶段的潜心摸索也是最有价值的，需要充分发展支持性社会工作机构的引领和培育功能，与服务性社会工作机构共同摸索本土经验，并实现政府提供政策引导和购买服务、支持性社会工作机构提供技术支持、服务性社会工作机构实践发展的本土民办社会工作机构能力建设的发展模式。

参考文献

杨姣姣:《北京市民办社会工作服务机构发展战略研究》,《重庆科技学院学报》(社会科学版) 2012 年第 9 期。

邹学银、卢磊:《制度化建设与中国社会工作发展》,王杰秀、邹文开:《中国社会工作发展报告 (2011~2012)》, 社会科学文献出版社, 2013。

Development and Reflection of Private Social Work Agencies

—The Investigation Based on the Current Situation and Demand of the Private Social Work Agencies in Beijing

Abstract In recent years, as one of the earliest city of social work development in China, Beijing has given more attention and practice in fostering and developing the private social work agencies. It directly has contributed to the rapid development of private social work agencies, and played an important role in satisfying the public demand for social services. However, private social work agencies in Beijing still have many problems, and need to gradually realize standardization and specialization of management of private social work agencies. The paper based on investigating the development status of the private social work agencies in Beijing, is the presentation and analysis of the overall development situation, and it puts forward the constructive suggestion on the development problems of private social work agencies.

Keywords Beijing; Private Social Work Agencies; Development; Reflection

图书在版编目（CIP）数据

社会服务研究. 第1辑/邹文开主编. —北京：社会科学文献出版社，2014.6
ISBN 978－7－5097－5718－5

Ⅰ.①社… Ⅱ.①邹… Ⅲ.①社会管理－中国－文集 Ⅳ.①D63－53

中国版本图书馆CIP数据核字（2014）第035424号

社会服务研究（第一辑）

主　　编／邹文开
副 主 编／王　婴

出 版 人／谢寿光
出 版 者／社会科学文献出版社
地　　址／北京市西城区北三环中路甲29号院3号楼华龙大厦
邮政编码／100029

责任编辑／高明秀　于静静　沈晓雷　　　　　责任校对／任延行
电子信箱／bianyibu@ssap.cn　　　　　　　　　责任印制／岳　阳
项目统筹／高明秀　许玉燕
经　　销／社会科学文献出版社市场营销中心（010）59367081　59367089
读者服务／读者服务中心（010）59367028

印　　装／三河市尚艺印装有限公司
开　　本／787mm×1092mm　1/16　　　　　　印　张／17.5
版　　次／2014年6月第1版　　　　　　　　　字　数／295千字
印　　次／2014年6月第1次印刷
书　　号／ISBN 978－7－5097－5718－5
定　　价／59.00元

本书如有破损、缺页、装订错误，请与本社读者服务中心联系更换

▲ 版权所有 翻印必究